本书出版获教育部人文社科规划基金项目"人工智能背景下团队断层对个体主动性的动态影响研究"（立项号：22YJA630015）资助

Research on
the Formation, Development and
Influence of Team Faultlines
in Organization

组织内团队断层的形成、发展与影响研究

杜娟　著

上海交通大学出版社
SHANGHAI JIAO TONG UNIVERSITY PRESS

内容提要

本书通过理论与实证结合的方式,探讨团队断层的影响机制。首先,本书梳理了国内外前沿的研究成果及核心理论,构建了团队断层研究的理论框架。其次,结合实验与问卷研究,探讨人工智能背景下不同类型团队断层的激活过程及其对创造力的"双刃剑"效应(横向动态影响),并检验团队 AI 焦虑在其中的边界作用。再次,基于事件系统理论,探讨被激活团队断层对创造力的效应如何随时间发生变化(纵向动态影响)。进一步引入事件、时间及空间要素,采用计算机仿真设计模拟捕捉团队内子群体固化的演进轨迹。最后,围绕团队生命周期理论,从个体及团队关系视角出发,通过干预研究为组织管理者提供行之有效的团队断层管理措施,发挥团队断层的优势效应。本书适合高校管理学专业 MBA 学生、研究生及组织中的各层级从业者阅读,以便更好地了解团队特质、团队效能、团队多样性等对组织各层级创新机制的作用。

图书在版编目(CIP)数据

组织内团队断层的形成、发展与影响研究/ 杜娟著
. 一上海: 上海交通大学出版社,2024.3
ISBN 978 - 7 - 313 - 30430 - 8

Ⅰ.①组… Ⅱ.①杜… Ⅲ.①团队管理-研究 Ⅳ.
①C936

中国国家版本馆 CIP 数据核字(2024)第 050228 号

组织内团队断层的形成、发展与影响研究
ZUZHINEI TUANDUI DUANCENG DE XINGCHENG、FAZHAN YU YINGXIANG YANJIU

著　者:杜　娟

出版发行:上海交通大学出版社　　　　地　址:上海市番禺路 951 号

邮政编码:200030　　　　　　　　　　电　话:021 - 64071208

印　制:上海万卷印刷股份有限公司　经　销:全国新华书店

开　本:710 mm×1000 mm　1/16　印　张:14.25

字　数:236 千字

版　次:2024 年 3 月第 1 版　　　　　印　次:2024 年 3 月第 1 次印刷

书　号:ISBN 978 - 7 - 313 - 30430 - 8

定　价:89.00 元

前 言
PREFACE

　　在信息化迅猛发展的今天,企业想要在海量的信息和资源中做出高效且正确的战略决策,依赖个人是远远不够的,团队已替代个人工作形式成为组织更加青睐的经营运作单元(Kozlowski & Ilgen,2006)。正所谓"单丝不成线,独木不成林",团队运作单元具有个体工作形式不可比拟的优势。在《财富》世界500强企业中,超过80%的企业采用工作团队形式开展工作(仇勇,2019)。随着全球化进程的推进,"走出去"和"引进来"的浪潮席卷而来,各行各业普遍感受到了优秀工作团队构成多样化的优越性。除组织国际化合作这一显著多样化趋势之外,随着很多行业原有各类准入标准逐渐模糊,组织人员配置中不同性别、年龄、教育背景等团队的构成普遍存在,"男女搭配、新老交替、专业交锋"等情况广泛存在于工作团队中。一方面,团队多样化使整个团队拥有更为广泛的知识、技能及资源,这有助于成员之间信息共享、优势互补,进而产生协同效应,提高团队绩效(Dahlin et al.,2005;Shin et al.,2012)。另一方面,团队成员基于人口统计特征相似与否形成"圈内-圈外"认知,区分自己人与外人的行为造成团队过程内耗,以及情感上的消极回应,进而降低团队效能(Pelled,1996;Jackson & Joshi,2004)。因此,团队成员的配置结构与团队效能的关系逐渐成为组织行为领域和企业实践关注的重点问题。

　　传统团队多样性的研究集中在单一的人口统计特征上并不符合团队构成的实际情况。将多个人口学特征结合起来考虑可能会给团队多样性研究打开一个全新的局面(Thatcher et al.,2003,2012)。基于此,Lau 和 Murnighan(1998)类比"地质断层"首次提出团队断层的概念,认为团队断层是基于团队成员的多重特征差异而形成的一组虚拟分割线,它将团队分割成多个内部趋于同质、彼此之间相互异质的子群体。团队断层理论强调团队运行的决定因素并非多样性本身,而是构成多样性的人口统计学特征的排列方式,以及个体感知到这种排列差异的后续影响。团队断层的存在增大了团队内部动态作用的可能性,是团队多样性研究的进一步探索。值得注意的是,Lau 和 Murnighan(1998)指出,团队断层不仅仅指客观存在的团队结构,它还需要一个被激活(activation)的过程。因此,团队断层的研究需要区分两种不同状态:一是潜在的团队断层(potential faultlines),指的是客观存在的团队多重特征差异造成团队断层;二是被激活的团队断层(activated faultlines),指的是被团队成员实际感知到的团队断层。从当前的团队断层研究进展来看,现有断层的实证研究主要关注潜在团队断层,利用实验研究和数理加总模型计算断层强度,但这些客观特征差异是否真的被团队成员所感知并未得到验证。

现有研究大多基于团队的"输入-过程-输出"范式(Ilgen et al.,2005),将团队断层作为重要的输入要素,探究其在过程和输出上的效能机制。随着断层研究的不断深入,研究重心已从早期致力于证实其负面效应转变为探索其潜在的积极影响。目前,关于团队断层效能机制的研究结论并未达成一致。一方面,基于社会认同理论(Bartel,2001;Brewer,1991)与自我分类理论(Turner,1985,1987),团队断层会破坏团队认同(Sawyer et al.,2006)、团队信任(Li & Hambrick,2005)等,进而降低团队整体绩效(Lau & Murnighan,2005)与团队有效性(Murnighan & Lau,2017)。另一方面,基于分类加工理论(van Knippenberg et al.,2004),尽管团队断层可能形成差异化的子群体,存在潜在的不利影响,但因差异化带来的信息加工优势远远大于社会分类过程带来的负效应(Bezrukova et al.,2009;Choi & Sy,2010),从而提升了团队学习行为与创造力(Rupert et al.,2016;屈晓倩,刘新梅,2016)。随着上述研究的逐步开展,我们对团队断层理论有了更深入的认识和理解,同时也发现团队断层研究存在的诸多疑点与矛盾。当具有多重特征差异的个体组建为团队时,潜在团队断层产生,而此时的团队断层正如地质断层一样,在没有外力的作用下将长期处于潜伏状态,一旦被激活,团队断层将会对团队过程及产出带来深远影响(Lau & Murnighan,1998)。现有研究对团队断层的激活过程,以及激活后断层的持续作用的解释仍然不足。同时,现有研究在团队断层效能作用的分析上存在结论上的分歧及不对称性,理解团队断层的"双刃剑"效应,有助于管理者更有效地应对团队断层的效能影响。最后,现有研究虽然讨论了团队断层的激活问题,但忽略了团队发展本身的延续性问题。随着团队发展的演变,被激活团队断层的后续影响值得进一步探索。解决以上研究问题能够帮助管理者针对工作团队中的团队断层进行管理干预,充分发挥其优势的同时降低有害性。

基于此,本书立足团队断层这一关键组织变量,梳理团队断层的概念与测量、相关理论、实证研究以及管理实践,力求帮助读者获得对团队断层的全面认识。全书分为五篇:概念篇、理论篇、实验篇、实证篇和实践篇,分别从团队断层的研究起源、概念及内涵、理论依据及发展、多元化的研究方法和管理实践的角度,探讨了团队断层理论的相关内容及研究。本书适合高校管理学专业 MBA 学生、研究生及组织中的各层级从业者阅读,以便更好地了解团队特质、团队效能、团队多样性等对组织各层级创新机制的作用。

目 录
CONTENTS

第三篇　实验篇

第四篇　实证篇

第五篇　实践篇

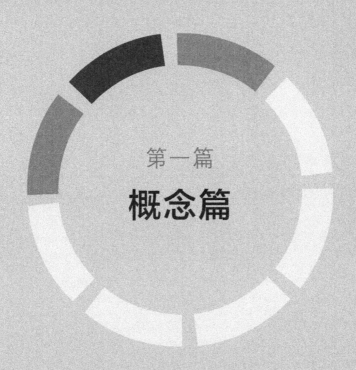

第一篇

概念篇

第一章

团队断层的概念与内涵

在组织内团队的发展过程中,我们常常遇到这样的情形:合作伙伴间的磨合出现了裂痕,成员间的协作出现了隔阂,甚至是团队内外在理念、目标和方法上的差异,构成了所谓的"团队断层"。团队断层是组织行为学中一个重要而复杂的课题,指的是在团队内部或与外部实体之间出现的分歧、冲突或不协调现象。团队断层可能源自多方面因素,如成员之间的信任缺失、沟通不畅、目标与价值观不一致、角色不清晰等。这些因素相互交织,导致团队内部关系紧张,协作效率下降,最终影响团队的绩效与成就感。

团队断层的出现可能产生多重负面影响,其中包括降低团队的创造性与创新能力、增加冲突与不满情绪、影响工作氛围与凝聚力,甚至可能导致成员流失与团队解散。因此,深入了解团队断层的形成原因、发展机制及解决策略,对于团队领导者和管理者至关重要。

解决团队断层的关键在于建立良好的团队动力与合作机制。这包括加强团队内外的沟通与协调、培养成员间的信任与归属感、制定清晰的团队目标与角色分工,并通过领导者的引领和组织文化的营造,促进团队成员间的有效合作与协同。此外,领导者的应变能力和决策智慧也对解决团队断层问题至关重要。

本章通过对团队断层的分析,探讨如何建立更加稳固、协调、有效的团队关系,挖掘团队成员间的潜在价值,加强沟通与信任,树立共同的目标与愿景,以建立更为坚固而紧密的团队关系,提升团队的整体绩效和成就感。

第一节 团队多样性

团队研究在管理学中具有重要意义,这是因为在当代组织和企业中,团队已经成为实现目标、创新和提高绩效的重要驱动力。团队研究不仅关注团队的形成和运作机制，更重要的是探究团队如何影响组织绩效，促进创新和成长。首先，团队研究关注团队如何更好地完成任务和实现组织目标。团队的协作与协调能力、成员之间的互补与合作方式对于任务的完成至关重要。团队研究能够揭示团队动态、领导风格和成员互动对任务执行和成果产出的影响，有助于提高团队执行力。其次，团队研究有助于理解团队对创新的重要性。在当今快速变化和竞争激烈的环境中，创新成为组织生存和发展的关键。团队作为创新引擎，能够凝聚不同背景和专业领域的人才，激发创意和灵感。团队的文化和氛围对于创新活动的推进起着关键作用。再次，团队研究有助于塑造更健康的组织文化和员工关系。团队成员间的互信、合作和共享有助于形成更积极向上的工作环境。研究团队如何建立高效的沟通机制、培养团队凝聚力和增强员工归属感，对于塑造积极向上的组织文化至关重要。最后，团队研究有助于管理者更好地理解和应对团队面临的挑战，了解团队动态和团队内部冲突的发生机制，有助于管理者及时地采取干预措施，提升团队的合作效率和绩效。

同时也要看到，随着社会的经济发展，现代组织发生了巨大变化。团队作为现代组织的基本单元，其适应性、灵活性和精确性等特点已远非传统科层结构所能比拟，这些优点使其在快速变化的竞争环境中能够表现出卓越的效率。随着全球经济一体化进程的加速，团队成员的多样化水平日益增强，组织需要利用不同背景与专长的团队成员之间的有效合作来提高团队决策质量，并帮助组织提升绩效。如何有效管理组织内团队的多样性已成为组织成功的关键因素。但是，团队多样性的研究结论不一，甚至互相矛盾。Williams 和 O'Reilly（1998）基于对现有团队多样性研究的述评提出两种研究视角：社会分类（social categorization）和信息加工（information elaboration）。持社会分类视角的学者认为，团队成员基于人口统计特征相似与否形成"圈内-圈外"认知，区分自己人与外人的行为造成团队过程的内耗及情感上的消极回应，进而降低团队效能（Jackson & Joshi，2004）。从这个角度来看，团队多样性存在一些劣势：① 团队多样性可能存在沟通和理解障碍。不同文化和背景可能导致沟通障碍和理解误差。语言、信仰、价值观等差异可能导致团队成员之间产生误解，影响合作效果。思维方式和工作风格的不同可能会导致团队内部的摩擦，需要一定程度的管理和解决。② 团队多样性可能导致团队凝聚力下降。团队成员可能感到孤立或缺乏共同的团队文化，从而影响团队的团结性和合作性。而持信息加工视角的学者则认为，多样性使团队拥有更为广泛的知识、技能及资源，有利于团队做出高质量且富有创造力的决策,从而对团队绩效有利(Dahlin et al.,2005;Shin et al.,2012)。从这个角度来看,团队多样性也存在一些优势:① 团队多样性带来了不同的视角和思维方式,这有助于促进创新。各种背景和经验的集合使得团队更有可能产生独特的想法,并从不同角度解决问题。② 团队多样性带来更广泛的知识储备。不同的文化、专业背景和技能意味着团队汇聚了更广泛的知识和经验。使得团队更有可能应对多种问题,从而提高解决问题的能力。③ 团队多样性提高了团队适应性。多样性意味着团队成员具备不同的应对能力和经验,使得团队更具韧性,能够更好地适应不同的环境和挑战。多样性研究的结论之所以存在争议,一个关键原因在于研究者每次只对单独的某个人口统计特征进行检验,而同时将多个人口学统计特征结合起来考虑可能会给团队多样性研究打开一个全新的局面(Thatcher et al.,2003)。随着学者对团队多样性的研究,团队断层的概念也逐渐拉开序幕。

第二节　团队断层的概念

基于团队多样性研究存在的局限性,Lau 和 Murnighan(1998)类比地质学中的"地质断层"首次提出了团队断层的概念,将其定义为基于团队成员的多重特征差异而形成的一组虚拟分割线,它将团队内部分割成若干个内部同质、彼此异质的子群体。Lau 和 Murnighan(1998)认为,如同地质断层一样,团队断层在特定时期内是相对静态与稳定的,如果没有外部力量的刺激就不会产生巨大影响。从状态上看,称之为潜在的团队断层(potential faultlines),指的是客观存在的团队多重特征差异造成团队断层,可以通过计算得出团队断层的强度,但是这些客观特征差异并不被团队成员所发觉。潜在团队断层基于团队断层的强度反映了子群体内部同质、外部异质的程度。在团队发展的过程中,强团队断层使不同的子群体之间彼此对立,界限分明,放大了外部因素和冲突对团队的破坏性影响(Thatcher & Patel,2012)。值得注意的是,Lau 和 Murnighan(1998)还指出团队断层不仅仅指客观存在的团队结构,它还需要一个被激活(activation)的过程。断层的激活是指"团队内人口统计特征差异的显著性所引发的社会类化过程"(Pearsall et al.,2008)。基于此,有关断层的研究开始关注团队断层的另一种状态:被激活的团队断层(activated faultlines),指的是由客观存在的团队多重特征差异所形成的团队断层被团队成员实际感知到的程度,因此也称作被感知到的团队断层。如同"地质断层"被激活后的地震效应,被激活的团队断层效力更大。

团队断层是团队多样性研究的重要突破之一,两者之间相互联系又相互区别。团队多样性是指团队内部成员单个个体特征差异的分布情况,它仅考量团队中成员个体特征差异的数量,个体特征差异数量越多,则团队多样性越高。而团队断层,它不仅考量这些个体特征差异的数量多少,还考量差异的组合与集中。团队断层理论强调团队运行的决定因素并非多样性本身,而是构成多样性的人口统计学特征的排列方式。团队断层强度随着人口统计特征的不同组合而发生改变,当越来越多的人口统计特征朝着同一方向"对齐"成一条线时,团队将展现出特殊的形态,即团队内部将较为"稳定"地存在若干自身同质的子群体,团队断层的存在增大了团队内部动态作用的可能性。

现有研究对团队断层构念及形成机理的理论分析缺少实体团队形态上的匹配性结论。自 Lau 和 Murnighan(1998)提出团队断层的概念以来,这个构念在团队研究领域得到广泛的认可与探索,包括联盟、社交网络、群体间行为、决策及创造力等研究领域(Thatcher & Patel, 2012)。然而,现有研究在对潜在的团队断层、被激活的团队断层,以及激活后断层的持续作用的解释上仍然是不足的,特别体现在对抽象的断层构念研究与团队实体形态变化及效能作用的匹配性上。早期潜在断层的研究中,Lau 和 Murnighan(1998)已经解释了团队断层出现后,子群体成员基于相似性共识会经历一个"短暂的感知过程"。尽管有研究通过实验情境的控制激活了潜在的断层(Homan et al., 2008;Zanutto et al., 2011),但对于这种感知过程是如何通过子群体及团队层面的交互而得以发展、强化或削弱的并未做进一步解释。另外,大多数团队断层的研究更关注断层强度而忽略了断层结构定位清晰性的问题。个体存在多样化的认同结构(性别、年龄、教育背景、组织角色等),这些认同结构分类在断层研究的过程中往往呈现出基于自我感知与认同驱动的交叉性特点(Cooper & Thatcher, 2010)。无论是潜在断层还是被激活断层的感知过程中,个体的认知、情感及行为结果的改变将对子群体及团队最终形态的发展变化产生作用。未来研究不仅需要了解潜在的、被激活的团队断层的形成及发展机理,更需要结合断层结构定位的清晰性与交叉性,探索实体团队及其内部子群体的构成形态的变化及稳定态势。

现有团队断层的测量方法存在不足。数理模型的提出一定程度上有效推进了团队断层的相关实证研究,但是也存在一定局限性。首先,现有的数理模型所针对的团队断层属性并没有统一。除了断层强度这一关键属性，断层距离、断层深度、断层宽度等断层属性在不同数理模型中得到不对等的考虑。其次，不管是运用哪种数理模型对团队断层进行计算，选取所需特征放入模型是首要步骤，但是识别哪些团队成员特征才是我们研究所需要的特征，则涉及更多理论上的思考与逻辑推理；并且在不同情境下，团队成员特征的显著性程度也会有所不同，从而呈现出动态性。若将这些测量指标放入到真实的工作场景中，研究人员可能就需要针对每一个具体情境给出针对性的特征集合，这些情况加大了团队断层模型构建上的难度及测量难度，同时在实际操作上也具有重大挑战。为了寻求团队断层测度有效性，学者们倡导由潜在断层的数理计算向被激活断层的构念测量转变(Lau & Murnighan，2005)，重视团队成员所实际感知到的团队中的断层现象，而现有有关被激活团队断层的构念测量依旧不足。

现有研究在团队断层效能作用的分析上存在结论上的分歧及不对称性。多数研究指出强团队断层因为引起冲突而有损于团队绩效(Thatcher & Patel，2012)，也有研究证明团队断层对团队效能的影响不总是显著的(Lau & Murnighan，2005)，还有研究证明了团队断层对团队效能的积极作用(Bezrukova et al.，2012；Li & Lau，2014)，极少数研究证明了团队断层对绩效的曲线关系(Zhang et al.，2017)。研究结论的分歧与不一致一定程度上体现了现有断层研究在断层类型、中介机制及边界条件探索上的不同侧重。基于社会认同理论与自我分类理论的中介机制研究中较多地解释了团队断层消极效能结果的形成机制，而基于分类加工理论与最佳区别理论的研究则较多地解释了团队断层积极效能结果的形成机制(Thatcher & Patel，2012)。此外，情境因素的考虑也是对效能结果存在分歧与不一致的重要解释维度。现有结论的分歧与不一致，揭示出未来团队断层的作用机制研究在不同断层类型、过程机制及情境作用下仍有很大的探索空间。

现有研究在团队断层动态性问题的探索上缺乏对团队断层激活过程及其效能延续性的实证检验。有关潜在团队断层的测量研究大多基于数理模型，而有关团队断层激活的研究则以实验操纵居多(Thatcher & Patel，2012)。由于研究范式和方法的不统一，我们无法全面理解团队断层的激活过程是如何实现的。同时，实验室实验难以验证激活断层的后续效应对现实工作团队的持续性影响。关于团队断层动态性的研究，激活过程是一个重要的关注点，但现有研究在潜在团队断层被激活的探讨上缺乏对激活过程研究的系统性，未考虑到不同激活情境对团队及团队内子群体影响的差异性。此外,对已经存在某一类被激活的断层和从未有断层体验的团队来说,激活因素的叠加也有着截然不同的作用(Murnighan & Lau, 2017)。现有研究虽然已初步探索了潜在团队断层到被激活团队断层的过程机制,但是忽略了团队发展本身的延续性问题。随着团队成员对断层感知程度的改变,团队内子群体形成与演进的动态性研究仍需进一步探索。

现有团队断层的研究在情境因素考量上缺乏内、外部兼并的全面性及层次间的交互性分析。情境是团队断层研究的重要影响因素,不仅从团队构成的角度直接诠释了潜在团队断层在属性和分类上的直观特征及效应,而且为团队断层激活过程的研究提供事件特征上的情境判断。现有研究对于系统地分析团队内、外部情境对断层效能的作用仍是不全面的。团队断层研究对于子群体规模、子群体间的互动、团队及子群体成员的加入与退出等动态情境变化的分析仍然非常有限。此外,随着团队断层动态性与团队发展演进的匹配,不同层级的情境因素与断层类型,断层激活过程及其后续影响之间的交互作用也需要进一步探索。

第三节 团队断层的分类

团队断层的形成基于团队成员的多重特征差异,不同类型的特征差异形成不同类型的团队断层(见表1-1)。Hambrick等学者将团队断层分为显性团队断层和隐性团队断层。其中,显性团队断层是基于人口学特征中具有明显、外在特征的差异形成的,如性别、年龄、民族、国籍等,在团队中是可以直接观察到和辨识的。这些团队断层是相对容易察觉和辨识的,因为它们基于外在的、显性的特征。因此,在团队中可能更容易引发明显的差异和冲突。由于这些特征的明显性,团队成员可能更容易意识到这些差异,从而采取措施处理或调解冲突,如进行多样性培训、采取包容性政策等。隐性团队断层是基于人口学特征中不太明显、不易观察到的差异,如任期、教育经历、职能背景等,这些差异不太容易直接辨认。这种团队断层的特征可能隐藏在团队成员的背景、思维方式或工作风格中,不容易直接观察到。由于隐性特征的存在,这种团队断层可能更具挑战性,团队成员可能难以认识到差异,导致问题被忽视或未被有效解决。

表 1-1 典型团队断层的类型与定义

学者(时间)	断层分类	定　义
Hambrick et al.(1994)	显性型团队断层	基于性别、年龄、民族、国籍等具有显性属性的人口学特征差异形成的断层。
	隐性型团队断层	基于任期、教育经历、职能背景等具有隐性属性的人口学特征差异形成的断层。
Bezrukova et al.(2009)	社会分类型团队断层	基于性别、年龄、种族、国籍等个体与生俱来的特征差异形成的断层。
	信息基础型团队断层	基于工作年限、教育经历、职能背景等与工作任务密切相关的个体差异形成的断层。
Rico et al.(2007)	表层型团队断层	基于可见的人口统计特征(如性别、年龄、学历、任期)而形成的断层。
	深层型团队断层	基于深层的心理特征(如态度、人格、价值观)而形成的断层。
Hutzschenreuter & Horstkotte(2013)	关系型团队断层	通常是以关系型特征(如性别、种族)为基础而形成的团队断层。
	任务型团队断层	通常是以任务型特征(如职能背景、专业背景)为基础而形成的团队断层。
Carton & Cummings (2013)	认同型团队断层	个体基于社会认同形成多个子群体,造成断层。
	知识型团队断层	个体基于信息收集、处理等过程的差距形成子群体,造成断层。
	资源型团队断层	个体基于资源(地位、权力、物质)获取差距形成子群体,造成断层。

　　Bezrukova 等学者将团队断层分为社会分类型团队断层和信息基础型团队断层。社会分类型团队断层是基于个体天生的、与身份相关的特征差异形成的。这些特征包括性别、年龄、种族、国籍等,通常是人类天生即具备的身份属性。这些团队断层是相对明显和外在可见的,因为它们基于与个体身份相关的特征。这些特征通常在团队中可以直接观察到或识别。这种类型的差异可能会导致社

会上的偏见、歧视或者对特定群体的刻板印象,对团队合作和氛围造成负面影响。信息基础型团队断层则基于与工作任务密切相关的个体特征差异。这些差异可能包括工作年限、教育经历、职能背景等,这些特征与个体的工作能力和经验相关。相较于社会分类型团队断层,信息基础型团队断层的特征不太容易直接观察到。这些特征通常是需要更深入了解个体的工作历史或背景才能发现。这种类型的差异可能影响团队内的工作流程、决策和任务分配,因为团队成员的不同工作经验和专业背景可能会对工作方式和理解产生影响。

Rico 等学者将团队断层分为表层型团队断层和深层型团队断层。表层型团队断层是基于相对可见和外在的人口统计特征形成的,这些特征包括性别、年龄、学历、任期等,通常是容易观察和识别的。这些团队断层相对明显和可见,因为它们基于相对表层的、可观察到的特征。表层型断层可能会导致社会上的偏见、刻板印象或歧视,对团队协作和氛围产生负面影响。深层型团队断层是基于相对隐蔽和不太显著的个体心理特征形成,这些特征可能包括态度、人格、价值观等,通常不容易直接观察或辨认。相对于表层型断层,深层型团队断层的特征是不太容易直接观察到的,因为它们基于个体的内在心理特征。这种类型的差异可能会影响团队内的协作、决策和沟通,因为个体的心理特征会在工作和团队交流中产生影响。

Hutzschenreuter 和 Horstkotte 将团队断层分为关系型团队断层和任务型团队断层。关系型团队断层是基于关系性特征形成的,这些特征通常与个体的社会关系、身份或群体归属相关,如性别、种族、家庭背景等。这种类型的团队断层通常涉及个体之间的社会关系、身份认同或归属感,这些特征可能影响团队成员之间的互动和交流。关系型团队断层可能会导致社会上的偏见、歧视或者对特定群体的刻板印象,对团队协作和氛围产生负面影响。任务型团队断层则基于任务性特征形成,这些特征通常与个体的工作职能、专业背景或技能相关,如职能背景、专业经验、技术能力等。这种类型的团队断层可能涉及团队成员在任务上的差异,如专业领域的专长、技术能力或工作经验的不同。任务型团队断层可能会影响团队的工作效率和任务执行,因为个体的任务特征可能会对工作方式和理解产生影响。

Carton 和 Cummings 将团队断层分为认同型团队断层、知识型团队断层和资源型团队断层。认同型团队断层基于个体对特定社会认同的归属感。这种断层是由个体对自己所属群体的认同程度造成的,可能基于种族、宗教、性别、文化等方面的认同。认同型团队断层可能导致个体更倾向于与自己所属的认同群体互动,并与其他群体产生隔阂或分歧。知识型团队断层基于个体在信息收集、处理和理解方面的差异。这可能源自个体的学习经历、专业知识、技能水平等方面的不同。知识型团队断层可能导致个体在工作方式、问题解决策略等方面存在差异,可能影响团队的决策和执行方式。资源型团队断层基于个体在地位、权力、物质资源等方面的不平等获取。这种断层可能源自个体在团队中的地位、经济实力、权力关系等方面的差异。资源型团队断层可能导致团队内部权力分配的不均衡,可能影响决策过程、资源分配和团队内部合作。

第四节 团队断层的测量

Lau 和 Murnighan(1998)设计了八个虚拟的团队,从定性角度比较了团队断层和团队多样性之间的区别,几乎不涉及团队断层的测量问题。随后,Thatcher 等(2003)率先进行了关于团队断层测量方法的研究,提出了衡量团队断层强度的 Fau 算法。传统团队断层测量大多采用个体差异特征指标组合的静态数学加总方法测量团队断层不同属性(Thatcher et al.,2003;Bezrukova et al.,2009):断层强度(strength),衡量的是团队成员之间多重特征差异组合的一致性程度;断层距离(distance),衡量的是子群体之间由于多重特征差异而产生的分歧程度;断层深度(depth),衡量的是子群体内部多重特征之间的一致程度;断层宽度(width),指的是子群体之间的距离大小。目前,团队断层研究呈现出较为丰富的研究方法,主要包括实验(Lau & Murnighan,2005;Meyer et al.,2015)、仿真模拟(Shaw,2004)、文本研究(Li & Hambrick,2005;Ren et al.,2015)、量表测量(Chung et al.,2015;Antino et al.,2019)、定性方法(Kulkarni,2015)等。本书梳理文献,列出团队断层实证测量中较为典型的数理模型(见表 1-2)。

表 1-2 典型团队断层实证测量方式

	学者(时间)	测量方法	主 要 评 价
潜在团队断层的实证测量	Thatcher et al. (2003)	Fau 模型	首次采用定量,断层强度取决于最强断层下子团队间方差与总体方差之比。强调子群体之间的比较,可以兼顾连续变量和名义变量的处理,应用广泛。

（续表）

	学者（时间）	测量方法	主　要　评　价
潜在团队断层的实证测量	Shaw（2004）	FLS 模型	兼顾子群体内同质性（IA）和子群体间异质性（CGAI），IA 越大，CGAI 越大，断层越明显，由于计算复杂，应用有限。
	Trezzini（2008）	PMD 模型	首次提出断层深度这一属性，强调断层强度由断层深度、宽度、子群体双极性程度组成，强调极化的多维多样性。
	Meyer ＆ Glenz（2014）	ASW 模型	通过 Ward 聚类分析对所有子群体进行划分与识别，断层强度来自所有亚群体分类种的最高者，不限制亚群体数量，是测量断层较好的方法。
	韩立丰（2013）	IGFS 模型	考虑子群体内同质性、子群体间异质性、子群体间分离程度（断层宽度），尤其是考虑了断层宽度，使该模型适应真实情境中范围更加广泛的团队类型。
被激活团队断层的实证测量	Pearsall et al.（2008）	实验操纵	在实验室条件下利用任务操纵来创造出被试性别断层的激活。
	Jehn ＆ Bezrukova（2010）	量表测量	开发单维断层量表，用四个题项来反映团队成员对团队内部分裂出子群体的感知。
	韩立丰（2013）	量表测量	开发包含认同断层、资源断层，以及知识断层 3 个维度共 9 个题项的团队断层量表。

潜在团队断层的实证测量方面，Thatcher 等学者使用 Fau 模型首次引入定量方法，Fau 模型中的断层强度是由最强断层下子团队间方差与总体方差之比决定的。该模型突显了子群体间的比较，同时能够灵活处理连续变量和名义变量，因此在各种情境中得到广泛应用。Show 使用 FLS 模型考虑到子群体内的同质性（IA）和子群体间的异质性（CGAI），当 IA 增大时，以及 CGAI 增大时，团队断层将更为显著。然而，由于计算的复杂性，该方法的应用受到一定的限制。Trezzini 使用 PMD 模型首次引入概念的是断层深度，这一属性强调了断层强度的形成受到断层深度、宽度，以及子群体双极性程度的共同影响。这模型强调了在考虑断层强度时必须同时关注多个维度，特别是强调了多维多样性的重

要性。Meyer 和 Glenz 使用 ASW 模型,利用 Ward 聚类分析对所有子群体进行细致的划分和识别,从中选择最高的亚群体分类来确定断层强度,这一方法不受亚群体数量的限制,被认为是一种优越的测量断层的方法。这过程不仅允许全面了解子群体的差异和相似性,而且通过选择最显著的分类结果,更能准确地反映断层的强度。韩立丰开发了 IGFS 模型,该模型考虑了子群体内的同质性、子群体间的异质性,以及子群体间的分离程度(即断层宽度),特别强调了对断层宽度的考虑。这种全面的考虑使得该模型更适用于更广泛范围的团队类型,更贴近真实情境。通过综合考虑这些因素,模型不仅能够捕捉团队内外的差异和相似性,还能更全面地评估和量化断层的强度。

这些数理模型在一定程度上有效推进了团队断层的实证研究,但是所构建的客观测量指标却存在一定局限,学者们倡导由潜在断层的数理计算向被激活断层的构念测量转变(Lau & Murnighan, 2005),重视团队成员实际感知到的团队断层现象。Jehn 和 Bezrukova(2010)首次利用实验激活潜在的团队断层,并开发被激活断层测量问卷代替传统的数理测量方法,发现利用数理模型测量出来的潜在团队断层在统计上与被激活断层强度的测量结果不显著相关,可见构念测量的意义所在。

被激活团队断层的实证测量方面,Pearsall 采用实验操纵的方法,在实验室环境下,通过任务操纵的手段,创造一种激活被试性别断层的条件。这意味着通过有目的性的任务设计,促使被试在性别方面呈现出明显的差异或特定的激活状态。这种实验方法旨在模拟和引发性别断层的激活情境,为深入研究提供了有控制的实验条件。Jehn 和 Bezrukova 采用量表测量的方式,设计了一种单维断层量表,其中包含四个问题,旨在反映团队成员对于团队内部出现子群体分裂的感知。这个量表试图捕捉团队成员对团队内部潜在分歧和子群体形成的敏感度,以提供对团队协同性和内部合作的更全面的了解。韩立丰也设计了一项团队断层量表,涵盖了认同断层、资源断层及知识断层这三个维度,总共包含九个问题。这个量表致力于全面评估团队内部的认同感、资源分配,以及知识分享等方面的断层状况。这维度化的测量工具旨在提供对团队协作和内部合作障碍的更深入理解。

第二章

团队断层的影响结果

随着 ChatGPT 等新兴技术的横空出世,员工通常需要依靠团队合作来完成更高水平的创造性任务。然而,由于劳动力市场变得更加异质化,组织中的个体所面临的团队多样性挑战也愈发明显。从长远看,同一个团队中不同国籍、年龄、性别和教育背景的个体都需要学习如何通过团队合作完成相应的任务,而团队最终往往会形成若干个子群体(Carton & Cummings,2012),即团队断层,而团队断层能够对团队的过程和结果产生重要影响(Thatcher & Patel,2012)。第一章对团队断层的概念与内涵进行了探讨,本章进一步分析其影响结果能够帮助读者更清晰地了解团队断层的重要性。

鉴于团队研究的"输入-过程-输出"(Input-Process-Output)研究范式(Ilgen et al.,2005),团队断层作为输入要素对团队过程及产出都有着重要的影响。因此,团队断层的影响结果有如下四个层面:

(1)团队层面。一方面,基于社会认同理论和自我分类理论,团队断层通过心理安全感、团队认同等中介机制(Khan et al.,2022,Qi et al.,2022)对团队效能产生消极影响,如团队创造力等(仇勇 等,2019)。另一方面,基于分类加工模型(Categorization Elaboration Model),虽然团队多样性在"分类"方面对产出呈现消极作用,但是在"加工"方面则对产出呈现积极作用,如团队绩效等(Homan et al.,2008;Hutzschenreuter & Horstkotte,2013)。

(2)组织层面。该层面主要集中在高管团队及董事会成员上(Cooper et al.,2014)。团队断层不利于高管团队成员之间的行为整合和沟通,降低了心理安全感及承担风险决策的责任心,表现出较少的竞争行为。强断层局限了高管团队成员对知识与资源在宽度上的理解与应用,进而对组织绩效产生消极影响(Georgakakis et al.,2017;Ndofor et al.,2015)。比起社会分类型断层,信息加工型断层则有助于提高高管团队成员间的信息加工和任务分析的能力,不会受到人际多样性的消极影响。

（3）个体层面。在强社会分类型断层的团队中，团队成员容易出现不公正的体验，成员忠诚度偏低，断层削弱了较大规模团队成员的行为整合和信任，降低了团队依附性。然而，这种机制在信息加工型断层的团队中却不存在（Chung et al.，2015）。除此以外，团队断层在组织危机或变革过程中对个体绩效也有显著影响。如果组织正在经历危机或者变革，强断层的团队中包含领导的子群体成员因为得到了领导的支持，获得更多的资源，比其他子群体在变革和危机的处理过程中表现出更好的绩效（Meyer et al.，2015）。

（4）团队交叉层面。在行业联盟中，企业成为团队断层的主要结构单位，相比存在弱断层的行业联盟，强断层的行业联盟更易于解散。同时，对行业内的企业联盟来说，合伙人企业之间如果在资源和权力上处于势均力敌的中心性程度，他们则在重大决策问题上难以形成共识或做出让步，这将增加了他们自身企业联盟解散的可能性（Heidl et al.，2014）。

本章将以创造力、主动性行为和团队退缩为例，来分析团队断层的影响结果。

第一节　创造力

作为组织行为学研究的一个重要分支，创造力是一个方兴未艾的研究议题（Zhou & Shalley，2004）。创造力是一个复杂且多维的概念，通常描述为创造新颖、有价值和有意义的想法、概念、产品或解决方案的能力。它不仅是指艺术或创意领域的表现，也包括在各个领域中提出创新解决方案的能力。创造力有两大要素，即独创性和新颖性。独创性是创造力的重要组成部分，指的是能够提出与众不同、独特而新颖的想法、概念或解决方案的能力。这种能力超越了传统或常规的思维模式，带来了全新的观点、方法或作品。新颖性是创造力的重要因素之一，指的是能够提出全新、与众不同、前所未见的想法、概念或解决方案的能力。它强调的是与传统或常规观念的差异和创新性，能够在某个领域或问题上带来全新的视角或解决方案。创造力受多种因素的影响，这些因素可以是个人特质、外部环境、文化背景等。这些因素共同作用，塑造和影响个体或团队的创造力表现。影响创造力的因素主要分为内部因素和外部因素。

内部因素包括个体的认知、情感和个人特质。从个体认知来看，拥有广泛的知识基础和灵活的思维方式能够促进创造力,能够将不同的概念、想法和经验联系起来,产生新的观点和创意。从个体情绪来看,情绪状态对创造力产生重要影响。有时候,积极的情绪能够激发创造性思维,但有时候也有人会在负面情绪下获得灵感。从个人特质来看,创造力与个人特质有关,如好奇心、坚韧性、冒险精神、自信心和对新鲜事物的接受程度。这些特质能够驱动个体去探索新领域、接受挑战并从失败中学习。外部因素包括社会环境、经历和压力等。从社会环境来看,文化、家庭、教育和工作环境对个体的创造力发展起到重要作用。鼓励探索、提供支持和资源的环境通常能够激发创造性思维。从经历来看,个体的经历和所获得的教育也会影响创造力。多元化的经历和知识背景能够为创造性思维提供更多的素材和视角。压力也是影响创造力的重要因素之一,当个体面临适度的挑战和压力时,往往会激发其创造动力,因为适度的压力可能促使个体寻找创新的解决方案。

国内外现有关于创造力的研究主要集中在探讨个体创造力以及团队创造力的影响因素上。个体创造力,指的是个体在工作场所中产生新颖且有用的新想法(Amabile,1996)。个体创造力的研究主要依据创造力的情境互动理论,即个体创造力是个体-情境互动的结果(Woodman et al.,1993)。团队创造力,不仅仅是个体创造力的简单叠加(Miron-Spektor et al.,2011),作为一个整体,团队有自己复杂的互动过程和创造力的产生机制。团队创造力是团队成员在团队中不断分享、整合自身所具有的知识与技能,使团队作为整体发挥出协同效应进而迸发出个体自身未能实现的创造性效能的过程(王黎萤,陈劲,2010)。团队创造力的研究主要依据团队研究的"输入-过程-输出"模型(Ilgen et al.,2005),团队创造力作为团队输出变量,受到团队输入变量(团队内部特征因素、情境因素)及团队过程变量的影响。团队断层作为重要团队内部结构特征之一,既是个体创造力的情境影响因素,也是影响团队创造力的重要输入因素,对创造力的影响不容忽视。

尽管都以创造力为核心要素,但是个体创造力和团队创造力之间存在较大的区别。这些区别主要涉及创造性过程、决策方式和创新动力等方面。首先,在创造过程中,个体创造力通常是由个人内在的思维、想象力和创意驱动的,个体可以在自己的思维空间内独立思考、探索和产生创意;团队创造力则涉及多个个体的合作与协同,这需要团队成员之间的交流、合作和协调,以共同开发新的想法或解决问题。其次,在决策方式上,个体创造力常常涉及个人主观意识和个人决策,个体可以在没有外界干扰的情况下自由地进行创意生成和选择;团队创造力通常需要经过集体讨论和决策过程,团队成员可能有不同的观点和想法,需要协商达成共识。最后,在创新动力上,个体创造力往往受到个人动机、目标和独立思考的驱动,个体可能因为个人兴趣或目标而产生创造性的想法;团队创造力则更多地与集体目标、团队协作和共同利益相关,团队中的创新通常是为了解决共同问题或实现共同目标而产生的。尽管有这些区别,个体创造力和团队创造力也常常相辅相成。团队中的个体创造力可以为整个团队提供新思路和创意,而团队协作和合作又可以促进个体创造力的发展和提升。因此,在创造性过程中,个体和团队之间的互动与合作是非常重要的。

第二节　主动性行为

主动性构念在个人层面(Ashford & Tsui,1991)、团队层面(Simard & Marchand,1995)和组织层面(Kickul & Gundry,2002)均已得到验证。其中,与个人层面的主动性行为相关的构念通常侧重于未来导向的自发性行动,旨在改变和改善自身的状况(Crant,2000;Unsworth & Parker,2003)。因此,Crant(2000)认为主动性行为指的是"主动改善现状;它涉及挑战现状,而不是被动适应"。主动性行为指的是员工自发地采取积极、主动的态度和行动来促进组织的目标和效果。主动性行为强调员工不仅仅是按照工作职责和任务来执行工作,而且他们在工作中展现出一种积极的主动性。主动性最早被界定为积极和主动的人格特质(Swietlik,1968),强调主动改变而非被动适应(Crant,2000)。Frese 等(1996)提出工作中的主动性行为的特质包括:① 与组织的使命相一致;② 聚焦于未来可能出现的变化并采取相应行动;③ 具有目标导向与行动导向;④ 面对阻碍与挫折坚持不懈;⑤ 自发主动地做出超越本职工作的目标。Parker 等(2006)将主动性行为定义为个体自发主动地改变自身或环境的预见性行为,并分别从想法实施的主动性,以及问题解决的主动性两种维度探索主动性行为。第一种维度涉及个体改善工作场所的想法;第二种维度涉及主动解决问题,以防止问题再次发生。Griffin 等(2007)认为在不确定的情境下,表现主动性行为更能提高绩效。Grant 和 Ashford(2008)则从过程视角出发,认为主动性行为包括了预期、计划和实施的动态行为过程,更强调个体的自发性行为(胡青 等,2011)。主动性行为作为员工自发地改变工作角色、工作环境或自身的一种未来导向的行为,对企业适应不断变化的内外部环境,以及提升企业整体绩效都有显著的积极影响(Tu et al.,2020)。

综上,主动性行为包括以下具体特征:

(1)主动解决问题。主动识别并解决工作中的问题,而不仅仅是等待领导或管理层的指导。

(2)自我激励。能够在没有外部压力的情况下设定目标并努力实现。

(3)学习和发展。主动学习新的技能和知识,以提高自己的职业素养。

(4)团队协作。具有积极的协作态度,愿意分享知识和经验,共同实现团队目标创新和改进。

公司在招聘和培养员工时,通常会重视主动性,因为这种品质有助于提高团队的整体效能,推动组织朝着成功的方向发展。在员工个体层面,培养主动性有助于提高职业竞争力,实现个人职业目标。

尽管主动性行为很重要,但其前因却未被充分理解。关于主动性行为的前因变量。在个体层面上,人口统计学变量产生的影响暂无定论(Kanfer et al.,2001;Warr & Fay,2001)。在个人特质中,主动性人格(Bateman & Crant,1993)、责任心和人际敏感性(Fay & Frese,2001)的积极影响显著。个体潜能也会正向影响员工主动性行为。在情感动机方面,自我效能感较高的个体更加主动(Gruman et al.,2006),而消极情绪状态(Seo et al.,2004)、职场排斥(刘小禹 等,2015)等则减少了主动性行为。在组织层面,工作特征、工作环境、领导风格都会对员工主动性行为产生积极抑或消极影响(刘冰 等,2017;曹曼 等,2020)。

培养员工的主动性行为是一个需要长期投入和持续努力的过程。以下一些方法可以帮助组织激发和发展员工的主动性。

(1)设定明确的目标和期望。为员工设定明确的工作目标,确保他们理解组织的期望,并知道自己在团队中的角色。目标要具体、可衡量、可达成,并与员工的个人发展目标相一致。

(2)提供发展机会。提供培训和发展机会,以帮助员工不断提升技能和知识水平。支持员工参与课程、研讨会和培训项目,鼓励他们自主学习和发展。

(3)激发内在动机。了解员工的个人动机和职业目标,通过工作安排和项目分配,激发他们的内在动机。强调工作的重要性,使员工认识到他们的贡献对整个团队和组织的成功至关重要。

（4）鼓励创新和提出建议。创建鼓励员工提出新想法和解决问题的机制文化。提供员工展示创新的平台，奖励成功的创意，让员工感受到他们的贡献得到认可。

（5）建立积极的工作氛围。理解员工的需求，关注他们的工作体验，创造一个积极、支持和合作的工作环境。建立开放的沟通渠道，让员工感受到他们的需求被重视。

（6）奖励和认可。设立奖励制度，激励员工为实现团队和组织目标做出更多努力。提供定期的个人和团队认可，让员工感受到他们的努力和成绩被看到和赞赏。

（7）培养自我管理能力。帮助员工建立自我管理的技能，包括时间管理、目标设定和任务优先级。提供支持和指导，使员工能够更好地组织和完成自己的工作流程。

（8）参与决策过程。鼓励员工参与团队和组织的决策过程，使他们感到自己的意见和建议被尊重。提供机会，让员工参与项目、团队会议和制定工作流程。

（9）建立目标导向的文化。建立一个鼓励目标设定和追求的文化，使员工明白他们的个人目标和组织目标是相辅相成的。确保团队的工作与组织的愿景和使命保持一致。

（10）提供反馈和发展机会。定期提供有关员工表现的反馈，帮助他们认识到自己的优势和发展领域。提供晋升和职业发展机会，让员工感到他们的努力会被识别和奖励。

通过以上方法，组织可以促进员工主动性的发展，提高团队的绩效和创造力，同时增强员工的职业满意度和忠诚度。

第三节　团队退缩

目前关于退缩的研究主要分为两种类型：一是身体退缩，如缺勤和早退；二是心理退缩，它涉及员工个体从任务和团队互动中退出（Podsakoff et al., 2007）。尽管学界关于个体层面的心理退缩已经进行了广泛的研究（Shaffera et al., 2001；Woolum et al., 2017），但在团队层面的研究较为匮乏。例如，Pearsall 等（2009）研究表明，团队退缩与团队参与解决问题的能力呈负相关关系。总而言之,退缩使团队成员能够通过心理疏远和避免参与团队互动来减轻压力(Connor-Smith & Flachsbart, 2007；Pearsall et al., 2009；Weick & Roberts, 1993)。Kearney 等(2022)将团队退缩视为团队成员减少努力、不再积极参与团队讨论的一种状态,就像一种关系冲突。首先,在新团队中,团队退缩可能比关系冲突更容易发生,因为这些新团队往往在礼貌规范中展开相关工作并阻止团队成员公开表达强烈的批评和异议(Jehn & Mannix, 2001)。其次,对团队成员而言,"逃跑"反应(退缩)可能比"战斗"反应(冲突)具有明显的优势,因为后者可能会导致负面的情绪体验,而选择退出团队(即团队退缩)能够减轻体验这种负面情绪的不快感(Pearsall et al., 2009)。总而言之,退缩虽然有益于员工心理安抚,但对团队而言成本较高。

团队退缩(team withdrawal)是指团队成员逐渐减少他们对团队活动的参与和投入,表现为对工作和团队任务的不积极态度,以及减少与团队成员的互动。团队退缩会对团队的绩效和氛围产生负面影响。导致团队退缩的主要因素如下:

(1)领导不得力。领导风格不良,缺乏有效的沟通和激励手段,是团队退缩的根本原因。

(2)团队活动参与度减少。团队成员逐渐减少在团队活动中的参与,包括会议、讨论和决策过程。他们变得缄默,不再提出建议或参与讨论。

(3)组织缺乏承诺。组织缺乏承诺可能导致团队成员不明确团队目标,对团队的未来发展失去兴趣。

(4)团队成员社交隔离。团队成员开始与团队其他成员保持距离,减少社交互动,导致团队内部沟通障碍,最终形成团队退缩。

(5)逃避团队任务。团队责任分配不均,团队成员选择回避或避免执行团队任务,团队工作效率下降,引起团队退缩。

(6)团队成员情绪消极。团队成员情绪消极,如沮丧、不满或挫败感,通过情感的传导,导致整个团队氛围受到负面情绪影响,从而引发团队退缩。

团队退缩可能导致多种不利的团队结果,这些结果可能对整个组织的绩效和效益产生负面影响。首先,团队退缩会降低团队绩效,因为团队成员的参与度与投入逐渐减少会直接影响团队。完成任务的质量和效率,导致项目延迟或无法按时完成。其次,团队退缩使团队氛围受损。缺乏积极的团队合作和互信关系使工作环境变得不友好。最后,团队退缩阻碍新思想和创新的涌现,影响团队的创造力和解决问题的能力。为了防止团队退缩,可以采取以下一些应对方法。

（1）明确团队目标和期望。不仅要设定清晰目标,确保整个团队对目标有明确的认识,理解工作的紧迫性和重要性,还要明确沟通期望,透明地传达期望,让团队成员知道他们的工作对整个团队和组织的重要性。

（2）加强沟通和透明度。不仅开放沟通渠道,提供一个开放的平台,鼓励团队成员分享想法、疑虑和建议,还要提供工作进展的定期更新,确保成员了解团队的整体状况。

（3）设定合理的工作负荷。不仅要平衡任务,确保任务分配是公平合理的,避免过度负担导致团队成员产生抵触情绪,还要提供一定的工作灵活性,使成员能够更好地平衡工作和生活。

（4）提供支持和认可。不仅要提供领导支持,解决成员可能面临的问题,让他们感到组织对他们的价值认可,还要在团队中公开表扬成员的优秀工作,激励积极性。

（5）解决冲突和建立合作。不仅要及时解决和处理团队内的冲突,确保良好的团队氛围,还要提供和增加团队协作培训,帮助成员更好地理解和支持彼此。

（6）建立积极的团队文化。不仅要鼓励创新,鼓励尝试新想法和创新的文化,激发团队成员的创造力,还要分享成功案例,增强团队成员对工作的成就感。

（7）定期组织团队建设活动。不仅要提升团队凝聚力,定期组织团队建设活动,促进团队成员之间的互信和合作,还要增加社交互动,提供团队社交互动的机会,加强成员之间的关系。

（8）人文关怀。不仅要了解个体需求,与个体成员建立关系,了解他们的需求和关切,提供个性化的支持,还要明确职业发展,提供发展机会,帮助成员发展自己的技能和职业路径。

（9）制订行动计划。要共同制订计划,与团队成员共同制订应对退缩行为的行动计划,确保每个成员都参与其中。

（10）反馈和改进。要定期反馈,指出团队的成就和改进的地方,促使团队不断学习和进步,提高团队的战斗力。

通过采用这些应对方法,团队领导和成员可以更好地处理团队退缩现象,提高团队的整体绩效和成员的积极性。

第三章

团队断层的作用机制、
情境影响因素及发展趋势

本章具体探讨团队断层的作用机制、情境影响的因素，以及新环境对团队断层的影响。

第一节　团队断层的作用机制

团队断层作为团队层面构念，其效能作用主要体现在团队层面上。首先，在过程影响方面，基于社会认同理论（Social Identity Theory）和自我分类理论（Self-Categorization Theory），团队断层对很多过程机制产生消极作用，例如，行为整合（Li & Hambrick，2005）、沟通及信息分享（Lau & Murnighan，2005）、激发冲突（Li & Hambrick，2005）、形成联盟（Jehn & Bezrukova，2010）、团队目标一致性（Cramton & Hinds，2004）、团队信任（Li & Hambrick，2005）、心理安全感（Spoelma & Ellis，2017）、团队认同（Sawyer et al.，2006）等。这些中介机制为团队断层对团队产出的消极影响提供了充分的理论依据与解释机制。团队断层因此也对很多团队产生消极影响，例如，决策质量与准确性（Rico et al.，2007）、团队创造力（Pearsall et al.，2008）、团队整体满意度（Lau & Murnighan，2005）、团队整体绩效（Lau & Murnighan，2005）、团队有效性等。然而，团队断层的效能并非绝对消极的。基于分类加工模型（Categorization Elaboration Model），虽然团队多样性在"分类"方面对产出呈现消极作用，但是在"加工"方面则对产出呈现积极作用（van Knippenberg & van Ginkel，2010）。例如，知识型断层通过促进信息深加工（Homan et al.，2008；Hutzschenreuter & Horstkotte，2013）和交互记忆（O'Leary & Mortensen，2011）促进了团队学习行为和创造力的提高（Cramton & Hinds，2004），进而对团队绩效产生积极效能。

其次，团队断层在组织层面也会产生一定的影响，研究对象主要集中在高管团队及董事会成员上（Cooper et al.，2014）。团队断层不利于高管团队成员之间的行为整合和沟通，降低了心理安全感及承担风险决策的责任心，而且，强断层局限了高管团队成员对知识与资源在宽度上的理解与应用，进而对组织绩效产生消极影响（Ndofor et al.，2015）。但是，比起认同型断层，知识型断层则有助于提高高管团队成员间的信息加工和任务分析的能力，不会受到人际多样性的消极影响（Horstkotte，2013）。

再次，团队断层也会对团队成员即个体层面产生影响。在强认知型断层的团队中，团队成员容易出现不公正的体验，成员忠诚度偏低，特别对于那些规模较大的团队，断层削弱了团队成员的行为整合和信任，降低了他们对团队的依附性。然而，相比于认同型断层团队，这种机制在知识型断层的团队中却不存在（Chung et al.，2015）。除此以外，团队断层在组织危机或变革过程中对个体绩效也有显著的影响。如果组织正在经历危机或者变革，强断层的团队中包含领导的子群体成员因为得到了领导的支持，获得了更多的资源，比其他子群体在变革和危机的处理过程中表现出更好的绩效（Meyer et al.，2015）。

最后，团队断层的作用机制也体现在团队交叉层面上。在行业联盟中，企业成为团队断层的主要结构单位，相比存在弱断层的行业联盟，强断层的行业联盟更易于解散。同时，对行业内的企业联盟来说，合伙人企业之间如果在资源和权力上处于势均力敌的中心性程度，他们则在重大决策问题上难以形成共识或做出让步，这将增加了他们自身企业联盟解散的可能性（Kim et al.，2021）。

团队断层的作用机制在组织动态中扮演着关键角色。其作用机制涵盖多个方面，包括但不限于沟通障碍、信任缺失、目标不一致、文化冲突等。这些机制相互交织，导致团队内部合作的困难与阻碍，影响着团队的凝聚力、创新性和绩效。团队断层不仅对团队内部产生负面影响，也可能波及整个组织，阻碍组织的发展与成长。深刻理解团队断层的作用机制，对于领导者来说至关重要，因为这有助于识别潜在问题、制订应对策略，并建立更稳固、高效的团队关系，推动团队朝着共同目标迈进。本节具体探讨以下六种作用机制。

一、团队信息深加工的中介机制

信息深加工是团队对与任务相关的思想、知识和观点进行交换、讨论和整合的过程(Wang,2015;Hoever et al.,2012)。团队信息深加工是指团队成员对所获得的信息进行深入、全面地处理和理解的过程。这包括对信息的分析、整合、评估和综合,以形成更深刻、具体的理解和知识。团队信息深加工是在信息处理的层次上更高级的一种认知过程,与简单的信息浏览或表面理解不同。通过深加工,团队成员能够更深入地理解信息的内涵和背后的含义,而不仅仅是对表面信息的表达。团队信息深加工有助于将新获得的信息与已有的知识进行整合,促使团队成员形成更为完整和综合的知识结构。深加工有助于激发团队成员的创造性思维,促使他们提出新颖的观点、解决方案或创意。团队在进行深加工时更能充分考虑信息的各个方面,从而提高团队在决策过程中的准确性和质量。团队多样性的存在为团队内部信息深加工提供基础,但基于不同多样化基础的团队信息深加工具有不同的作用。认同型团队断层的存在使得团队成员之间的信息交换与资源共享意愿不足(Lau & Murnighan,2005),这使得团队成员无法通过深入的信息交换来展开信息深加工过程。同时,由于资源型团队断层产生的不同程度的不公平信念会带来消极的情感反应,降低团队成员展开信息交流沟通的动机(LePine,2002)。相比而言,子群体间成员对于他们在信息属性上的差异则更为包容和接受。这种差异性更多地被视为一种积极差异(van Knippenberg et al.,2004),由信息相关的断层产生的信息加工优势远远大于社会分类过程带来的负效应(Bezrukova et al.,2009;Choi & Sy,2010)。团队之间的信息深加工有利于团队成员接触他人的思想,成员之间的信息分享、交流与整合利用,有利于提升整个团队认知水平而影响创造力(Hoever et al.,2012)。

二、个体心理安全感的中介机制

个体心理安全感是指个体在工作环境中感到可以自由表达、分享观点和提出问题,而不担心遭受负面的社会或职业后果。这种感觉让个体感到在组织中是受到尊重和被理解的。个体心理安全感受到很多因素的影响。领导的支持和鼓励对个体心理安全感有着重要的影响,开放、支持性的领导风格有助于建立个体的信任和安全感。组织和团队的文化也是影响个体心理安全感的因素,鼓励开放对话、尊重多样性的文化有助于个体感到在组织中是被接纳的。团队的氛围和气氛对个体心理安全感有深远的影响，积极、支持性的氛围有助于个体感到安全。个体对于获得正面、建设性反馈的机制也是影响其心理安全感的因素。工作任务的性质和要求也可能影响个体的心理安全感，有些任务可能对于个体来说更具挑战性，而有些可能更容易让个体感到焦虑或不安。

个体心理安全感往往给个体带来积极的影响。例如，个体心理安全感有助于激发个体的创造性思维和创新能力，因为他们更愿意分享新颖的观点和想法。感受到心理安全感的个体通常更具情感健康，因为他们可以在工作中表达自己，感到被重视。个体心理安全感有助于提高个体的工作满意度，因为他们可以在工作中感到被接纳和理解。感受到心理安全感的个体可能更能够应对工作压力，因为他们知道他们可以自由表达自己的困惑和需求。个体的心理安全感也有助于个体的自我发展，因为他们更愿意接受新的挑战和学习机会。

三、团队心理安全感的中介机制

团队心理安全感是团队成员的一种共同信念，即共同相信团队不会为难、拒绝或者惩罚勇于发表真实意见的人，这种共同信念的建立根植于成员间的彼此信任、相互尊重和互相关心（Edmondson，1999）。团队安全感受到较多因素的影响。例如，领导的支持对团队心理安全感至关重要，鼓励开放沟通、倾听团队成员的意见，以及提供支持性的反馈都有助于建立团队心理安全感。团队成员之间共享的价值观和目标也是影响团队心理安全感的因素，当团队成员共同认同团队的使命和愿景时，心理安全感更容易建立。团队内部的协作和互动方式会影响心理安全感，积极、支持性的协作有助于团队成员感到在团队中是被重视的。信任是团队心理安全感的基础，通过建立相互信任的关系，团队成员更容易分享意见和提出问题。

团队心理安全感为团队提供了积极影响。具备心理安全感的团队更容易展现创造性思维，因为成员愿意分享新颖的观点和提出创新性的解决方案。团队心理安全感促进了成员之间的信任和合作，有助于实现更有效的团队协作。具备心理安全感的团队通常更具高效性，因为成员愿意积极参与、分享信息，推动团队朝着共同目标前进。团队心理安全感有助于减少团队内部的冲突，因为成员更愿意以开放和建设性的方式沟通。具备心理安全感的团队更容易进行共同学习，分享知识和经验，从而推动团队的学习和发展。

团队心理安全感作为一种影响团队成员工作动机的共同心理感知，提供了一种能将支持性感知或信念转化成具体行为的解释机制。因此,将团队心理安全感作为中介机制进行研究,可以打开团队互动过程中的诸多工作行为以及态度形成的"黑箱"。团队心理安全感高的团队成员会提高发表不同意见的积极性,加强其知识分享、建设性沟通等行为,进而促进积极的团队互动及产出。实证研究也表明,无论是个体心理安全感还是团队心理安全感都能促进员工创新(Kark & Carmeli,2009)。然而,团队断层的存在所带来的子群体间偏见,使得团队成员害怕在团队中发表真实见解,团队整体的心理安全感受到负面影响。

四、职场孤独感的中介机制

现代社会中,高强度的工作压力使得越来越多的员工产生焦虑、孤独、抑郁等影响认知的行为。远程办公、不断发展的科学技术,以及随时在线的多种工作文化,这些因素正在疏离人与人之间的关系,使个体感到孤立无助。2022 年,有团队曾对世界各地 2 000 多名工作者做了专门研究,其中高达 72% 的受访者表示每月至少会有一次感到孤独,每周至少一次感到孤独的也多达 55%。企业高层和普通员工也一样,有半数 CEO 表示他们在工作中感到孤立无助,认为这一情绪影响了工作表现的有 61%。孤独是当亲密和社会需求得不到充分满足时发生的一系列复杂的感觉(Cacioppo et al.,2006)。尽管大多数人一生中的大部分时间都花在工作上,但很少有人研究工作场所孤独的过程和结果。更好地理解工作中的孤独是很重要的,因为孤独会导致无数有害的情绪、认知、态度和行为结果(Heinrich & Gullone,2006;Masi et al.,2011)。孤独感已经被学者和美国卫生局局长描述为需要治疗的"现代流行病"。研究表明,与人在生活中的孤独感相比,在工作场所中的孤独感产生的概率更大、持续性更久、影响也更为深远(Dussault & Thibodeau,1997)。在工作团队中,员工不仅受到经济需求的驱动,还受到建立关系和社会依恋需要的驱动(Feniger-Schaal,2016)。考虑到孤独在其他生活领域的普遍和有害影响,以及员工在工作中花费的时间如此之多,对工作场所孤独感的影响研究非常重要。

职场孤独感是一种主观的心理体验,个体感到在工作环境中与他人疏离,无法建立深层次的连接。这种感觉可能与社交隔阂、情感孤立或在工作团队中感到孤立无援有关。职场孤独感可能由组织文化、领导风格、工作环境和个体特征等因素产生。例如,公司文化是否鼓励协作和团队合作,以及是否有开放的沟通氛围,都会影响职场孤独感。而上司的领导方式和沟通方式对员工的归属感有重要影响。缺乏支持性的领导可能导致员工感到孤独。在开放、支持性的工作环境中,员工更容易建立联系和合作,减轻孤独感。个体的性格、社交技能和心理健康状态也会影响是否容易感到孤独。职场孤独感可能导致员工的工作绩效下降,因为缺乏团队协作和支持。感到孤独的员工更有可能离开公司,寻找更有归属感的工作环境。孤独感与焦虑、抑郁等心理健康问题有关,对员工的整体幸福感产生负面影响。孤独感可能导致沟通不畅,团队合作受到阻碍,影响整体工作氛围。

孤独是一种主观体验,员工并不一定要独自一人才会感到孤独,而孤独的员工即使经常与他人互动,如果这些互动不能为孤独的员工提供所需的亲密程度,也可能会感到孤独(Fischer,1979)。员工是否感到孤独取决于他们在人际关系中寻求的亲密程度、安全感和支持(Jones & Hebb,2003)。基于团队断层形成内外子群体的情况,员工很难与群体间成员形成良好关系,故容易出现负面情绪,如职场孤独感。情绪作为一种影响个人进行信息加工、信息评估的重要因素,其直接影响着个体的行为方式和行为选择。在跨文化情境下,由于社会分类型断层的出现,导致文化等各方面的休克现象,会使员工产生消极情绪,使员工被动地感受到孤独,会显著影响员工的工作满意度(Wright,2006)。由此产生的职场孤独感作为一种负面情绪,常常导致员工在信息评估和处理的过程中过于谨慎,以及对自我认知过低,怯于大胆地提出新想法(Fredrickson & Branigan,2005)。其作为一种负面的工作情绪会引起员工工作的工作倦怠和心理体验(Erdil et al.,2011),以及减少内在动机,而内在动机对员工创造力的正向影响很显著(Grant et al.,2011)。因此,职场孤独感可能是团队断层对员工创造力产生影响的一种中介机制。

五、团队反思的中介机制

时间和变化是团队所固有的,需要在研究中考虑时间因素。团队构成的特征呈现交替式状态,其成员对团队过程的感知程度也在不断变化,团队断层是个动态概念。高反思水平的团队会不断在内部进行自我审视、深度处理信息、充分了解成员差异特征(Ellis et al.,2013),进而增强个体的"能做"动机,开展主动性行为(Yang et al.,2020)。团队反思是指旨在审视团队的目标、过程、沟通、合作等方面,以便更好地理解团队的优势和不足的集体思考过程。这种过程通常涉及团队成员共同回顾项目或任务,分析取得的成就和遇到的挑战,以及找到改进的方法。领导的支持和鼓励对于团队反思的开展至关重要,领导可以提供指导、促进讨论,并确保团队成员感到自由表达意见。团队内部的沟通文化也会影响团队成员是否愿意分享观点和反思经验,开放、透明的沟通文化更有利于团队反思。团队需要足够的时间来进行反思过程,包括回顾工作、讨论问题和制订改进计划,所以时间管理对于团队反思的质量至关重要。成员在团队中是否感到安全和受到尊重,会影响他们是否愿意分享自己的经验、提出观点和参与反思。团队反思有助于团队学习和成长,从以往的经验中吸取教训,发现问题并找到改进的方法。通过深入分析工作过程和成果,团队可以更好地识别存在的问题,并共同制订解决方案,提高工作效率。共同经历反思过程有助于增强团队的凝聚力,促使成员更好地理解和支持彼此。团队反思的结果通常包括对工作流程和方法的改进建议,有助于提高工作效率和质量。

社会分类型、信息加工型团队断层的增强带来团队反思程度的增强,增强成员的主动性行为水平。团队内部信息深加工的开展,促进成员向外部寻求技能和知识,使其认知信息加工金字塔从低到高逐层累积,进而帮助提升决策技能并建立个体的自我效能感(吕鸿江 等,2020)。社会分类型断层使内部子群体之间存在冲突,导致信息深加工受阻,不利于以获取知识和技能的方式提升自我效能感,降低了个体主动性行为的动机。相反,信息基础型断层更利于团队的信息深加工(Hutzschenreuter & Horstkotte,2013),信息交换有利于提升个体自我效能感,增强个体主动性行为的动机,即社会分类型(信息加工型)团队断层通过团队信息深加工与个体自我效能感负向(正向)影响个体主动性行为。

六、建设性争辩的中介机制

团队断层形成后的争辩表现为子群体间或团队间在尝试进行决策时,对同一问题持有不同或相反的观点、想法并进行公开辩论(陈国权,宁南,2010),而建设性争辩能够提升团队创造力和团队绩效等表现(Vollmer et al.,2013;Ou et al.,2018)。建设性争辩是指团队成员在讨论问题或决策过程中以积极、合作的方式进行辩论和交流,旨在促进更好的理解、更全面的思考,以及更好的解决方案(Cosier & Schwenk,1990)。其中,积极参与是成员可以自由表达不同意见而不用担心负面后果。合作态度体现在争辩的目的是为了共同达成更好的解决方案,而不是为了个人或小团体的利益。而团队的目标结构和成员间的信任程度决定了建设性争辩产生的可能性。不同的目标结构对建设性争辩具有差异化影响,如合作型目标结构能够正向预测团队表现出的建设性争辩(Chen & Tjosvold,2002),而个体型目标结构和竞争型目标结构则可能产生负向影响(Tjosvold et al.,2004)。同时,信任则有助于建设性争辩的产生,帮助团队成员从不同角度解决问题(高鹏 等,2008)。团队成员之间的信任是建设性争辩的基础(Shalley & Zhou,2004)。只有在一个相互信任的环境中,成员才会更愿意分享和接受不同的观点。

建设性争辩能够对团队和个人产生积极的结果。通过争辩,团队可以从不同的角度和经验中受益,有助于找到更全面、创新和可行的解决方案。通过共同参与决策和解决问题,团队成员更容易形成共识,增强团队凝聚力。同时,争辩是一个学习和成长的过程,成员有机会了解其他人的观点,拓宽自己的视野,并提高解决问题的能力(Tjosvold,1998)。因此,建设性争辩能够显著提升团队创造力和团队绩效等表现(Vollmer et al.,2013;Ou et al.,2018)。由此可见,子群体成员需要具备良好的沟通技能,能够清晰地表达自己的观点,并倾听他人的意见。团队领导者在创建和维护建设性争辩的氛围方面扮演着重要角色,他们应该鼓励子群体之间开放的讨论,同时确保团队内部保持目标导向,发挥团队断层的积极效应。

第二节 团队断层的情境影响因素

随着团队断层的研究深入,学者们整合情境因素进一步探讨团队断层的效能的边界条件。有关团队断层的情境因素大抵分为团队自身特征及团队外部情境。团队特征诸如团队规模、子群体规模的均衡性、子群体的数量等是一项不可忽视的情境因素。现有研究大多将此类团队特征用作团队控制变量而非直接验证其对团队断层的作用。由于强断层的形成需要子群体间的同质性,若团队规模太大,则不易形成基于不同属性的子群体间的同质性(Hart & van Vugt,2006),太小或者太大的团队规模都不易于形成团队强断层(Thatcher & Patel,2012)。在子群体数量方面,少量研究表明子群体个数较多则更容易形成团队弱断层(Lau & Murnighan,1998)。例如,将团队按照地理区域划分为两个子群体时,团队呈现出最高程度的冲突与最低程度的信任;划分为三个子群体时,呈现出中等程度的冲突与信任;而划分为六个子群体时,呈现出最低程度的冲突与最高程度的信任。子群体规模的均衡性,也被证明影响了团队断层对创造力的作用(O'Leary & Mortensen，2011)。

外部情境也是重要的考量要素，主要分为三种类型：① 与特质相关的因素，包括个体特质与团队特质。个体特质中的个体经验开放性(Homan et al.，2008)和个体对多样性的接受程度(Homan et al.，2010)削弱了团队断层的消极作用，而个体对子群体差异感知的显著程度(Meyer et al.，2011)则加剧了团队断层的消极作用。团队特质，如上级认同感(Bezrukova et al.，2009)、社会信息交换(Jehn & Rupert，2008)和认知整合(Cronin et al.，2011)等削弱了强断层对团队绩效和情感因素的消极影响。② 与任务相关的因素。任务自主性(Molleman，2005；Rico et al.，2007)、团队文化融合(Bezrukova et al.，2012)，团队目标一致性(van Knippenberg et al.，2011)以及非正式会议等都被证明有助于削弱团队断层对绩效的消极影响。③ 与领导相关的因素。例如，团队领导行为和领导角色结构等(Gratton et al.，2007)。研究证明在团队形成初期，采用任务导向型领导风格更有利于削弱团队断层的消极作用，而随着团队的发展，采用关系导向型领导风格更有益。另外，变革型领导风格对削弱年龄断层的消极影响有积极作用(Kunze & Bruch，2010)。基于上述情境研究的理论成果，管理实践方面也将其应用在缓解团队断层消极作用的一些举措上(Antino et al.，2019)。例如，子群体成员在隶属关系上的交叉，以及奖励结构上的交叉可以有效地减轻团队断层的负面效应(Homan et al.，2008；Rico et al.，2012)。发展子群体间的友谊也有助于削弱相对同质的子群体内的固化效应(Ren et al.，2015)。总之，通过增加团队整体的显著性，帮助子群体成员将他们的注意力从他们所属的子群体转移到团队中，从而减少子群体偏见，增加合作，就会削弱团队断层的消极作用。

有关团队构成的研究发现，情境因素在很大程度上影响着团队构成对绩效的提升或降低(Joshi & Roh，2007；Mathieu et al.，2008)。尽管 Lau 和 Murninghan(1998)强调了团队断层的消极作用机制，但断层的影响可能会随着情境而变化。团队成员在面对团队内部个体差异时的态度及行为会受到团队成员或者团队所处情境的影响(Chatman & Flynn，2005)。

一、包容型领导的调节作用

包容型领导是关系型领导的一种特殊形式和核心，是一种在组织或团队中善于倾听和关注下属的需要，并表现出开放性、有效性和易接近性的领导风格

(Carmeli et al, 2010)。包容型领导强调在团队中建立一种包容、尊重和支持的文化。包容型领导注重尊重和接纳团队成员的多样性,包括不同的背景、经验、观点和技能;并鼓励开放和透明的沟通,使团队成员感到能够自由表达意见和反馈。这种领导风格关心员工的福祉,致力于创造一个支持性的工作环境,促进员工的成长和发展。包容型领导有助于提高员工满意度,因为员工感受到被尊重和支持。在包容性环境中,团队成员更容易相互合作,分享信息,共同努力实现共同的目标。包容型领导有助于团队创造力提升,因为包容型领导允许团队中涌现出各种不同的观点和想法。包容型领导关心员工的个人和职业发展,促进员工的学习和成长。包容型领导相关研究证实其能提高员工在工作场所的心理安全感(Hirak, 2012),提高工作团队的协作性与有效性(Law, 2012)。最佳区别理论试图解释个体在社会中追求自我认同的过程,并平衡了对于个体独特性和归属感的需求。最佳区别理论认为,个体在社会中有两种对立的需求:一方面是寻求与他人相似以获得归属感和认同感;另一方面是追求独特性和与众不同以保持自我独立和特殊性。这两种需求相辅相成,个体在两者之间寻求平衡。基于最佳区别理论,包容型领导是一种能够同时满足下属求同与求异需求,能够包容、开放、公平对待每一位成员,从而弱化子群体内部与子群体之间差异性的一种领导风格(Carmeli et al., 2010)。包容型领导致力于打造和谐的人际关系与融洽的工作氛围,帮助团队成员更好地理解他人的思想和观点,加强团队内部的信息共享意愿,促进团队成员利用多样化的知识资源,参与到团队创造性问题的解决中,进而激发创造力(Pearsall et al., 2008)。

二、团队包容性的调节机制

团队包容性是指在一个团队中成员之间相互尊重、接纳和支持不同背景、观点、经验和能力的文化。团队包容性强调尊重团队成员的多样性,包括但不限于文化背景、性别、年龄、职业经验等。包容性团队致力于创造一个安全的工作环境,使成员感到能够自由表达意见、提出问题和分享想法。成员在一个包容性团队中分享共同的目标,并相信他们的多样性将有助于更好地实现这些目标。团队包容性与团队领导、团队文化等因素相关。领导者在促进团队包容性方面发挥关键作用,通过设定示范和倡导包容性价值观来引导团队。组织的文化对团队包容性有深远的影响。如果组织强调尊重和包容,团队更有可能表现出包容性。成员个体的包容性意识和能力也是影响团队包容性的因素。团队成员需要愿意接受并欣赏多样性。包容性团队促进不同观点的交流,有助于生成更有创造性和全面的解决方案。在包容性团队中成员更有可能感到满意,因为他们感受到被尊重和认同。包容性团队更容易形成紧密的凝聚力,成员更倾向于互相支持和协作。通过吸引不同背景和经验的人才,包容性团队能够在创新和竞争上取得优势。

基于最佳区别理论,Shore(2018)将包容定义为个体通过体验到满足其求同和求异需求的对待而感知到自己在工作团队中被尊重的程度。最佳区别理论也解释了团队断层现象产生的其中一个来源,在有断层现象的团队中形成了子群体内部和子群体之间两种划分视角。本书界定包容为团队或组织的一种氛围,是员工对团队尊重和接纳不同背景、观点和思维方式的个体,并整合利用他们拥有的独特资源的共同感知(Boekhorst,2015)。已有实证研究证实包容性氛围在团队多样性与团队满意度、创造力、主管与下属交换关系、创新等关系之间起调节作用(Bodla er al.,2018;Li et al.,2022),高包容氛围有利于激发团队多样性的潜在价值(景保峰,周霞,2017)。

三、团队目标一致性的调节作用

团队目标一致性是指团队成员在战略和操作层面上对共同目标的理解和接受程度。这一概念在管理学中扮演着关键角色,涉及领导者制定、传播和维护明确目标,以及团队成员的认同、承诺和合作。团队目标一致性既强调成员之间对于组织或项目的长期和短期目标存在一致性认知,这包括战略目标、任务目标和绩效指标的明确定义,也强调团队致力于明确与共享目标的程度(van Knippenberg et al.,2011)。成员之间的目标一致性表现为对共同目标的承诺,并通过有效的协同合作实现这些目标,这要求成员具备共同的愿景和目标。领导者的角色在团队目标一致性形成中至关重要,他们需要通过有效的领导力、愿景表达和目标设定,引导团队成员朝着共同目标努力。有效的沟通和透明的信息传递是确保团队目标一致性的关键因素,这包括定期更新目标、解释目标的战略意义,以及倾听成员的反馈。成员在目标制定和决策过程中的参与程度会影响他们对目标的认同程度,共享决策有助于建立成员对目标的共同责任感。团队目标一致性有助于提高团队绩效,因为成员能够集中精力、资源和能力,协同实现共同的目标。共同的目标可以作为凝聚团队的纽带,形成强大的团队凝聚力,促使成员共同追求成功。目标一致性有助于避免资源分散和冲突,提高工作效率,确保团队有效地朝着预定目标前进。共同的目标建立了成员之间的信任基础,因为每个人都有共同的利益,增加了对彼此的信任感。团队目标一致性能够使团队活动更具有导向性,促进成员之间的融入感与使命感(Deniz,2023)。团队断层使得子群体进行私下的较量,无论是资源的争夺还是任务的分配,都存在一些未公开的冲突。如果团队内部有一个有价值的、可达到的,以及可接受的共同目标,则能缓和团队之间的冲突和矛盾。高团队目标一致性能够为团队制定前瞻性的发展方向,促进凝聚力,促使团队成员的使命感和执行力(Bezrukova et al.,2009),有助于维持一个默契的团队氛围,使团队成员将主要时间精力投入到完成共同目标上面,弥补团队断层存在的不足,如减少团队内耗(Dyer & Nobeoka,2000)等。此外,还提供一种更加易于尊重和接纳的团队氛围,有利于整合利用团队成员拥有独特资源的共同感知,激发团队多样性的潜在价值(景保峰,周霞,2017),提高团队的满意度和绩效(Bodla et al.,2018;Li et al.,2016),弱化断层带来的消极影响。

四、团队经验开放性的调节作用

团队经验开放性是指团队成员共享和积极利用彼此的经验、知识和技能的程度。在管理学中,这一概念涉及团队内部信息流通、学习文化,以及个体经验的集体整合。团队经验开放性强调成员之间在项目和任务中分享他们的经验、知识和见解,以促进团队整体的学习和进步。这意味着团队鼓励学习和知识传递的文化,使成员能够积极参与知识的创造、分享和运用。团队经验开放性涉及成员之间的协同学习,通过交流和合作促进集体智慧的生成。领导者在设定并强调经验开放性的文化方面起着至关重要的作用。领导者的示范和倡导可以影响团队成员对经验共享的态度。组织或团队的文化对经验开放性有深远的影响。若文化强调学习、合作和知识共享,成员更容易愿意分享经验。高度的信任和积极的团队互动是促进经验开放性的重要因素。成员需要相信他们的经验会受到尊重和重视。团队经验开放性有助于知识的创造,因为成员共享的经验可以相互融合,形成新的见解和理解。经验开放性促进团队更好地理解问题,并通过集体的智慧找到更有效的解决方案。开放的经验文化培养了团队创新的氛围,成员更倾向于提出新思路和尝试新方法。成员通过参与经验共享,不仅促进团队整体发展,也有助于个体的专业和职业发展。

个体特质是个体内在相对稳定的心理特征,它的不同会导致价值观与思维方式的差异,进而影响个体的态度与行为。"大五"人格*中的经验开放性是众多人格特质中反映个体对信息接收和处理倾向的人格特征(钟竞 等,2015),包含了意识的广度与深度,以及对思想、价值观的开放性(Costa & McCrae,2001)。一方面,经验开放性高的个体有以流动和可渗透的方式来组织内容的认知结构,允许他们承认和理智地对待不可接受或不受欢迎的内部冲突(McCrae & Costa,2002);另一方面,高经验开放性的个体对不可预见的变化表现出更强的适应性(Lepine et al.,2002),更容易接受不同文化间的差异,也较少受到刻板印象和其他偏见的干扰(Flynn,2001),这有助于他们发展认知灵活性,进而促进创造力(Ritter et al.,2012)。当团队成员拥有较高水平的经验开放性时,团队成员之间对于团队内部多样化则保持高水平的接受与包容,团队整体的经验开放性水平较高。

五、文化智力的调节作用

在跨文化环境中,成功的跨文化适应需要文化智力。文化智力(Cultural Intelligence,CQ)被定义为"一个人成功适应新文化环境的能力"(Earley & Ang,2003)。文化智力也是个体在跨文化环境中理解、适应和应对多样文化的能力。这一概念在管理学中强调个体在全球化和多元文化工作环境中的成功必须依赖于对文化差异的敏感性和适应性。文化智力涉及个体能够理解和适应不同文化背景下的行为、价值观和沟通方式,这包括对于文化差异的敏感性和对其他文化中的信仰、价值和社会规范的认知。文化智力强调在跨文化交流中的有效沟通,以避免误解和提高工作效率。文化智力也受个人经验和心理影响。个体接受过有关跨文化沟通和文化差异的教育和培训,有助于提高其文化智力水平。个体在多文化环境中的工作和生活经验对文化智力的发展起着关键作用,通过实践学习适应不同文化。而个体具有开放、包容的心态,愿意接受和理解不同文化,能够对新观念和观点持开放态度。文化智力对个体和团队都起到帮助。具备高文化智力的个体更容易在跨文化团队中协同工作,促进团队的合作和共同目标的实现。在全球化的商业环境中,文化智力是成功开展国际业务所必需的能力,有助于建立良好的商业关系。文化智力有助于促进创新,因为个体能够

---

* 人格结构的五个维度因素是神经质(N)、外倾性(E)、经验开放性(O)、宜人性(A)和认真性(C),这五个因素被称为"大五"(big five),强调人格模型中每一个维度的广泛性。

融合不同文化的思维方式，提出新的创意和解决方案。具备文化智力的领导者更能够有效地领导多元文化团队，推动组织在全球范围内的成功。

CQ 被概念化为由四个要素组成的变量（Earley & Ang，2003），它们分别是元认知 CQ、认知 CQ、动机 CQ、行为 CQ。元认知 CQ 指的是一个人对文化互动的自觉意识，以及在跨文化时制定战略的能力，并仔细确定个人思想和他人的思想。认知 CQ 反映了一个群体的价值观、信仰，以及对文化的理解及其在事业的风格和与不同文化的其他人互动中的作用。动机 CQ 反映了将能量引导到学习文化差异的能力，即在跨文化适应中投入的兴趣，驱动力和能量，而行为 CQ 反映了与不同文化的人互动时选择适当的语言和身体动作的能力，它是在跨文化问题中采取适当行动的能力。具有较高文化智力的人可以更好地理解文化差异，同时调整自己的行为以适应不同的文化（Caputo et al.，2018）。文化智力已经在多个领域被广泛研究，如团队工作（Adair et al.，2013）、决策（Ang et al.，2007）、领导力（Groves & Feyerherm，2011）、外派适应性（Kim et al.，2012）、谈判（Groves et al.，2015）等。

文化智力作为"一个人成功适应新文化环境的能力"（Earley & Ang，2003），基于四个维度在跨文化适应方面已经被多位学者验证有效。在跨文化情境下的社会分类型断层的团队特征在文化方面的子群体区分会更加明显，极易产生职场孤独感，文化智力提高了个体对跨文化情境下社会分类型断层的适应能力，对个体行为产生影响，而个体行为往往受心理因素的影响。在大量的文献研究中，文化智力被用于对跨文化的适应性研究，大部分是针对其行为，少部分开始关注情绪，但情绪是个体行为来源的重要因素，所以研究文化智力在跨文化情境下团队断层和负面情绪职场孤独感之间的作用关系具有意义。

六、多元文化体验的调节作用

多元文化产生于 20 世纪初期一些美国学者提出的多元主义思想（cultural pluralism），文化是一个习得的意义系统，能够促进成员之间的共同认同感，对凝聚人们有重要的作用，而多元文化一直被很多学者研究，产生了很多不同的解释角度。郑金洲（2005）认为，多元文化指的是人类群体之间的差异，包括价值规范差异、思想观念差异乃至行为上的差异；洪泉湖（2005）认为，强调多元文化的意义在于促进差异化的文化可以得到真正的展现并能共同存在、相互借鉴，实现共同繁荣；冯建军等（2008）认为，多元文化既包含文化主题的多元，又蕴含文化价值取向、思想观念、行为方式的异质性、多样性、复杂性。多元文化强调差异性文化共同存在、共同繁荣,因此,对多元文化差异性的体验就显得很重要。多元文化体验是指与外国文化元素或与外国人的接触和互动中产生的直接或者间接的体验(Leung et al.,2008)。个体思维和行为的变化会在多元文化的体验即感受文化差异的冲突和融合中受到影响(Hong et al.,2000)。

Maddux 和 Galinsky(2009)发现,生活在国外并沉浸在与自己不同的文化中可以促进创造性解决问题。Leung 和 Chiu(2010)发现,仅仅在实验室中接触外国文化偶像也可以促进创造性思维。同时,多元文化体验对文化差异理解也有一定的影响,基于不同思维的这种实用价值而出现了不同文化下的心理倾向差异(Buchtel & Norenzayan,2008)。因此,团队断层通过负面情绪职场孤独感对员工创造力的影响可以尝试用多元文化体验进行调节验证,观察跨文化情境下由于团队断层导致的职场孤独感带给员工的创造力影响是否可以受到多元文化体验的调节。

总体来说,团队断层作用机制受多种情境因素的综合影响,这些因素相互交织,构成了团队内部协作困难的根源。通过认识这些因素,团队领导者可以更好地识别问题、优化沟通、增进信任、澄清目标,从而缓解团队断层,提升团队的整体效能和凝聚力。团队领导者可以通过认识这些因素来更好地识别团队中存在的问题,并有针对性地解决它们。优化团队内部的沟通渠道、增进成员间的信任、澄清团队的共同目标和价值观,以及尊重并适应不同文化背景下的工作方式,都是缓解团队断层的有效手段。领导者的引导和促进团队成员间的理解与合作,将有助于增强团队的整体效能和凝聚力,从而为团队的发展与成长提供坚实的支持。

第三节　新环境影响下的团队断层

一、人工智能背景下的团队断层

2022 年 7 月 28 日,"人工智能驱动未来产业论坛"在北京召开,随后《深度学习平台发展报告(2022)》发布,报告指出随着技术、产业、政策等各方环境成熟,人工智能已经跨过发力储备期,开始步入以规模应用和价值释放为目标的产业赋能黄金期。作为具备高创新功能、高突破性技术的代表,人工智能的发展和应用正使企业组织结构和工作性质发生颠覆性的改变(Colbert et al.，2016)。这些变化构成了组织人力资源管理活动变革升级的重要情境(郭凯明，2019)，人工智能的引入与发展将对组织及人力资源管理活动在宏观、中观及微观层面产生重要影响(罗文豪 等，2022)。当下，团队作为组织最基本的经营运作单元(Kozlowski & Ilgen，2006)，组织人工智能的采纳势必对其产生强烈冲击。团队成员配置本身存在着因性别、年龄、专业、技术、文化等构成的差异，人工智能的采纳是否会加剧这些差异，随着时间和空间的变化，这些"差异"将如何影响工作团队的动态发展与演进成为值得研究的重要议题。

组织人工智能采纳会成为激活团队断层的一个重要新情境。当下，人工智能在员工端应用的一个新兴领域是进行工作评估并向员工提供绩效反馈。利用大数据的分析和自我学习能力，人工智能应用程序可以跟踪员工的工作活动，评估其工作表现，并提出改进建议(如保险公司 MetLife 使用人工智能培训程序跟踪员工与客户的对话，Unilever 采用人工智能程序为新员工提供反馈平台，等等)。一方面，组织人工智能采纳可以更高效、及时地评估员工行为与绩效，提高团队效能；另一方面，对于团队成员而言，个体对人工智能采纳的接受程度因人而异，在人工智能技术的应用上也存在不同程度的能力差异，员工因此可能产生被 AI 取代(Acemoglu & Restrepo，2020；Gans et al.，2018)、缺乏信任(Tong et al.，2021)等不同程度的焦虑感，进而消极影响团队效能及创造力。Tang 等(2021)的研究发现，任职期长的员工所感受到的 AI 焦虑程度可能与新入职员工有所不同，组织人工智能采纳引起的个体心理及行为上的反应将成为激活团队断层的新情境。

二、零工经济背景下的团队断层

零工经济(gig economy)是指通过在线平台进行短期、灵活性高、任务导向的雇佣关系(Coyle，2017)。在这样的经济环境中，团队断层指的是因为工作的临时性、项目性质，以及个体的雇佣模式而导致团队成员之间关系较短暂、松散、缺乏连续性的现象。零工经济背景下团队呈现出五个特点：① 短期性和项目导向。在零工经济中，工作通常是以短期项目或任务的形式存在，雇佣关系是临时性的。团队成员被组织起来以完成特定的任务或项目，完成后团队可能会解散或重新组合。② 灵活性和弹性。团队成员在零工经济中具有较高的雇佣弹性，他们可以根据需要参与不同项目，或者选择拒绝参与。成员可能分散在不同地点,工作的时间和地点都较为灵活,降低了面对面合作的机会。③ 个体主导和自主性。团队成员通常更加独立和负责,因为他们需要管理自己的工作安排、质量和交付。成员有更大的自主权,可以选择参与的项目,这可能导致团队的成员构成多样,技能水平不一。因此,零工经济可能导致团队缺乏凝聚力(Wei et al.,2023)。由于零工的短期性,成员之间的关系相对较短暂,缺乏长期合作带来的团队凝聚力。缺乏共同的长期目标,成员可能更注重个体任务完成,而不太关注整体团队的发展。④ 资源竞争和任务不均。在零工经济中,任务和项目机会可能不均匀地分配,导致成员之间的竞争和不公平感,加深了团队内部的不协调。⑤ 沟通技术的过度使用。零工经济通常依赖于数字平台和在线协作工具,这可能导致过度依赖虚拟沟通,缺乏面对面交流,从而影响团队的情感联系和协同效果(Teng et al.,2022)。在这些因素的共同作用下,零工经济背景下的团队面临内部协作的挑战,团队的特征导致出现的团队断层现象,降低整体工作效能,等等。

为了应对零工经济下团队断层的挑战,促进团队成员之间的有效协作和信息共享,管理者需要采取相应策略:① 建立清晰的共同目标。制定清晰而明确的共同目标,使得零工经济下的团队成员能够理解任务的重要性,增进团队的方向一致性,有助于缓解团队断层。② 促进实时沟通。鼓励实时和频繁的沟通,使用适当的沟通工具,以弥补零工经济下缺乏面对面交流的不足。这有助于建立更加紧密的联系,减少沟通障碍。③ 采用协同工具。利用先进的协同工具和技术,以提高团队成员之间的协同效率(Jiao et al.,2023)。这可以包括项目管理工具、在线协作平台等,以促进任务的透明化和追踪。④ 提供培训和支持。针对零工经济的特点,为团队成员提供培训,使其更好地适应自主工作和团队协作的需求。提供必要的支持和资源,以降低个体主导和自主性导致的问题(Guda et al.,2019)。⑤ 建立团队文化。通过强调共同的价值观和文化,培养团队凝聚力。这可以通过定期的团队活动、线上会议、以及共享成功故事等方式实现。⑥ 设立奖励机制。制定奖励机制,激励团队成员共同努力,分享成果。奖励可以是经济激励,也可以是公开表彰,以促使团队更好地协同工作。⑦ 建立反馈机制。提供及时和有建设性的反馈,使团队成员了解其贡献的价值和影响。这有助于增加透明度,减少个体之间的不确定性。这些策略的整合可以帮助管理者更好地应对零工经济下团队断层的挑战,促进团队的协同性和整体绩效。

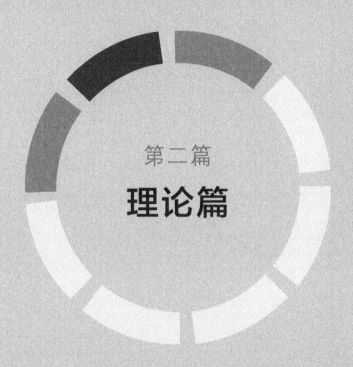

第二篇

理论篇

第四章

相关理论概述

本章主要介绍涉及团队断层的五个主要理论和其他相关理论。熟悉这些理论对我们了解团队断层具有重要意义。这些理论提供了对团队内部动态的深入理解，从而使管理者更容易识别可能导致断层的因素。通过识别问题的根本原因，团队可以更有针对性地解决挑战，而不仅仅是应对表面现象。

第一节　社会认同理论

20 世纪 70 年代，Tajfel 等(1971)在探讨社会分类对群体间偏见行为的影响机制时，发现被试的资源分配具有倾向性，对自身所在的群体会给予更多的资源与更高的评价(被试间从未谋面，随机分配产生组别)，并指出被试力求实现内部群体与外部群体间的差异最大化，甚至不惜牺牲其他优势。可见，群体间偏见行为的最小条件是对群体成员身份的认知，即使是无意义的社会分类也会导致群体行为的倾向性(张莹瑞，佐斌，2006)。在此基础上，Tajfel 等(1986)提出社会认同理论以解释群体行为，认为个体因意识到社会分类而对所在群体产生认同感，为寻求积极的自我评价，个体在社会比较过程中倾向于夸大群体间的差异，过高评价群体内成员而过低评价群体外成员，进而引发对内部群体的偏好与对外部群体的歧视。社会认同理论的核心观点是个体通过归属感来认同自己所属的群体，并倾向于与他们归属的群体建立联系。个体通过群体之间的比较来维护和加强自己所属群体的认同感。当群体之间存在竞争或资源争夺时，可能会出现群体间的偏见和敌对情绪，这些偏见可以通过强调内群体成员的共同点来加强。社会认同是指个体将自己视为特定群体成员的程度，以及对该群体的情感联系和认同感。这种认同可以基于多种因素，如种族、宗教、性别、国籍等。根据社会认同理论，个体会将自己和他人分类为"内群体"(自己所属的群体)和"外群体"(其他群体)。这种分类可以导致对内群体成员的偏好和对外群体成员的偏见。人们倾向于将内群体成员的成功归因于个人能力和才华,而将外群体成员的成功归因于运气或外部因素。相反,对于失败,可能会将内群体成员的失败归因于外部因素,而将外群体成员的失败归因于其个人能力不足。

社会认同理论在管理学中具有广泛的应用范围,特别是在组织行为、领导力和团队动态等领域。社会认同理论有助于理解组织文化是如何形成的。组织成员通过共享共同的价值观、信仰和行为准则来建立认同感,管理者可以通过塑造和强化这种共同认同,促进团队合作和组织凝聚力。领导者的成功往往与其能够建立积极的社会认同有关,领导者通过与团队成员建立共鸣和共同认同,能够更好地影响员工行为。社会认同理论为领导者提供了一种理解员工需求和期望的框架。员工在工作中的认同感与其对组织的参与和忠诚度密切相关,管理者可以通过创造积极的工作环境,强调共同的价值观,从而提高员工的社会认同感,促进员工的投入和忠诚度。在团队中建立共同认同有助于提高协作效率,成员在共享目标和价值观的基础上更容易协同工作,形成高效的团队动态。在组织发生变革时,社会认同理论提供了理解员工对变革的接受程度和愿意参与的因素。管理者可以通过与员工共享变革目标,并关注保持社会认同感,来更成功地推动变革过程。

自我分类理论作为社会认同理论的补充,认为个体会通过与他人的比较将自我纳入所认同的群体中,将更多的资源分配给群内成员,容易引发群体间偏见与敌意,因此群体间界限愈加明显。社会认同理论及后续理论有效地解释了群体行为,为团队分化现象与团队断层研究提供了坚实的理论保障。

自我分类理论在管理学中有着广泛的应用,特别是在组织行为、领导力和团队管理等方面。该理论关注个体如何对自己和他人进行分类,并如何根据这些分类来形成认知和行为。将自我分类理论应用于团队管理中,了解成员之间如何自我分类可以有助于构建更有效的团队。理解团队成员之间的共同身份和差异有助于促进合作、沟通和共享目标,从而提高团队的绩效。自我分类理论可以帮助领导者更好地理解自己和团队成员的认知和期望,领导者可以通过认识到团队成员可能将其归类为何种类型,更好地调整领导风格,建立有效的领导与团队关系。在组织中,自我分类理论有助于处理多元化和包容性管理的挑战。了解员工如何自我分类有助于组织更好地理解和尊重个体的差异,创造包容性的工作环境。管理者可以利用自我分类理论来理解冲突的根源,通过识别个体在认知上的分类和差异,可以有效地解决团队内部的冲突,促进和谐的工作关系。自我分类理论对于塑造组织文化也具有影响,通过理解员工如何自我分类,组织可以更好地制订文化建设策略,促使员工共享共同的价值观和目标。理解员工如何自我分类可以提高员工对组织的认同感和参与度,通过创造与员工自我分类相符的工作环境,组织可以提高员工满意度和忠诚度。

第二节　信息加工理论

信息加工理论是心理学领域的一种理论,用于解释个体是如何处理、理解和记忆信息的过程。该理论源于认知心理学,强调个体接收信息后在大脑中进行加工、整合和存储,以便更好地理解和应用信息。信息加工理论的核心概念是加工深度、加工方式和记忆储存。

一、加工深度

信息加工的深度是关键概念。信息加工可以分为两种深度:表层加工和深层加工。表层加工方式关注信息的外部特征,比如信息的表面形式、外观或声音。在表层加工中,个体更多地侧重于信息的外在特征而非其含义或意义。例如,对于一个单词的表层加工可能仅仅是记住它的外部特征,如它的拼写或外观。深层加工更加关注信息的意义、含义,以及与其他信息的联系。这种加工方式使得个体更深入地理解信息的内在含义,将信息与已有知识联系起来,使之更加有意义、更易于理解和记忆。比如,对于一个单词的深层加工可能包括理解其意义、与其他词语的关联、与自己的经验或情境的联系等。信息加工理论认为,深层加工相比于表层加工更有助于信息的记忆和理解。通过深层加工,信息更可能被转移到长期记忆中,并且更具持久性。这是因为深层加工加强了信息与已有知识的联系,使得信息更容易被提取和应用。

二、加工方式

当涉及信息加工方式时,存在多种策略影响着信息的处理程度和记忆效果。以下是一些常见的信息加工方式。

(1)重复记忆:重复记忆是最基本、最直接的加工方式之一。这种方式通过不断重复暴露于信息,试图提高信息在记忆中的存储程度。然而,单纯的重复记忆可能会导致表层加工,限制信息的深层加工和理解。

(2)联想:联想是将新信息与已有知识或经验联系起来的加工方式。这种方式可以帮助个体理解和记忆信息,因为将新信息与已知信息联系在一起,加深了对新信息的理解,并使之更易于在记忆中提取。

(3)分类:将信息进行分类和归类是另一种重要的加工方式。通过将信息放置在特定的类别或概念中,个体能够更好地组织信息结构,使其更易于记忆和应用。这种方式促进了信息的深层加工,帮助个体理解信息的整体结构和关联。

(4)构建意义:这种方式强调将信息转化为个体能理解和应用的意义或故事。通过将信息放置在一个有意义的背景中或构建起一个连贯的故事,个体更容易将信息理解和记忆,因为它们与一个整体有机地联系在一起。

这些加工方式并非相互独立,通常个体会在处理信息时同时采用多种方式。同时,这些加工方式对于信息的深层加工和记忆效果都有着重要的影响。通过采用更有意义、更深层次的加工方式,个体更有可能将信息理解、存储在长期记忆中,并且更容易提取和应用。因此,在教学和学习过程中,引导学生采用更多样化、更深层次的信息加工方式,对于提升学习效果和记忆持久性具有重要意义。

三、记忆存储

经过深加工的信息更可能被存储于长期记忆中,而表层加工的信息则更容易在短期内遗忘。深层加工加强了信息与已有知识的连接,促进了信息的长期记忆和持久性。加工过的信息可能首先存储于短期记忆。如果经过深层加工,信息更可能转移到长期记忆中。深层加工强化了信息与已有知识的联系,促进了信息的编码和存储。这种编码通常是更有意义、更持久的。

当需要使用或回想特定信息时,个体会尝试从存储中提取信息。提取可能是主动的(回忆)或被动的(识别)。信息存储结构的连贯性和联想性影响着信息的提取。与存储方式有关的联想可以帮助提取信息。在信息加工理论中,深层加工对记忆存储的重要性凸显。通过深层加工,信息更可能被编码和存储于长期记忆中,并且更易于提取和应用。而表层加工可能导致信息存储在短期记忆中,容易被遗忘。因此,加工方式对信息在记忆中的存储和提取过程具有重要影响。

信息加工理论在多个领域有着广泛的应用,其中包括教育、心理学、广告营销和认知科学等。教师可以根据信息加工理论设计更有效的教学内容和教学方法，引导学生进行深层次的加工，帮助他们理解和记忆信息。学生可以利用信息加工理论来制订更好的学习策略，如重点关注理解和意义，而非简单的重复记忆。营销者可以利用信息加工理论设计更引人注目、有深度的广告，以加强消费者对产品或品牌的记忆和认知。借助信息加工理论，品牌可以打造独特、容易记忆的特征，使其区别于其他竞争品牌。信息加工理论对于研究人类记忆和认知过程有着重要指导作用。研究者可以利用该理论探索信息是如何被加工、存储和提取的。研究信息加工理论有助于开发记忆改善策略，帮助个体更好地利用深层加工，提高记忆效果。设计师可以利用信息加工理论设计更易于理解和使用的用户界面，引导用户进行深层加工。在各种领域的信息传递中，设计师可以结合信息加工理论来选择更有效的信息传递方式和内容呈现形式。

第三节　最佳区别理论

最佳区别理论（Optimal Distinctiveness Theory，ODT）是一个关于记忆和学习的理论，强调了记忆的关键因素之一——信息的独特性或区别性。该理论认为，个体更可能记住和回忆与其他信息不同、独特或显著的事物。当谈及最佳区别理论时，三个关键概念——独特性或区别性，上下文的重要性，注意力与记忆——都在理解记忆形成和保持过程中扮演着重要角色。独特性或区别性指的是信息与周围其他信息的不同之处。根据最佳区别理论，这种信息的独特性使得它更容易在记忆中被区分和识别。例如，当我们记忆某人的名字时，如果这个名字与其他人的名字不同或更为独特，那么就更容易被记住。环境独特性不仅仅来自信息本身，还受到信息在特定环境的独特性影响。当信息与其所处的环境有着显著的区别时，也更容易被记忆。最佳区别理论强调，当个体对于与周围环境或信息不同的、更独特的内容产生注意力时，更容易将其纳入记忆。因此，引导注意力关注于独特或与其他信息不同的内容，有助于记忆形成。

总体来说，最佳区别理论强调了信息的独特性，以及与环境和注意力的关联对于记忆的重要性。这些概念提供了指导，可以在学习、教学、广告营销和个人记忆策略中加以利用，以提高记忆和理解的效果。

最佳区别理论在各个领域都有着广泛的应用。例如，教师可以根据最佳区别理论设计更吸引人的教学材料和方法。通过创造性的教学设计，使得学生更容易将课程内容与其他知识区分开,提高信息的独特性和记忆度。设计课程时,可以注重于提供独特的学习体验和信息,有助于学生更好地理解和记忆课程内容。在广告营销中,营销者利用最佳区别理论设计更引人注目和独特的广告,以增强消费者对产品或品牌的记忆和认知。打造独特的品牌特色,使其与其他竞争品牌区分开来,提高品牌的知名度和记忆度。最佳区别理论对于记忆和认知研究提供了重要的理论框架。研究者可以利用这个理论来探索人类记忆是如何对独特和显著信息作出反应的。个体可以根据该理论优化自己的学习和记忆策略,如关注独特或显著的信息,从而提高信息的记忆和应用效果。设计产品时,注重独特性可以吸引消费者的注意力,增加产品的识别度和市场竞争力。在各种设计领域中,强调创新和独特性有助于提高设计作品的吸引力和记忆度。

第四节　事件系统理论

事件系统理论(Event System Theory)是由弗雷德里克·摩格森(Frederick Morgesen)、特伦斯·米切尔(Terence Mitchell)和刘东(Dong Liu)三位学者于2015年提出的,旨在解释群体间的偏见和歧视现象。该理论侧重于社会中事件的角色,这些事件会引发个人的认知、情感和行为反应。事件系统理论用强度(strength)、时间(time)和空间(space)三个属性来定义事件。强度属性包括事件的新颖性、颠覆性和关键性;时间属性包括事件的时机、时长和变化;空间属性包括传播方向、起源、横向与纵向扩散范围、实体与事件的距离等,这三个属性决定了事件对相关实体的影响程度。事件系统是指由动态事件构成的个体周围的环境,这些事件可以是内在的(如思维、情感),也可以是外在的(如社交互动、工作任务等)。事件系统不仅包括独立的事件,还包括这些事件之间的相互关联和动态变化。事件系统理论认为,事件系统具有动态性、交互性和复杂性。它们是不断发展和变化的,相互之间存在着复杂的关联和影响。个体置身于这样的事件系统中,其行为和认知也会受到不同事件的影响。事件系统理论有三个核心观点:① 事件系统理论强调了外部事件对个人态度和行为的影响。不同的事件可能会触发不同的情感和认知反应。② 情感和认知相互影响,情感反应可能影响认知反应,反之亦然。这些反应可以加深或改变个体对特定群体的态度和看法。③ 事件系统理论认为,社会上下文和环境也会影响个体对事件的感知和解释,进而影响其对群体的态度和行为。事件系统理论对于理解群体间偏见、歧视、冲突等现象提供了一种全面的框架。它强调了外部事件对个体行为和态度的影响,同时也强调了情感和认知之间的相互作用。这一理论有助于研究者和社会工作者更好地理解和干预群体间冲突、歧视等社会问题,促进更加包容和和谐的社会关系。同时,事件系统理论将时空的概念融入组织理论发展之中,指引学者在时间和空间维度下构建更加动态、深入的组织理论,为更好地说明和预测组织现象是如何随着事件而发生改变的提供了理论依据。

在管理学领域,事件系统理论可以为组织的管理和决策提供有益的视角和方法。事件系统理论可以应用于组织学习和变革管理。事件系统理论有助于理解组织内外部事件如何相互影响,从而影响组织的学习和变革过程。通过分析关键事件的发生和演变,组织可以更好地适应环境变化,实现变革目标。事件系统理论可以应用于风险管理和战略规划。在企业管理中,理解关键事件之间的相互作用可以帮助组织更好地管理风险。通过预测事件的可能发生和对业务的影响,管理者可以制订更为全面的战略规划和应对策略。事件系统理论可以应用于项目管理。事件系统理论在项目管理中的应用是识别、分析和处理项目中的关键事件。通过了解事件的传播路径和影响,项目经理可以更好地预测潜在的问题,及时调整计划,确保项目的成功完成。事件系统理论可以应用于决策支持。管理者在制订决策时可以运用事件系统理论来评估不同决策对组织的影响。考虑到关键事件的相互关系,管理者可以制订更具深度和长远性的决策,避免片面的分析和短视的决策。事件系统理论可以应用于组织绩效评估。通过分析事件系统,管理者可以更全面地评估组织的绩效。关键事件的发生和演变可以为组织提供宝贵的反馈信息,帮助改进业务流程和优化组织运作。事件系统理论也可以应用于领导力发展。了解事件系统有助于领导者更好地应对变革和危机。管理者可以通过关注关键事件,建立灵活性和适应性的领导风格,以更好地引导组织面对各种挑战。

第五节 情感-信息理论

情感-信息理论(Feelings-as-Information Theory)是由约瑟夫·P.福加斯(Joseph P. Forgas)于1995年提出的。该理论关注情感在决策和信息处理中的角色。情感-信息理论强调情感在决策和认知过程中被视为信息的一部分。个体倾向于使用其当前的情感状态来评估环境和做出决策。个体将自己的情感状态作为对周围环境的信息，用以判断事物的好坏、安全性等。不同的情境和环境条件会影响个体的情感体验，并将其纳入信息处理的决策框架。个体的性格、经验、文化等差异也会影响他们将情感作为信息进行处理的方式；不同的任务特征也可能导致个体更依赖情感信息或其他认知信息。情感信息有助于个体的记忆和学习过程，因为情感可以作为对特定事件的标志，提高信息的可记忆性。情感-信息理论认为，个人倾向于在与其他对象互动和合作过程中，会将他们的情绪和情感作为信息来源（Schwarz，2012）。在合作过程中，情绪提供了所需信息，包括个人当前的能力评估和所处环境评估。情绪表达传达了表达者的内心感受（Ekman，1993），社会动机（Fridlund，1994）和对其他人的取向（Hess et al.，2000；Knutson，1996）。情绪作为一种影响个人进行信息加工、信息评估的重要因素，直接影响着个体的行为方式和行为选择。

情感-信息理论对于多个领域具有重要意义。在心理学中，它可以用于更好地理解情感与认知功能之间的相互作用，推动对情感障碍和心理健康问题的研究。在社会学和人际关系研究中，它有助于解释情感在人际互动中的作用，以及它们如何影响人们的社交决策。在商业和市场营销领域，情感-信息理论可以帮助解释消费者购买行为背后的情感动机，从而指导营销策略的制订。在管理学领域，这一理论有着重要的应用，特别是在组织行为、领导力和沟通方面。首先，情感-信息理论强调情感是一种信息来源，能够影响个体的决策和行为。在组织中，管理者需要理解员工的情感状态，因为员工的情感状态会影响其对工作的态度、动机和表现。通过认识并适当回应员工的情感，管理者能够更好地引导团队，提高员工的工作满意度和绩效。其次，这一理论对于领导者的情绪智能具有启示作用。领导者需要能够识别和理解团队成员的情感，以更好地引导团队并做出明智的决策。通过将情感视为信息，领导者可以更好地应对挑战，建立更加积极的工作氛围，从而提升整体团队绩效。最后，在沟通和决策过程中，情感-信息理论也提供了一种理解沟通效果的新途径。管理者可以考虑员工的情感状态，以更有效地传递信息和决策。在面对变革或挑战时，通过正确处理情感信息，管理者可以减轻员工的焦虑感，增强组织的适应性。综合而言，情感-信息理论在管理学领域为我们提供了一种更深刻的理解情感在组织中的作用。通过将情感视为信息，管理者能够更灵活地应对团队挑战，建立更健康的工作环境，促进更有效的组织运作。

第五章

团队断层的激活过程与演进过程

本章介绍团队断层的横向动态性,指出未来研究需要基于不同的激活情境,全面、系统地分析不同类型团队断层的激活过程及其效能机制;探讨团队断层在时间与空间维度上的变化规律,基于事件系统理论,引入时间动态属性探讨团队断层纵向动态性的发展及演进过程,提出子群体固化的相关研究命题。

第一节 团队断层的激活过程——横向动态性

为了更加清楚地了解被激活的不同特征组合所代表的断层现象,明确被激活团队断层的分类十分重要。若团队断层效应必须经由子群体的形成和互动来发挥作用,将团队断层研究的分析单位下降到子群体有利于清楚且全面地界定团队断层类型。Carton 和 Cummings(2012)提出子群体的三种类型:小团体、共同体和联盟体。首先,个体基于人口统计特征、文化价值观等社会认同因素形成小团体,其本质最为接近传统意义上的团队断层概念。小团体的联合依据,相当于社会认同理论中分析的"圈内-圈外"认知,小团体内部有相似的社会认同,而小团体之间存在认同上的显著差异,团队内形成多个小团体,团队断层产生。本书将此类子群体所表现的团队断层定义为认同型团队断层,指的是团队成员基于人口统计特征、文化价值观等社会认同因素的差异而形成的断层。其次,个体基于相似知识背景与信息处理视角而形成共同体,其成员考虑问题及处理信息的思维相似。共同体之间表现出相异的信息处理方式,因不了解对方群体的独特专业术语及缺乏沟通互动而形成团队断层。本书将此类子群体所表现的团队断层定义为知识型团队断层,指的是团队成员基于信息处理方式不同而形成的断层。最后,个体基于有限目的而存在的短暂个人联合是联盟体,其成员可以存在不一致的价值观或知识技能,他们的联合具有多样性的目的,通常包括对地位、权力和资源的诉求。处于资源劣势的个体易于结盟以获得更多发言权,处于资源优势的个体也会结盟以巩固已有的成就,进而形成团队断层。本书将此类子群体所表现的团队断层定义为资源型团队断层,指的是团队成员基于地位、权力和资源获得的差异性而形成的断层。明确团队断层的不同类型对于探究断层的激活过程及其效能机制十分重要。

Lau 和 Murnighan(1998)认为,如同地质断层一样,团队断层在一定时期内是相对静止与稳定的,如果没有外部力量的刺激则不会产生巨大影响。这种状态被称为潜在的团队断层(potential faultlines),指客观存在的团队多重特征差异造成团队断层,可以通过计算得出断层强度,但是这些客观特征差异并不被团队成员所察觉。潜在团队断层基于团队断层的强度反映了子群体内部同质、外部异质的程度。在团队发展的过程中,强团队断层使不同的子群体之间彼此对立,界限分明,放大了外部因素和冲突对团队的破坏性影响(Thatcher & Patel, 2012)。Lau 和 Murnighan(1998)还指出,团队断层不仅仅指客观存在的团队结构,它还需要一个被激活的过程。断层的激活是指团队内人口统计特征差异的显著性所引发的社会类化过程(Pearsall et al., 2008)。基于此,被激活的团队断层(activated faultlines)指由客观存在的团队多重特征差异所形成的断层被团队成员实际感知到的程度,也称作被感知到的团队断层。如同地质断层被激活后的地震效应,被激活的团队断层效力更大。潜在断层不一定在实质上划分出不同子群体,它需要被激活,即由特定的激活情境引发团队内人口统计特征差异显著性,进而使得子群体成员进行社会分类(Pearsall et al., 2008;Jehn & Bezrukova, 2010)。基于自我分类理论,社会类别的显著性取决于比较性匹配、规范性匹配和认知可及性(Turner, 1985)。比较性匹配指的是社会类别反映了群体成员间真实差异的程度;规范性匹配指的是社会类别对群体成员是否存在意义的程度;认知可及性指的是群体成员感知到他们之间真实差异的难度和速度。在真实情境下,满足以上三者,社会类别显著性增强,团队成员更易进行社会分类进而形成子群体,即实现了断层的激活。基于人口统计学特征中表层及深层属性的差异性,团队被划分为若干子群体。在相对稳定的人口统计学特征下,团队内的子群体具有一定程度的惰性,但也会随时间而变化,不同类型的潜在断层可能在不同的时间由于不同社会类别显著性而被激活(Liu et al., 2020;Meyer et al., 2014)。基于此,有关团队断层的未来研究,需要关注到团队断层横向动态性,探讨从潜在断层到被激活断层的激活过程,不同类型团队断层(认同型、知识型、资源型)的激活情境,及其对结果变量的影响机制与边界条件,以更好地契合在真实管理情境下的工作团队发展及效能研究的需要。

认同型团队断层的激活需要满足团队断层激活的三个条件。具体来说,一个工作团队的性别社会分类满足比较匹配性的要求;当团队任务或情境使得性别差异凸显,则符合了认知可及性的要求;团队成员感知到性别差异,同时团队任务或情境使得性别差异对团队成员有意义,则达到了规范匹配性的要求。三个条件同时满足,性别社会分类显著性增强,认同型团队断层被激活。

团队成员的教育背景、知识结构及专业性等特征也会因那些与工作任务有关的情境而突出,进而激活知识型团队断层。具体来说,一个工作团队中成员之间的不同知识技能满足比较匹配性的要求;当团队任务或情境使得个体看待、处理任务的视角不同变得突出,则符合认知可及性的要求;团队成员感知到知识视角差异,同时若团队任务或情境使得知识差异对团队成员有意义,则达到了规范匹配性的要求。三个条件同时满足,知识类别显著性增强,知识型团队断层被激活。

社会互动模式感知也对团队断层有一定的影响(Chiu & Staples, 2013)。具体来说,一个工作团队中成员所拥有的不同权力、地位和资源满足比较匹配性的要求;当团队任务或情境使得子群体成员实际感知到他们所属的子群体具有不同影响力,则符合了认知可及性的要求;同时该任务使得子群体内成员在身份、归属感及交互性上的类型重合也将更加显著,达到规范匹配性的要求。三个条件同时满足,资源类别显著性增强,资源型团队断层被激活。

未来研究可以基于实验研究方法,通过设计满足激活条件的实验任务来激活三种不同类型的团队断层。同时,未来研究可以进一步探讨不同类型团队断层对于结果变量的效能机制。有关团队构成的研究发现,情境因素在很大程度上影响着团队构成对绩效的提升或降低(Joshi & Roh, 2007)。团队断层具有高度的情境依赖性,未来断层的效能研究需要整合情境因素,引入不同的情境因素作为调节变量,分析促进团队断层积极效能、缓解其消极效能的边界条件(见图 5-1)。

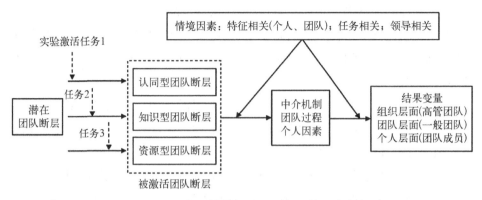

图 5 - 1　团队断层从潜在到激活过程(横向动态性)

第二节　团队断层的演进过程——纵向动态性

时间变化是团队所固有的,因此将时间要素引入组织行为研究是非常有必要的(Hopp & Greene, 2018; Lord et al., 2015; Shipp & Cole, 2015)。目前的管理理论与研究着重强调实体内部的"稳定特征",即随着时空的推移,实体内部特征的强弱也许会改变,但这些特点总是存在的。然而,事件系统理论(event system theory)则带来一个全新的研究视角,认为事件是实体的外在动态经历,包括多个实体间在时间和空间上的相互作用(Morgeson et al., 2015)。事件系统理论用强度(strength)、时间(time)和空间(space)三个属性来定义事件。强度属性包括事件的新颖性、颠覆性和关键性;时间属性包括事件的时机、时长和变化;空间属性包括传播方向、起源、横向与纵向扩散范围、实体与事件的距离等。这三个属性决定了事件对相关实体的影响程度(Morgeson et al., 2015)。事件系统是指由动态事件构成的个体周围的环境,这些事件可以是内在的(如思维、情感),也可以是外在的(如社交互动、工作任务等)。事件系统不仅包括独立的事件,还包括这些事件之间的相互关联和动态变化。事件系统理论认为,事件系统具有动态性、交互性和复杂性。它们是不断发展和变化的,相互之间存在着复杂的关联和影响。个体置身于这样的事件系统中,其行为和认知也会受到不同事件的影响。事件系统理论将时空的概念融入组织理论发展之中,指引学者在时间和空间维度下构建更加动态、深入的组织理论,为更好地说明和预测组织现象是如何随着事件而发生改变的提供了理论依据。

在真实管理情境中,子群体划分基于不同的潜在断层类型,特征属性的显著性与多样性,以及其他环境因素的复杂交互而形成(Homan et al.,2007)。团队断层的存在于团队而言本身就是一个事件。然而,要想理解团队断层如何影响一个团队的整个生命周期,不仅要关注断层产生的强度,也要考虑在不同时间与空间属性下已有的断层体验所派生出的子群体间的交互作用及效能影响。为了更好地理解团队断层随时空的推进对子群体划分的影响,Meister 等(2020)提出了子群体固化的概念,反映了子群体成员对强而稳定的子群体存在和构成的一致看法,是一个建立在所有子群体成员共识之上的团队认知结构概念。子群体固化的形态轨迹反映了团队断层的演进过程,随着时间的增加(或减少)子群体固化呈现出增强(或削弱)的轨迹。

本书认为,结合团队断层在强度、持续时间、类型重合与序列模式上的特征来捕捉子群体固化的演变轨迹,有助于更好地理解团队断层的效能机制及其演进过程:① 断层的强度,反映了断层作为一项事件,其具有的强度属性对团队效能及发展的影响;② 断层的持续时间,反映了事件时间属性中的时长对团队效能及发展的影响;③ 断层的类型重合,反映了事件空间属性中的扩散范围对团队效能及发展的影响;④ 断层的序列模式,反映了事件时间属性中的强度变化对团队效能及发展的影响。

基于事件系统理论,本节从断层强度、持续时间、类型重合及序列模式四个方面,分析被激活团队断层的强度在时间及空间动态属性的影响下对子群体固化产生的作用,以此捕捉团队断层形成子群体固化的演进轨迹(见图 5 - 2)。

一、在单一团队断层属性的情境中

(1)断层的强度。事件系统理论中的事件强度属性证明了事件本身如何对实体产生影响。同理,虽然潜在的团队断层对团队过程与产出存在影响(Bezrukova et al.,2016;Crucke & Knockaert,2016),但这种影响的强度取决于子群体成员感知到潜在团队断层的显著程度(Meyer et al.,2011)。那些基于团队认同、任务及资源等事件情境激活的断层与子群体认同的结构是匹配的(Antino et al.,2019)。潜在的团队断层一旦被激活,高水平的断层强度将团队划分成组内同质性及组间异质性更强且界限更清晰的子群体,子群体内的成员也更加认同这种划分属性。因此,本书认为:

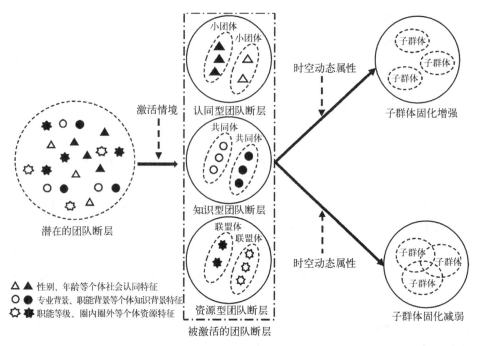

图 5-2 团队断层形成子群体固化的演进逻辑

命题Ⅰ 团队断层的强度影响了子群体结构及其感知上的匹配性,团队断层越强,越容易形成子群体固化。

(2)断层的持续时间。断层的持续时间被定义为特定类型的团队断层属性保持显著的时间长度,记录了一个团队从潜在的团队断层(静止状态),到经历激活事件感知到被激活的团队断层,最终划分为实际的子群体的时间过程。情境事件可以激活特定类型的团队断层,这种激活状态可以持续到下一个断层激活事件的产生(Lau & Murnighan,1998;Pearsall et al.,2008)。有关时间的研究认为,重复性行为(如子群体内的互动)可以形成习惯和自动化过程,并持续影响和加强后续的行为(Aarts et al.,1998;Ajzen,2002)。在团队的发展过程中,团队内的关系交互性行为是相对稳定的。在很长的一段之间内,经历了弱断层的子群体成员将逐渐削弱他们的子群体认同感,变得更加习惯于与团队作为一个整体(Sherif et al.,1961)。这意味着,长时间经历高强度断层的团队,由于其成员习惯于子群体中的交互关系,团队内的子群体比那些短时间内经历高强度断层的团队更持久和稳固(Leenders et al.,2016)。事件系统理论中的时间时长属性也解释了持续时间较长的事件比持续时间较短的事件更具影响力。因此,本书认为：

命题Ⅱ　团队断层的激活强度与持续时间相互作用，影响子群体固化的过程：① 强断层的持续性随着时间推进对子群体固化呈现正向影响；② 弱断层的持续性随着时间推进对子群体固化呈现负向影响。

二、在多元团队断层属性的情境中

（1）断层的类型重合。研究证明，过去发生的事件或经历可以作为"感知锚"，影响行动者感知和解释未来事件的方式（Ballinger & Rockmann，2010；Morgeson et al.，2015）。在团队的发展过程中，那些不同类型团队断层的激活情境，可以被编码并嵌入到团队成员的记忆中（Conway et al.，2003）。例如，认同型断层往往在团队形成初期就被激活，因为人口统计学特征的差异性明显且易被感知到（Byrne，1971；Harrison et al.，1998），随后团队成员可能感知到基于专业性背景而产生的知识型断层。随着时间的推移，当多个断层类型相继被激活时，它们彼此一致的程度影响了团队断层的强度，进而作用于子群体固化的形成。Meister 等（2020）将这个过程称为团队断层的类型重合，指的是随着时间的推移，两个或多个团队断层在子群体数量及属性差异上的一致性程度。事件系统理论指出，时间属性中的事件强度的变化，以及空间属性中的扩散范围都会影响事件本身对实体的作用。首先，不同类型的团队断层在不同的时间点被激活，随着新的断层被激活，与过去断层的特征属性是否一致决定了断层强度的变化，断层强度的影响会作为子群体划分的动力持续存在。其次，如果团队断层的激活类型随着时间的推移与过去的子群体划分的经验高度重合，即断层影响的扩散范围是一致的，将增强子群体固化；如果与过去子群体划分的经验不一致，即断层的影响在扩散范围上出现了交叉，则破坏了子群体固化。随着时间的推移，高度的断层类型重合使子群体成员巩固了其组内同质性及组间异质性特征，对子群体产生更强的认同，进而增强子群体固化；而较低的断层类型重合使子群体成员逐渐发现相似性与差异性的变化，将自己或他人重新归类到不同的子群体中，进而减弱子群体固化。因此，本书认为：

命题Ⅲ　较高程度的断层类型重合对子群体固化有正向影响，而较低程度的断层类型重合对子群体固化有负向影响。

（2）断层的序列模式。有关时间的研究指出，事件随着时间的推移可能有着不同的含义（Pentland，1999）。事件发生的顺序或模式描述了其最初的状态如何随着时间的推移变得更加明显或削弱,或者可能导致未来的变化(Petersen & Koput,1992)。Meister 等(2020)指出断层的序列模式开启了时间属性在断层事件中应用的新篇章,认为团队断层的独特模式及其特征(类型和强度、持续时间及类型重合)在时间上的产生顺序影响了子群体固化的形成。例如,首先激活一个强断层,再激活一个弱断层,团队成员将通过与子群体内成员建立密切的联系而开始他们的团队体验,同时与子群体外的成员形成对立。这种态度和行为习惯的持续性阻碍了子群体间的信息加工,也不容易被后来激活的弱断层改变,进而增强子群体固化。相反,在强断层被激活之前先激活弱断层,整个团队将会因为未能显著感知到差异特征而抵制子群体划分,归属感建立在团队整体而不是某个子群体之上,子群体固化削弱。因此,本书认为:

命题Ⅳ 断层的序列模式影响了子群体固化:① 弱断层激活跟随强断层激活对子群体固化产生弱的负向作用;② 强断层激活跟随弱断层激活对子群体固化产生弱的正向作用。

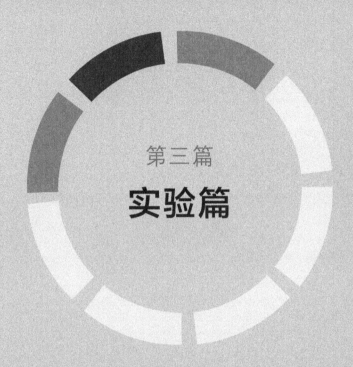

第三篇

实验篇

第六章

团队断层的激活实验

本章通过考虑团队断层的激活需要,基于不同类型的团队断层采取不同的激活情境并设计激活实验,选取合适的量表在实验过程中进行辅助测量,以便获得准确可靠的数据进行分析。

第一节　激活情境的考量

作为影响团队效能的边界条件,情境因素分为团队特征及团队外部情境两类。团队特征包括诸如团队规模、子群体规模的均衡性、子群体的数量等是一项不可忽视的情境因素。现有研究大多将此类团队特征用作团队控制变量而非直接验证其对团队断层的作用。由于强断层的形成需要子群体间的同质性,若团队规模太大,则不易形成基于不同属性的子群体间的同质性,太小或者太大的团队规模都不易于形成团队强断层(Thatcher & Patel,2012)。在子群体数量方面,少量研究表明子群体个数较多则更容易形成团队弱断层(Lau & Murnighan,1998)。例如,将团队按照地理区域划分为两个子群体时,团队呈现出最高程度的冲突与最低程度的信任;划分为三个子群体时,呈现出中等程度的冲突与信任;而划分为六个子群体时,呈现出最低程度的冲突与最高程度的信任。子群体规模的均衡性,也被证明影响了团队断层对创造力的作用。

外部情境分为三种类型:① 与特质相关的因素,包括个体特质与团队特质。个体特质中的个体经验开放性(Homan et al.,2008)和个体对多样性的接受程度削弱了团队断层的消极作用,而个体对子群体差异感知的显著程度(Meyer et al.,2011)则加剧了团队断层的消极作用。团队特质,如上级认同感(Bezrukova et al.,2009)、社会信息交换和认知整合(Cronin et al.,2011)等,削弱了强断层对团队绩效和情感因素的消极影响。② 与任务相关的因素。任务自主性(Molleman,

2005；Rico et al.，2007)、团队文化融合(Bezrukova et al.，2012)、团队心理安全感(Khan et al.，2022)以及团队认同(Qi et al.，2022)等都被证明有助于削弱团队断层对绩效的消极影响。③ 与领导相关的因素如团队领导行为和领导角色结构等(Gratton et al.，2007)。研究证明，在团队形成初期，采用任务导向型领导风格更有利于削弱团队断层的消极作用，而随着团队的发展，采用关系导向型领导风格更有益。另外，谦虚型领导风格对削弱团队断层的消极影响有积极作用。基于上述情境研究的理论成果，管理实践方面也将其应用在缓解团队断层消极作用的一些举措上(Antino et al.，2019)。例如，子群体成员在隶属关系上的交叉，以及奖励结构上的交叉可以有效地减轻团队断层的负面效应(Homan et al.，2008；Rico et al.，2012)。发展子群体间的友谊也有助于削弱相对同质的子群体内的固化效应(Ren et al.，2015)。总之，通过增加团队整体的显著性，帮助子群体成员将他们的注意力从他们所属的子群体转移到团队中，从而减少子群体偏见，增加合作，就会削弱团队断层的消极作用。

潜在断层不一定在实质上划分出不同的子群体，它需要被激活，即由特定的激活情境引发团队内人口统计差异显著性进而使得子群体成员进行社会分类(Pearsall et al.，2008；Jehn & Bezrukova，2010)。基于自我分类理论，社会类别的显著性取决于比较性匹配(comparative fit)、规范性匹配(normative fit)和认知可及性(cognitive accessibility)(Tajfel & Turner，1986)。比较性匹配指的是社会类别反映了群体成员间真实差异的程度；规范性匹配指的是社会类别对群体成员是否存在意义的程度；认知可及性指的是群体成员感知到他们之间真实差异的难度和速度。在真实情境下，满足以上三者，社会类别显著性增强，团队成员更易进行社会分类进而形成子群体，即实现了断层的激活。基于人口统计学特征中表层及深层属性的差异性，团队被划分为若干子群体。在相对稳定的人口统计学特征下，团队内的子群体具有一定程度的惰性，但也会随时间而变化，不同类型的潜在断层可能在不同的时间由于不同社会类别显著性而被激活(Liu et al.，2020；Meyer et al.，2015)。本书将在多个子研究中分别探讨不同类型潜在断层的激活过程及其对创造力的效能影响，以更好地契合在真实管理情境下的工作团队发展及效能研究的需要。参照 Carton 等(2013)对于团队断层的分类，本章的实验设计基于认同型团队断层、知识型团队断层、资源型团队断层三类来开展。

一、激活情境Ⅰ　认同型团队断层的激活过程

基于社会分类理论和自我认同理论，个体认识到他属于特定的社会群体，同

时也认识到作为群体成员带给他的情感和价值意义,人们会基于内群体和外群体的倾斜比较努力实现积极的社会身份认同,得到认同型团队断层的激活需要满足团队断层激活的三个条件。具体来说,一个工作团队的性别社会分类满足比较匹配性的要求;当团队任务或情境使得性别差异凸显,则符合了认知可及性的要求;团队成员感知到性别差异,同时团队任务或情境使得性别差异对团队成员有意义,则达到了规范匹配性的要求。三个条件同时满足,性别社会分类显著性增强,认同型团队断层被激活。

二、激活情境Ⅱ　知识型团队断层的激活过程

团队成员的教育背景、知识结构及专业性等特征也会因那些与工作任务有关的情境而凸出,进而激活知识型团队断层。具体来说,一个工作团队中成员之间的不同知识技能满足比较匹配性的要求;当团队任务或情境使得个体看待、处理任务的视角不同变得突出,则符合认知可及性的要求;团队成员感知到知识视角差异,同时,若团队任务或情境使得知识差异对团队成员有意义,则达到了规范匹配性的要求。三个条件同时满足,知识类别显著性增强,知识型团队断层被激活。

三、激活情境Ⅲ　资源型团队断层的激活过程

社会互动模式感知也对团队断层有一定的影响(Chiu & Staples, 2013),个人所具备的不同资源及其感知会影响团队断层的程度。具体来说,一个工作团队中成员所拥有的不同权力、地位和资源满足比较匹配性的要求;当团队任务或情境使得子群体成员实际感知到他们所属的子群体具有不同影响力,则符合了认知可及性的要求;同时该任务使得子群体内成员在身份、归属感及交互性上的类型重合也将更加显著,达到规范匹配性的要求。三个条件同时满足,资源类别显著性增强,资源型团队断层被激活。

第二节　激活实验的设计与开展

一、实验Ⅰ　认同型团队断层的激活过程

1. 被试与实验过程

本实验组织者在上海松江大学城公开招募大学生为实验研究的被试,在简

要介绍实验内容、实验所需时间，以及实验报酬等信息的前提下，有意愿者填写基本信息，我们根据报名情况筛选被试。实验拟招募 300 名符合条件的被试，5 人为一个团队，共 60 个团队，在实验完成后获得相应的实验报酬。实验涉及有无激活断层组，其中未激活断层组为对照组，被激活断层组为实验组，每个实验条件下各设置 30 小组。实验当天，被试进入已安排好的实验室。实验人员告知被试将以团队为单位完成任务，同时先填写个体经验开放性量表。随后，实验人员告知团队实验任务，即完成一项创意讨论任务（男士剃须刀的设计方案讨论或数字闹钟的设计方案讨论），任务规定时限（大概 30 min）。被试需要将创意点按照序号记录下来，并在任务结束之后交给实验人员。创意点将会由两项标准进行评价（创意点的数量和创新性），并给予奖励。实验任务完成后，每个团队成员填写所需的量表。

2. 实验控制

本实验将采用性别（男/女）作为认同型团队断层的评价指标，定义为潜在的性别断层，控制每个实验小组的性别不一致，如 3 男 2 女或 2 男 3 女。为避免性别本身对于实验结果产生干扰，实验注意性别的组间均衡，即有无激活断层组包含一致的男女比例。同时采用与认同型断层相关的实验任务，即创意讨论任务（idea generation task）以激活潜在性别断层，该任务被广泛应用于测量团队创造力（Pearsall et al.，2008；Spoelma & Ellis，2017）。在激活断层组，被试被告知为某公司产品开发团队，并被指示需要一起为一款男士电动剃须刀设计营销方案。团队成员被告知这把剃刀是由男性购买和使用的，他们的设计理念应该迎合男性市场。该任务旨在触发性别的显著性以激活潜在性别断层。在未激活断层组，被试被告知为一款数字闹钟提供有关产品设计的创意想法，迎合市场的整体需求。

二、实验 Ⅱ　知识型团队断层的激活过程

1. 被试与实验过程

本实验以上海外国语大学 MBA 学员为研究被试，依托 MBA 课程开展现场实验。首先，MBA 学员的行业及专业性上存在多样化的特征，满足研究对被试多样化知识背景的需求。其次，小组作业（group project）是一项重要的 MBA 教学方式，小组的构成更贴近企业中的真实工作团队。本实验计划安排 360 名被试，6 人为一个团队，共 60 个团队。实验涉及有无激活断层组，其中

未激活断层组为对照组,被激活断层组为实验组,每个实验条件下各设置 30 小组。实验当日,即某课程上,实验者根据 MBA 学员名单将班上成员进行分组,并告知他们完成一项小组任务,即沙漠求生讨论任务,任务规定时限(大概 30 min)。每个任务小组被告知此次任务完成将作为课程成绩评估标准之一。在任务开始之前,成员填写经验开放性量表,任务完成后,填写其他所需量表。

机上物品清单:

A torch	电筒(可装四节电池)
A knife	折叠刀
A map of crash site	部分所在区域航行图
A large plastic raincoat	塑料雨衣(大号)
A compass	磁性指南针
A first aid kit	急救箱
A pistol (loaded)	点四五口径手枪(上膛)
A parachute	降落伞(红和白)
Salt tablets	一瓶盐片(100片)
2 pints of water each	每人1升的饮用水
Book 'Edible animals in desert'	《沙漠可食动物》的书
A pair of sunglasses each	每人一副太阳镜
A bottle of brandy	1升45度白兰地酒
One overcoat each	每人一件上装
A mirror	化妆镜

(a)　　　　　　　　　　(b)

图 6 - 1　沙漠求生任务

沙漠求生情境(The Desert Survival Situation, Lafferty & Eady, 1974): 在 1945 年 7 月的某天上午 9 点钟,团队乘坐的小型飞机迫降在美国亚里桑纳州索纳拉大沙漠中[见图 6 - 1(a)]。飞行员遇难,其他人均未受伤,机身严重毁坏,将会着火燃烧,在飞机迫降前已获知,成员只有 20 min 时间,从飞机中领取物品,机上有 15 件物品,性能良好[见图 6 - 1(b)]。飞机的位置不能确定,只知道飞机迫降地点距离原定目标位置 100 mile(1 mile=1 609.344 m)左右,最近的城镇是附近 70 mile 的煤矿小城。所在的沙漠平坦,除一些仙人掌外,几乎是一片不毛之地,日间温度约 45℃,夜间温度降至 5℃。成员只穿着短袖 T 恤、牛仔裤、运动裤和运动鞋,每人都有一条手帕。各小组需要集体讨论,对这些物品按重要性排序进行选择。

2. 实验控制

以 MBA 学员为被试基本保证了实验被试具有相似的文化程度及年龄。采用专业背景(自然科学/人文社科)作为知识型团队断层的评价指标,定义为潜在知识型断层,控制每个实验小组专业背景不一致,如 3 名自然科学类专业学员、3 名人文社科类专业学员。为避免专业背景本身对于实验结果产生干扰,本实验注意专业背景类别的组间均衡,即有无激活断层组包含一致的专业背景比例。同时采用控制团队是否在沙漠求生任务中获得物品效用信息的方式来激活潜在知识型断层。具体而言,在激活断层组,实验人员不给予团队成员有关 15 件物品的效用信息,团队成员需要依据自己储备的知识进行集体讨论来给出排序。不同专业背景的成员对于任务本身,以及物品效能判断会存在不同视角(Bezrukova & Uparna, 2009;Carton & Cummings, 2013),此项任务触发了专业背景的显著性以激活潜在知识型断层。在未激活断层组,实验人员给团队有关 15 件物品的全部效用信息,如镜子的效用信息是"镜子在日间是用来表示位置的最快和最有效的工具,镜子在太阳光下可产生相当于三至七万支烛光,如果反射太阳光线,在地平线另一端也可看到,即使没有其他物品而只有一面镜子,你也有 80% 获救的机会"。团队成员能够较容易地依据这些效用信息来判断出物品的重要性顺序。

三、实验Ⅲ 资源型团队断层的激活过程

本实验以田野实验进一步探索团队断层在真实工作场景中的效能机制。

1. 被试与调研过程

本实验以某制造业集团公司下属两家中外合资子公司为调研对象,保证两家子公司具有大致相似的属性,即产品类型、股份结构、组织架构、管理层级、员工规模以及构成特征等,目的在于最大程度降低其他外在因素的影响。调研将以工作团队为基本单位,将工作汇报对象为同一领导的员工定义为一个团队。在这两家子公司中,以一家子公司(A)的所有工作团队为实验组,另一家子公司(B)的所有工作团队为对照组。在获得被调研企业的许可与支持后,整个田野实验将在人力资源部门的协助下展开,全部操作将由人力资源管理部门的相关人员执行。

在正式发放调查问卷之前,两家子公司的人力资源部相关人员基于公司线上培训进行安排,向每个团队成员发送电子邮件,附带特定视频链接,要求员工

观看视频并撰写简要观后感。由于培训是与员工绩效考核相挂钩的,一定程度上确保了每个员工能够完成此项培训任务。一周后(T_1),在人力资源部的协助下,项目组开始进行问卷调查(被试并不被告知视频观看属于研究内容的一部分)。第一次问卷内容包括基本人口学特征、被激活的团队断层、经验开放性、团队目标一致性和包容型领导。再过两周(T_2),项目组发放第二次问卷,包括团队信息深加工、团队心理安全感、团队冲突。再过两周(T_3),项目组发放第三次问卷,团队领导要求根据团队整体的创造力表现进行评价。

2. 实验控制

本书通过操纵子公司团队收到不同的视频邮件来激活潜在资源型断层,该方法在相关实验研究中已得到广泛的应用。具体而言,在激活断层组(实验组),A公司团队成员收到的特定视频内容主要涉及揭示公司内部人际关系、权力、地位差距的现象,包含领导辱虐行为的感官体验,从而起到激活团队成员对资源型团队断层感知的目的。在未激活断层组(对照组),B公司团队成员收到的特定视频内容主要涉及公司理念、文化建设的宣传。

四、变量测量

借鉴已有实证研究,实验Ⅰ中将团队在任务中所提供的创意点的数量及质量作为测量团队创造力的衡量标准(Amabile et al.,2005),采用专家评分法对不同团队提交的创意点中反映出的团队创造力水平进行评价。实验Ⅱ中将团队给出的物品重要性排序的正确个数作为测量团队创造力的客观衡量标准。实验Ⅲ则主要采用量表由团队领导评价团队创造力。除创造力量表之外,其余变量均为量表测量,如表6-1所示。研究者也可以选择认知、情感及动机视角下其他变量进行测量,分析其作用机制。

表 6-1 量表汇总

变 量	量 表 来 源	评 价 主 体
被激活团队断层	自行开发	个体评价,聚合到团队层次
团队信息深加工	Kearney et al.(2009)	个体评价,聚合到团队层次
团队心理安全感	Edmondson(1999)	个体评价,聚合到团队层次

（续表）

变　量	量　表　来　源	评　价　主　体
团队冲突	Jehn & Bezrukova(2010)	个体评价,聚合到团队层次
团队目标一致性	van Knippenberg et al.(2011)	个体评价,聚合到团队层次
包容型领导	Carmeli et al.(2010)	个体评价,聚合到团队层次
团队经验开放性	Costa & McCrae(1992)	个体评价,聚合到团队层次
团队创造力	Shin & Zhou(2007)	团队领导评价

第七章

团队断层演进轨迹的仿真模拟实验

本章基于事件系统理论,运用仿真模拟研究设计,探讨不同类型团队断层的激活特征、过程,以及经验累积如何在事件强度、时间与空间属性上影响团队内子群体的交互作用,进而导致不同的断层演进及子群体固化轨迹。

第一节 研究背景与研究目标

一、研究背景

在团队形成初始,随着成员间相互了解与融洽程度的逐渐提升,子群体的巩固便开始沿着一条独特而持续的轨迹展开。这一演进过程旨在建立起团队成员间紧密的关系,从而形成小范围的子群体,这些子群体在共同目标和兴趣点上形成默契,为整个团队的协同作业提供坚实的基础。随着时间的推移,团队内部的相互作用、沟通和协作在子群体中得到进一步加强和巩固。同时,团队经历了来自内外部的多方面变革和挑战,这些因素激活了团队内部的断层,并引发了团队结构的调整。每一个团队都在这一动态的演变过程中塑造出其独特的子群体巩固轨迹。子群体的固化并非静止不变,而是在团队生命周期中承载着起伏和波动。有时,由于共同的价值观、工作方式或兴趣,一些子群体会更为紧密地凝聚,形成更为稳定和协同的群体。然而,在某些情况下,团队内部的不同动向、理念差异或外部环境的变迁,也可能导致子群体的重构或解散。因此,从团队形成的最初阶段到子群体巩固的发展轨迹,每个团队都经历着独特而富有挑战性的旅程。

二、研究目标

国内学者针对团队断层和子群体固化演进轨迹的研究主要停留在理论阶

段,运用仿真方法的研究暂为空白。国外学者围绕团队断层仿真的研究也较为单薄,迄今仅 Flache 和 Mäs(2013)对认同型团队断层采用多主体建模的仿真方法,探究不同时间跨度下断层强度对子群体极化影响的演化过程。已有仿真研究的局限性在于:一是仅考虑认同型断层,忽略了现实情境中知识型断层和资源型断层的重要作用;二是参数仅涉及断层的强度大小和持续时间的长短,未考量差异性断层激活事件的先后顺序和事件的空间属性(事件起源、事件扩散范围、事件空间距离)等复杂因素对子群体固化的影响;三是未区分潜在团队断层和被激活团队断层,仿真过程仅基于已被激活的团队断层,通过迭代事件作用展现子群体的分离或融合的演化过程。本书认为,团队断层现象既要在宏观视角研究子群体的固化趋势,又要在微观视角探索团队内个体的状态变化。因此,本章参考群体仿真的建模范式,追踪群体及个体演化轨迹。研究目标主要包括:

(1)潜在团队断层的类型及属性判断。

(2)认同型、知识型及资源型团队断层的激活过程。

(3)高强度断层激活事件对子群体固化的加强过程,低强度断层激活事件对子群体固化的削弱过程。

(4)高强度断层激活事件在不同持续时间下加强子群体固化的过程,低强度断层激活事件在不同持续时间下削弱子群体固化的过程。

(5)高类型重合的断层激活事件对子群体固化的增强过程,低类型重合的断层激活事件对子群体固化的削弱过程。

(6)高强度断层激活事件跟随低强度断层激活事件对子群体固化的加强过程,低强度断层激活事件跟随高强度断层激活事件对子群体固化的削弱过程。

第二节　仿真模拟实验方法

一、多主体建模

1. 多主体建模简介

基于主体的建模方法(Agent-Based Modeling,ABM)的提出可以追溯至 20 世纪八九十年代,如今已被学者们广泛运用于经济学、社会科学,以及工程领域,对复杂系统和复杂现象进行深入探索。ABM 作为一种科学方法论,通过借助计算机平台,允许在人工搭建的虚拟环境中创建具有自治性和异质性等特征的

"活"主体(active agents)。研究者可以在模型中设置不同的行动者,并根据需要设定不同的角色,赋予其特定的认知能力、资源禀赋、属性,以及判断流程和行动模式。足够数量的自主行动者被放置在一个人工建构的环境中,按照设定的规则进行互动,随着时间的进程,通过行动者之间,以及行动者和环境之间的不断互动,得到特定现象的演化历程。通过这种方法,研究者得以进行一系列低成本、可控性的计算实验分析和深入研究。这种连接微观个体和宏观环境的桥梁使得我们能够更好地理解复杂系统的行为,并推断出系统中涌现的各种现象和规律。因此,ABM为研究人员提供了一个强大的工具,促使他们更全面、深入地理解和解释复杂系统中所发生的各种动态过程。

2. 多主体建模相较于传统方程建模的优势

首先,传统的方程建模(Equation-Based Modeling, EBM)作为一种"自上而下"的仿真模拟方法,以方程式的形式探讨变量之间的关系并对现实关系进行拟合。在进行建模之前,研究者需要对集体层面的变量与变量之间的关系有相对深入的了解,并形成相应的假设。这种方法依赖于对系统整体的抽象和概括,并试图通过数学方程捕捉变量之间的关系。相比之下,ABM是一种"自下而上"的仿真模拟方法,其独特之处在于不需要对变量之间的关系进行假设。ABM通过设定微观层面的个体互动方式和行动规则,观察这些微观层面的互动如何在长期内产生宏观结果。

其次,EBM往往需要建模时假定观察值遵循独立同分布的假设,即观察值之间被认为是相互独立的。这种独立性假设在一定程度上简化了建模过程,但也可能忽略了实际系统中存在的复杂相互关系。相反,ABM更注重行动者之间的互动,以及行动者与环境之间的互动,这些交互是模型的基本构成要素。ABM通过考虑个体行为的复杂性和相互作用,更贴近真实系统中的复杂性。

因此,根据本书的研究目标,ABM更适合作为仿真模拟建模的基本方法。ABM的自下而上的特性使其能够更灵活地捕捉系统内在的动态和复杂性,而无需过度依赖事先确定的关系假设。这种方法有望为本书的研究提供更全面、准确地模拟和理解系统行为的手段,特别适用于那些个体行为和相互关系对系统演化具有显著影响的场景。

二、元胞自动机

1. 元胞自动机简介

元胞自动机(Cellular Automata, CA)是一种用于研究由大量并行单元个体组成的复杂系统的宏观行为的计算机建模和仿真方法。作为一种基于离散时间、空间和简单规则的计算模型,CA 的核心结构由多个相同结构的单元格(元胞)组成的网格构成,每个单元格可以处于有限的某个状态之一。每个单元格代表系统中的一个基本单元,类似于生物细胞,而整个网格则形成了系统的整体结构。通过考虑元胞及其邻居之间的相互作用,CA 能够捕捉系统内部的自组织和演化过程。这种离散化的方法不仅提供了对系统行为的深刻洞察,而且为研究者提供了一个灵活而可控的实验平台,以深入研究复杂系统的动态特性。总体而言,元胞自动机作为一种计算模型,为我们提供了一种独特的视角以理解并模拟由大量并行单元组成的复杂系统的演化,增强了本书仿真模拟实验的丰富性和鲁棒性。

2. 元胞自动机模型的局部规则性与离散性

CA 的核心特征在于其局部规则性和离散性,这二者共同构成了其模拟和仿真复杂系统行为的关键要素。

CA 的局部规则性具体是指每个元胞(单元格)根据自身状态及相邻元胞的状态,按照预先定义的规则确定下一个时刻的状态。这种规则的独特之处在于其局部性,即每个元胞的状态更新仅依赖于其周围相邻元胞的状态,而不需考虑整个系统的全局信息。

离散性是 CA 的关键特征之一,表现在时间、空间和状态空间的离散性。在时间和空间上,CA 采用离散步骤来刻画演化过程,将时间分割为离散的时间步,而空间则由离散的单元格(元胞)构成网格。这使得系统的演化过程具有离散性,每个时间步都以局部规则的应用为基础,元胞的状态被离散地更新。同时,状态空间的离散性体现在每个元胞可以处于有限个离散状态之一。这种离散性更贴近自然系统中的离散和复杂的实际情况。通过这种离散性的建模方式,CA 能够有效地捕捉和模拟系统的非连续性、微观行为及整体演化的离散动态,为本书探究团队断层演进轨迹的复杂系统提供了有效的仿真思想。

综上,局部规则性和离散性的结合赋予了元胞自动机强大的建模和仿真能力。局部规则性使得 CA 能够准确地模拟系统中的局部相互作用和微观行为,而离散性则使其适用于描述自然系统中存在的不连续性和复杂性。因此,本章将 CA 的仿真思想融入仿真模拟实验中,这两个关键特征的相互作用为本章的实验目标提供了灵活性和精准性。

第三节 仿真模拟实验的逻辑框架

基于既定仿真目标,本书以多主体建模(ABM)为基础仿真模拟框架,融合了元胞自动机(CA)的仿真思想。将多主体建模的自治性和智能性与元胞自动机的局部规则性和离散性相结合,旨在实现团队断层演进和子群体固化仿真过程更贴近真实组织行为情境,同时提升仿真过程的计算效率,保障复杂系统动态仿真的流畅运行。根据本章建模逻辑及研究框架(见图 7-1),团队整体被视作无标度网络拓扑结构,并从团队整体中抽取个体模型,每个个体被抽象为众多具有异质性、感知性、协同性、交互性的智能体。通过事先设定的整体及局部规则,团队在动态情境下演化,通过观察及研究仿真过程中涌现的群体及个体状态,验证从真实世界宏微观数据中提炼的一系列命题。

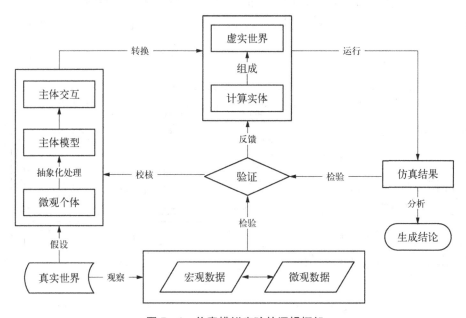

图 7-1 仿真模拟实验的逻辑框架

由于真实管理情境的团队断层及子群体固化的演变过程比较复杂,很难将所有因素都考虑周全,本书提出以下假设条件:① 团队成员的持久性,即在仿真涉及的时间范围内,团队成员的总人数保持不变;② 个体属性的稳定性,即团队内个体的认同属性、知识属性及资源属性不随时间变化和事件而改变;③ 激活事件的均质性,即断层激活事件影响范围均质覆盖团队内所有个体,作用强度不随个体的位置变化而改变;④ 激活事件的排他性,即特定时间内团队面对的团队断层激活事件为单一事件,不存在多事件在同一时间同时激活的可能性。

根据本章的仿真流程(见图 7-2),本书将建模过程划分为八大模块,分别

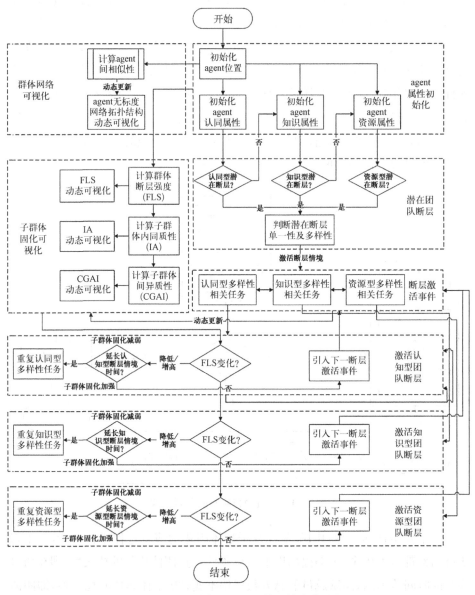

图 7-2 团队断层及子群体固化仿真流程

为主体（agent）属性初始化模块、断层激活事件模块、潜在断层模块、激活认知型断层模块、激活知识型断层模块、激活资源型断层模块、子群体固化可视化模块及群体网络可视化模块。团队内个体属性分为三个维度，即个体认同属性（见表7-1）、个体知识属性及个体资源属性（见表7-1）。在仿真过程中，我们将动态判断初始的潜在团队断层和随事件激活的团队断层强度。本章采用Shaw（2004）的FLS断层强度测量模型，分别计算特定时间下团队子群体内聚合IA（Subgroup Internal Alignment）、子群体间聚合CGAI（Cross-subgroup Alignment）和团队断层强度FLS（Faultline Strength）。

表7-1　个体-事件属性列表

	属　性	指　　标
组织个体 （主体）	个体认同属性	性别 gender 年龄 age 种族 race 宗教 religion
	个体知识属性	受教育程度 education 受教育专业类型 major
	个体资源属性	权力程度 power 地位程度 status
组织事件 （激活情境）	事件时间属性	事件时长 duration 事件时机 time 事件强度变化 change
	事件空间属性	事件起源 origin 事件空间距离 proximity 事件扩散范围 dispersion
	事件强度属性	事件强度 strength

$$FLS = IA(1-CGAI) \tag{7-1}$$

式（7-1）中，子群体内聚合IA与子群体间聚合CGAI呈负相关关系。FLS断层强度测量模型兼顾了子群体内的同质性和子群体间的异质性，能够充分捕捉到群体内部潜在的紧张和对立状态，以及在这种状态下子群体成员的团结和联盟(Murnighan & Brass,1991)。随着不同类型断层激活事件的发生,子群体固化过程被增强或削弱。我们通过延长激活事件的持续时间、改变激活事件的强弱、调整激活事件的顺序等干预行为,模拟认知型、知识型及资源型团队断层强度的变化和子群体固化的演进过程。

与此同时,仿真过程拟呈现两大可视化模块,分别是动态显示子群体固化的波动轨迹及群体的社会化网络分布。前者表现团队断层强度、子群体内聚合强度及子群体间聚合强度;后者通过各主体间距离和社会网络联系动态、直观地显现子群体固化加强及削弱的过程。本书采用技术距离的测度方法计算团队各主体属性的相似度:

$$S(m,n,w) = 1 - \frac{\sum_{i=1}^{k} |X_{m,i,w} - X_{n,i,w}|}{2k} \qquad (7-2)$$

式(7-2)中,$S(m,n,w)$ 表示团队中个体 m 和个体 n 在属性 w 下的相似度,$X_{m,i,w}$ 表示团队中个体 m 在属性 w 下的第 i 个编码值,$X_{n,i,w}$ 表示团队中个体 n 在属性 w 下的第 i 个编码值,k 表示编码值的数量。这个算法通过计算属性 w 下个体 m 和个体 n 的编码值之间的绝对差异,并将其标准化,得到一个0 到 1 之间的相似度值。相似度值越接近 0,表示主体在属性 w 下差异化越高,表明在断层激活事件后隶属于同一子群体的可能性越低;反之,相似度值越接近1,表示主体在属性 w 下越相似,则说明主体属性差异化越低,在断层激活事件后隶属于同一子群体的可能性越高。此算法的目的是通过比较个体 m 和个体 n 在特定属性 w 下的编码值,从而计算它们之间的相似度。这个相似度值在研究中可用于评估团队成员之间的相似性,尤其在断层激活事件后,可以通过相似性推测其是否隶属于同一子群体。

根据本章仿真研究假设,团队内个体的认同属性、知识属性及资源属性具有稳定性特征,即在无激活事件情境下,团队个体的属性相似性保持恒定。考虑到事件本身无个体属性特征,本书借助信息论方法中信息熵的概念,提出通过激活事件提升或降低特定断层属性的信息量,动态调整信息熵的大小,进而判断断层强度的变化方向和幅度。熵值越大,团队中个体的属性编码值越混乱无序,子群体固化将削弱;熵值越小,团队中个体属性编码值越有规有序,子群体固化将加强。该方法可以解决事件难以量化的技术问题,并有效提升仿真计算的运算效率。此外,为提高仿真结果与真实组织现象的相似度,本书中个体属性的初始化和团队断层激活事件的出现时间、顺序、事件强度均将采取随机赋值,避免过度主观引发的模糊性、灰度性和不可追溯性,以及过度客观带来的"唯数据论"。基于大规模仿真得到的数据结论,我们挑取具有两类代表性的团队断层及子群体固化的演进轨迹,进一步验证本书提出的一系列命题。

演进轨迹Ⅰ:随着时间的推移,子群体的固化逐渐削弱。情境包括:① 弱断层的持续时间跨度越长,子群体固化越削弱;② 与过去团队断层类型重合度越低,子群体固化越削弱;③ 低水平断层激活事件跟随高水平断层激活事件,子群体固化越削弱。

演进轨迹Ⅱ:随着时间的推移,子群体的固化逐渐增强。情境包括:① 强断层的持续时间跨度越长,子群体固化越增强;② 与过去团队断层类型重合度越高,子群体固化越增强;③ 高水平断层激活事件跟随低水平断层激活事件,子群体固化存在增强现象。

综上,本章通过三节内容详细介绍了团队断层演进轨迹仿真模拟实验的全过程。第一节首先阐述了团队断层的现象与演进过程,随后,评述了国内外文献对团队断层仿真研究的空白,并引出本实验的研究目标。第二节通过对主体建模和元胞自动机的介绍,明确了选择这两种仿真方法的合理性。第三节对仿真模拟实验的逻辑框架进行了详尽的介绍,以确保此实验的系统性和完整性。

第八章

人机协作团队断层的效能研究

随着人工智能技术的普及,人机协作团队已经成为各类组织中最基本的工作常态。为了进一步探讨断层对创造力的影响,我们开展了一项探索性研究:在开放性合作的创造力任务情境中,潜在团队断层与被激活团队断层的效能及演进模拟。基于前文的研究内容,我们发现团队断层的演进和子群体固化轨迹的研究现阶段很难在真实的管理情境中进行跟踪分析。为了将研究思路和逻辑更加贴近真实的管理情境,我们将尝试一项探索性研究,在开放性合作的创造力实验任务中,对潜在团队断层与被激活团队断层的演进进行模拟,描述性地分析各类型团队断层对创造力的效能作用及其演进过程。

第一节　人机协作团队断层的特征属性

本章结合社会分类理论和信息加工理论,深入理解和测量人机协作团队断层的特征属性,梳理人机协作团队中不同类型断层的形成机理(如社会分类型团队断层和信息加工型团队断层),通过综合运用扎根理论等方法开发有效的测量工具来量化这两类断层。

一、人机协作团队中团队成员的特征属性

在早期的人机协作过程中,人与机器之间由于缺乏有效的协作,只是各自独立地执行不同的任务(Holmes & Gordashko, 1980),因此早期的技术学习都依赖于团队外部的专业员工。但是随着人工智能在组织中的广泛应用,人机协作团队已成为工作场景中的常态,人与机器之间的协同合作变得越来越紧密。人机协作是两者在共同的时间和空间,为了统一目标,发生直接接触的形式完成任务。人与机器之间高度互动,共同决策和执行任务(Babel et al., 2021),团队成

员需要关注与机器在信息处理、决策制定和执行过程中的协同效果。这对团队成员提出了挑战，不仅需接纳并使用智能机器，还要掌握与机器协作的能力，并确保协作效果。团队断层主要体现在个体如何基于某些特征属性将自身与他人进行分类，进而与相似的个体形成子群体。多种特征属性差异为团队断层提供了基础，而人机协作给团队断层带来了新的特征属性。传统人机交互中，技术隔阂来自专业人员与非专业人员之间的差异，但是在团队内部未必形成技术断层；而在人机协作中，团队断层会体现智能机器接纳度、人机协作能力和人机信息协同度的技术断层。这些维度的差异在团队内形成子群体，导致断层现象。传统的团队断层概念主要关注于成员间的特征差异，如性别、年龄、教育经历和知识结构等，这些差异导致团队成员在互动中形成子群体，进而可能引发断层。在人机协作团队中，这些传统的断层因素仍然存在，并且由于人工智能技术的引入，新的特征属性也被激活，使得团队断层的形成机理更为复杂，如图8-1所示。

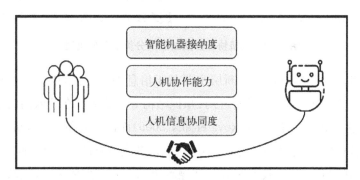

图 8-1　人机协作团队成员的特征属性

二、人机协作中团队断层的形成机理

团队断层中的社会分类型断层主要基于社会分类理论（Lau & Murninghan，1998），社会类别特征是诸如种族、国籍、性别和年龄等属性（Jehn et al.，1997，1999），通过分类、刻板印象和偏见的机制塑造了人们的感知和行为（Messick & Mackie，1989）。由于人机协作团队中，不同年龄、性别的个体在人工智能使用中的偏好不同，形成了一定的刻板印象和偏见，可能会引发人机协作团队中的社会分类型断层，如图8-2所示。首先不同年龄对于技术的接纳程度是有区别的，老年人相对青年对智能机器的接受度不高（Ma & Huo，2023；郭衍宏，魏旭，2024）。其次，不同年龄段的成员在人机协作能力上不同，形成基于年龄的自我刻板印象(Xi et al.，2022)，这可能会影响他们在团队中的互动和表现，从而形成团队断层。最后，性别在人机协作团队中也会形成刻板印象和偏见。男性表现得更擅长智能机器的使用，而女性则不太擅长智能机器的使用(Vekiri & Chronaki，2008；Morris et al.，2005)，影响了团队成员在人机协作能力上的差异，也会造成人机协作团队中社会分类型团队断层。

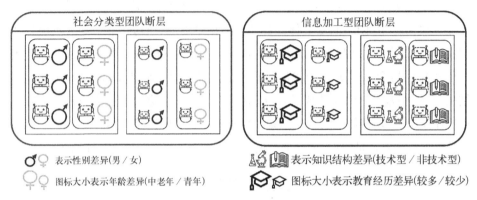

图 8-2　人机协作团队断层的分类及形成机理

团队断层中的信息加工型断层主要基于信息加工理论，依据个人与工作直接相关的信息特征属性(如教育经历、知识结构等)，使成员在获取的信息内容和信息加工过程上有差异(Bezrukova et al.，2009)而造成的断层。人机协作中，团队成员的教育背景，包括所学专业、学历层次以及受教育的环境等，都会影响他们对智能机器的知识储备、技能掌握和问题解决的方式。具体来说，受教育程度较高、拥有相关专业背景以及丰富教育经历的成员通常能更熟练地利用智能机器获取和加工信息，从而实现更高水平的人机信息协同度。相反，教育背景较低的成员可能在人机信息协同方面遇到挑战，难以充分利用智能机器提供的信息资源。除此之外，知识结构的差异也是导致信息加工型团队断层的关键因素。具有专业技术背景的成员往往能够与智能机器更顺畅地协作，有效地获取和应用信息(De Simone et al.，2022)。然而，缺乏专业技术背景的成员可能在人机协作中面临信息获取的障碍，导致他们与团队其他成员在信息掌握上存在明显差异。这种知识结构上的差异进一步加剧了团队内部的信息加工型断层现象，形成了不同的子群体。

人机协作团队断层也会经历从潜在到被激活的过程，人机协作团队中的断层现象可能经历了三个阶段：首先，人机协作团队的特征差异，即智能机器接纳度、人机协作能力和人机信息协同度的差异，存在但尚未显现，处于潜在状态；其次,不同类型的潜在断层可能由于不同特征属性显著性导致智能机器接纳度、人机协作能力和人机信息协同度的差异被激活,团队成员开始形成子群体;最后,子群体间的互动和冲突导致团队断层现象的出现。

第二节　人机协作团队断层的效能机制

本节关注人机协作团队中团队断层的激活过程,探究人机协作团队中不同类型团队断层(社会分类型、信息加工型)的激活情境,区分其对团队效能的不同影响机制,以更好地契合在真实管理情境下的工作团队发展及效能研究的需要,本研究逻辑框架如图 8-3 所示。

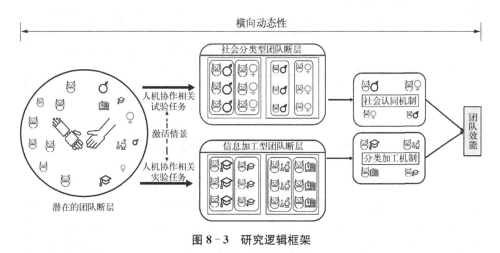

图 8-3　研究逻辑框架

一、人机协作团队中团队断层的激活过程

潜在断层不一定在实质上划分出不同的子群体,它需要被激活,即由特定的激活情境引发团队内人口统计差异的显著性,进而使得子群体成员进行分类(Pearsall et al.,2008;Jehn & Bezrukova,2010)。基于自我分类理论,社会类别的显著性取决于比较性匹配(comparative fit)、规范性匹配(normative fit)和认知可及性(cognitive accessibility)(Turner et al.,1985)。比较性匹配指社会类别反映了群体成员间真实差异的程度;规范性匹配指社会类别对群体成员是否存在意义的程度;认知可及性指群体成员感知到他们之间真实差异的难度和速度。在真实情境下,满足以上三者,社会类别显著性增强,团队成员更易进行社会分类进而形成子

群体,即实现了断层的激活,如图8-4所示。基于人口统计学特征中表层及深层属性的差异性,团队被划分为若干子群体。在相对稳定的人口统计学特征下,团队内的子群体具有一定程度的惰性,但也会随时间而变化,不同类型的潜在断层可能在不同的时间由于不同社会类别显著性而被激活(Liu et al.,2020;Meyer et al.,2014)。

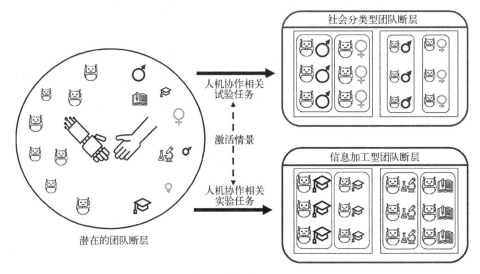

图8-4 人机协作团队断层的激活过程

首先,人机协作团队中客观存在的性别、年龄、教育背景、知识结构,以及伴随着的对人机协作方式的接纳度、人机协作能力以及人机信息协同度等各个特征要素的差异满足比较匹配性的要求。其次,本研究通过实验室或现场实验操纵,通过人机协作相关议题的讨论构建激活情境,这使得人机协作团队中团队成员之间的性别、年龄、教育背景、知识结构以及伴随着的对人机协作方式的接纳度、人机协作能力以及人机信息协同度等各个特征属性的差异凸显,满足了认知可及性的要求。最后,当人机协作团队中的成员感知到这种差异,并且这些差异对团队成员存在意义,即团队成员对智能机器的使用以及与其的协作能力影响个体工作效能乃至于团队效能(Babel et al.,2021),由此达到了规范性匹配的要求。三个条件同时满足,人机协作团队中与性别等社会分类属性相关的社会分类型团队断层被激活,与教育背景等信息加工属性相关的信息加工型团队断层被激活。

二、人机协作团队中被激活团队断层的效能机制

研究选取团队效能作为广义上与团队相关的团队产出或效能产出,包括团

队绩效、团队创造力等。基于团队研究中的"输入-过程-输出"模型(Ilgen et al.，2005)，团队断层作为重要的团队内部结构特征之一，是影响团队效能的重要输入因素。当人机协作团队中的团队断层被激活，其对团队效能的影响不可忽视。本研究将在此基础上进一步从社会分类机制和分类加工机制出发，探讨人机协作团队中不同类型的被激活断层对团队效能的影响，如图 8-5 所示。

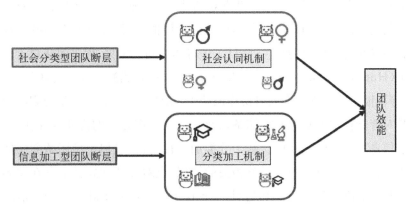

图 8-5　人机协作团队断层的效能机制

1. 社会认同机制

基于社会认同理论，个体通过相互比较实现较强的自我审视与评价意识，倾向于更加接近内群和疏离外群，群体间的界限越来越明显，断层现象产生，进而对团队过程和产出带来消极影响。由于人机协作团队中，不同年龄、性别的团队成员针对智能机器协作工作的模式的接纳程度存在区别(Ma & Huo，2023)，在人机协作能力上也表现出差异(Xi et al.，2022)，这引发了人机协作团队中社会分类型团队断层。社会分类型团队断层的存在使得团队内部子群体之间存在偏见与冲突，阻碍团队成员内部的彼此了解(陈帅，2012)。不同子群体内成员之间的互动、交流频率减少，成员之间的信息交换与资源共享意愿不足(Lau & Murnighan，2005；Li & Hambrick，2005)。对于在智能机器接纳度、人机协作能力等方面具备优势的子群体而言，为了巩固自身的利益和优势地位，会减少与外部子群体分享知识的意愿。而对于不具备技术优势的子群体而言，则会因 AI 技术掌握等差异产生较高程度的焦虑心理。这种有效互动频率的降低会在团队内形成紧张的、非支持性的团队氛围和人际关系(季忠洋，2019)，使得团队成员无法通过彼此的积极互动与交流来促进团队效能的激发。

基于社会认同机制,本研究得到命题Ⅰ:人机协作团队中,被激活的社会分类型团队断层会对团队效能产生消极影响。

2. 分类加工机制

分类加工理论为被激活团队断层可能存在的积极效应提供了理论依据(van Knippenberg et al., 2004;Cooper et al., 2014)。该理论指出,与任务相关的动机能够有效改善团队成员面对团队断层的认知及情感表现。团队任务对复杂认知资源的处理需求会凸显出信息知识的可贵价值,子群体进而在团队中承担起了更有差异化且有价值的角色,降低了子群体之间的偏见,促进团队对于信息的深加工(Hutzschenreuter & Horstkotte, 2013)以及刺激任务冲突(Choi & Sy, 2010)等积极团队过程。在人机协作团队中,团队成员的教育背景与职能背景会影响其对智能机器的知识技能储备以及对人机协作方式的协同度存在差异,这引发了信息加工型团队断层。基于分类加工视角,信息加工型团队断层使成员更乐于接受本身不具备的与任务相关的知识,也对在认知属性上存在差异的其他成员具有更高的接受度和包容性(van Knippenberg et al.,2004)。信息加工型团队断层的存在凸显了子群体之间对任务解决方案或方式的差异化偏好,虽然存在意见分歧,但却促进了团队成员信息的交换(Alexander et al., 2014)。同时,子群体之间的这种差异化偏好也增加了决策制定过程的复杂性(Ellis et al., 2013),进而分散了团队成员对冲突与矛盾的注意力,促使团队采用深层、精细的方式加工信息,因差异化带来的信息加工优势远大于社会分类过程带来的负面效应,进而促进团队效能的提升(Rupert et al., 2016)。

基于分类加工机制,本研究得到命题Ⅱ:在人机协作团队中,被激活的信息加工型团队断层会对团队效能产生积极影响。

第三节　人机协作团队断层的激活实验

一、人机协作团队中团队断层激活过程的实验研究

实验Ⅰ:社会分类型团队断层的激活过程

1. 实验被试

本研究计划招募具有人机协作经历的被试参与实验研究。实验拟计划招募160名符合条件的被试,划分为40个4人小组,最终形成激活断层组(实验组)

和潜在断层组(对照组)各 20 个。

2. 实验过程

实验当天被试进入已经安排好的实验室,实验人员告知被试以团队为单位完成实验任务。被试需要扮演真实工作团队并解决一项工作任务,其中激活断层组的任务涉及人工智能应用场景,而未激活断层组则不涉及相关场景。任务规定时限(约 15 min),讨论过程中被试需要形成完整的团队方案,在实验结束之后交给实验人员。最后,被试需要填写社会分类型团队断层量表和信息加工型团队断层量表。

3. 实验操纵

构建潜在社会分类型断层。为了排除潜在断层强度差异带来的影响,本研究首先控制所有被试团队的潜在断层强度相同。本研究通过在 4 人小组内控制性别和年龄两个关键变量,以创建能够反映潜在社会分类型断层的实验团队(Pearsall et al.,2008;Spoelma & Ellis,2017)。具体而言,控制 4 人被试团队中 2 名被试与另外 2 名被试在性别和年龄上完全不同,如 2 名年轻女性和年长男性。同时,为了排除潜在信息加工型断层可能产生的影响,控制 4 人团队成员在专业和职能背景上保持一致。

激活潜在社会分类型断层。Lau 和 Murnighan(1998)指出直到个体意识到团队被划分为多个子群体时,客观存在的团队断层才会被激活。被试被告知为某公司人机协作工作团队,需要通过团队讨论解决一项工作任务。在激活断层组,团队被要求解决一项涉及人工智能应用场景的工作任务。此时,由于不同性别、年龄的被试对于智能机器的接纳程度以及人机协作能力存在区别,潜在社会分类型断层被激活。在非激活断层组,团队需要解决的工作任务不涉及相关场景,此时潜在社会分类型断层无法实现激活。

4. 变量测量

在社会分类型断层实验中,首先对被试感知到的社会分类型断层强度进行测量,以检验激活操纵的有效性。此外,为了确保在该实验中没有意外地操纵到信息加工型断层,本研究也对被激活的信息加工型断层强度进行了测量。

实验Ⅱ:信息加工型团队断层的激活过程

1. 实验被试

本研究计划招募具有人机协作经历的被试参与实验研究。实验拟计划招募160 名符合条件的被试,划分为 40 个 4 人小组,最终形成激活断层组(实验组)和潜在断层组(对照组)各 20 个。

2. 实验过程

实验当天被试进入已经安排好的实验室,实验人员告知被试以团队为单位完成实验任务。被试需要通过团队讨论解决一项沙漠求生任务,其中激活断层组的讨论在人工智能协助下进行,而未激活断层组则不存在人工智能的协助。任务规定时限(约 15 min),讨论过程中被试需要形成完整的团队方案,在实验结束之后交给实验人员。最后,被试需要填写社会分类型断层量表和信息加工型断层量表。

3. 实验操纵

构建潜在信息加工型断层。本研究通过在 4 人小组内控制专业背景和职能背景 2 个关键变量,以创建存在潜在信息加工型断层的实验团队。控制 4 人被试团队中 2 名被试与另外 2 名被试在专业背景和职能背景上完全不同。为了排除潜在社会分类型断层可能产生的影响,控制 4 人团队内成员在性别和年龄上保持一致。

激活潜在信息加工型断层。研究通过控制被试团队在沙漠求生任务(Lafferty et al.,1974)中是否能够获得人工智能协助,来操纵被试实际感知到的被激活断层强度。在激活断层组,实验人员能够获得人工智能协助。由于不同专业背景、知识结构的成员对智能机器的信息协同能力存在区别,潜在信息加工型断层被激活。而在非激活断层组,团队进行沙漠求生任务讨论时无法得到人工智能的协助,此时潜在信息加工型断层无法实现激活。

4. 变量测量

本调研需要测量的变量包括人口统计学特征(性别、年龄、教育程度等)、团队特征(团队规模、团队周期、团队任期等)、被激活的团队断层、团队效能(团队创造力等)、社会认同与分类加工机制相关的研究变量。在对题项描述进行修正的基础上初步形成本研究所需的调查问卷,随机选择 10 个团队进行预调研,修正后最终形成正式的调查问卷。本次调查问卷采用 6 级利克特量表以避免中庸的回答(Chen et al.,1995),从"1"的"完全不同意"到"6"的"完全同意"。

第四节　人机协作下的开放性合作创造力实验

一、探索性研究的必要性

在前文中,我们首先通过实验研究的方法,分别探讨了认同型断层、知识型断层以及资源型断层的激活过程及其对创造力的影响机制,接着采用调查研究的方法,探讨了整合的团队断层对创造力的影响。然而,团队断层效能的复杂性及演进过程受到激活事件在时间及空间属性上变化的影响。因此,我们采用仿真模拟的方法,基于事件系统理论讨论了团队断层的纵向动态性,即断层与子群体固化的演进轨迹,为有效的管理团队提供理论上的依据。但是,在现实管理情境中,由于团队成员新增与退出的灵活性,加之管理情境与工作任务的复杂多变,团队的发展及断层的影响和演进将更加复杂。我们认为,有必要开展一项探索性研究,基于开放性合作的创造力任务,组建真实的任务团队。探索性研究的基本目的是提供一些资料以帮助研究者认识和理解所面对的问题,常常用于在一种更正式的研究之前帮助研究者将问题定义得更准确些,帮助确定相关的行动路线或获取更多的有关资料。这一阶段所需的信息是未精确定义的,研究过程很灵活,没有什么结构,所以有助于我们对于灵活的团队成员及团队内部情况做好准备。它旨在从团队组建初期到完成这项创造力任务的过程中,通过不同时间和激活事件类型的干预和操纵,探索团队断层在不同类型间的交互作用及其对创造力的影响。这项探索性研究将更加接近真实管理情境下的工作团队,有助于为后续开展进一步的实验研究或者调查研究提供基础及依据。

二、预期的目标及局限性

探索性研究的直接成果包括:① 形成关于所研究现象或问题的初始命题或假设;② 发展和尝试可用于更为深入的研究的方法;③ 尝尝探讨进行更为系统、更为周密的研究的可能性。正是在这种意义上,探索性研究常常成为一种先导性的研究——这种研究的成果往往为后继的研究开辟道、路指示方向和提供途径。本研究旨在通过这样一项探索性的模拟,发现一些有关团队断层作用机制、激活过程、动态性演进,以及最终子群体固化形态的描述性结论做出进一步研究的准备。由于这并不是一项规范的实验研究,也不属于调查研究的范畴,我们并不能进行科学的统计分析。但是,通过模拟过程可视化的观察、情境事件的操纵和必要的量表测量,我们可以进行相关的描述性分析,展示与研究目标相关联的关键现象、逻辑联系及相关性分析的结论。

三、任务模拟研究设计

这项探索性研究将公开招募任务的参与者,在开放环境中以团队为单位共同使用乐高(LEGO)积木来开发 3D 艺术品。开放性合作任务是指并不设置对照组,除了控制特定变量,对被试在任务中不进行任何限制。

被试与实验过程。该研究向社会公开招募实验被试,在明确告知实验内容、实验基本时长以及实验报酬等信息后,有意愿者填写基本信息。研究团队将根据报名情况筛选被试,所有被试自愿参与本实验,完成后获得相应的实验报酬。本实验拟招募 60 名被试,12 人为一组,总共 5 组,实验时间跨度为 3 天。提前对实验过程中所需的观察者进行培训,保证观察者明确团队断层的关键表征,提高实验中的记录效率与质量。

第一天。在时间点 1(T_1)被试到达指定实验室 1 等待任务发布,在等待过程中他们可以进行自由走动与沟通交流,时限 1 h。在时间点 2(T_2),宣布分组名单,12 人为一组,保证每组团队成员具有多样化特征(即拥有不同的性别、年龄、专业背景等),总共 5 组,并分别就坐于 5 个小型会议室。接着公布当天任务,即要求各小组针对"男性与女性,哪一方更具创造力"的议题展开组内讨论,时间不少于 1 h。5 个会议室中均安装监控设备全程录像,同时每个会议室会安排 4 名观察者,记录关键信息并携带录音设备予以辅助。小组成员完成讨论后填写团队断层量表,结束当天任务。

第二天。在时间点 3(T_3),分别在 5 个小型会议室中公布当天任务,即告知各小组将会在第三天共同合作搭建乐高艺术品,各小组需要根据给到的特定主题(例如"繁荣")展开讨论,并确定艺术品搭建的具体方案,时间不少于 2 h,4 名观察者同时进行记录。小组成员完成讨论后填写团队断层量表,结束当天任务。

第三天。在时间点 4(T_4),在实验室 2 中公布当天任务,实验室 2 中有 5 个 1 米高的乐高搭建台,旁边放置充足的乐高积木(见图 8 - 6)。5 组团队需要依

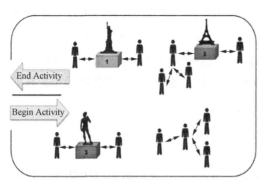

图 8 - 6　开放式创造力任务(左-场所示意图;右-乐高搭建示意图)

据昨天确定的搭建方案开始搭建乐高 3D 艺术品。同时告知他们实验报酬将会在基本报酬的基础上依据乐高艺术品的完成质量给予额外奖励。在此任务中，研究团队告知各小组可以与其他小组成员互动，例如，小组成员可以向 T_1 时点中自己认识的人沟通想法。任务不设时限，完成即结束实验，团队成员填写团队断层量表后自由离开。

四、实验控制与变量测量

1. 团队断层

一方面，通过构建多样化的实验小组控制潜在团队断层的基本条件。另一方面，通过发布特定任务来激活不同类型的团队断层：有关男女创造力的讨论任务拟激活认同型团队断层；依据特定主题讨论乐高搭建方案需要不同视角的专业性支持，拟激活知识型团队断层；小组成员自由走动与其他小组成员沟通想法有助于个体拥有更多信息资源，拟激活资源型团队断层。最后，为了检验激活操作的有效性，采用自我开发的团队断层量表评估每个任务结束后个体感知到的团队断层强度。

2. 社交网络互动

结合视频监控、观察者记录以及录音笔的内容，对各小组成员在实验中的社交网络互动进行文本分析。通过编码提取关键信息来反映他们之间的强弱联系，以此判断团队成员在经历团队断层后的互动情况。

3. 团队创造力

乐高积木具有极高的受欢迎程度，可以展现个体实时互动的能力。本研究以乐高艺术品的搭建速度与质量作为团队创造力的评判标准。采用专家评分法对不同团队完成的乐高艺术品中体现出的团队创造力水平进行评价。

五、研究目标与拟解决的关键问题

1. 研究目标

本研究基于对现有文献的梳理，通过理论分析、实验研究、调查研究、仿真模拟及探索性分析，对团队断层的内涵、分类及状态，团队断层的激活过程及其作用机制，以及团队断层的演进和子群体固化的轨迹进行分析，帮助组织、团队及个人更好地应对工作团队中团队断层的"双刃剑"效应。具体而言，本研究的目标可以分解为：

第一,理论研究方面。基于社会认同理论和信息加工理论,完善现有被激活团队断层的测量方式,进行量表开发;基于团队断层的不同类型,探讨断层的激活过程及其对创造力的作用机制与边界条件;基于"事件系统理论"构建全新的理论框架,分析潜在团队断层的激活过程以及子群体固化的发展轨迹,探索团队断层的横向动态性及纵向动态性的演进过程。

第二,实证研究方面。采用扎根理论分析方法开发被激活的团队断层量表;采用实验室研究、田野实验及问卷调查的研究方法验证潜在团队断层的激活过程及其对创造力的效能机制;采用仿真模拟的方法模拟团队断层演进及子群体固化的发展轨迹;采用开放式任务实验的方法开展模拟团队断层演进的探索性研究。

第三,管理实践方面。检验不同类型团队断层的"双刃剑"效应,分析其形成的作用机制及情境影响,为管理者提供行之有效的建议。通过调整团队属性的构成配置,在团队成立初期预防断层的消极影响;通过积极的补救措施和情境因素的变革管理,削弱团队断层的消极影响;掌握团队断层潜在优势的发挥机制,合理利用知识型断层的效能优势激发团队断层的积极作用。

2. 拟解决的关键问题

第一,基于现有理论基础完善被激活团队的测量工具。本研究虽然没有开创性的对被激活团队断层的测量量表进行开发,但是却全面地分析并总结了现有测量工具的利弊,指出了现有量表的局限性。为了弥补现有研究在测量工具上的不足,研究团队基于现有研究,完善被激活团队断层的测量量表,进一步推广其在一般管理情境中的适用性。

第二,为探索不同类型团队断层的激活过程及其效能进行科学、规范的实验设计。在探索不同类型团队断层激活过程的研究中,本研究基于夯实的理论基础与实验研究经验,深入分析激活过程因团队断层类型不同而存在的差异性。在此基础上,通过实验研究,严格控制实验流程,尽可能全面地操纵对研究结果产生影响的一切外部因素开展实验与调查研究。分别通过招募大学生参与特定任务,利用 MBA 学员的课堂教学项目设计任务,以及联合企业中工作团队的培训项目进行多类型实验研究。研究过程符合实验研究的规范性要求,同时实现在实验任务的设计、实验流程的控制上与参与者进行合理的匹配。

第三,在现有理论体系的基础上基于事件系统理论构建团队断层研究的新框架。事件系统理论强调事件、时间与空间属性对研究实体的影响,为团队断层激活过程及其效能的研究,特别是团队断层的演进与子群体固化的发展轨迹分析提供了全新的视角。本研究在此基础上,提出了团队断层研究的新框架:在事件属性上,探索不同类型团队断层的激活过程及断层强度的差异性;在时间属性上,探索断层的持续性与定续模式对子群体固化形态的影响;在空间属性上,探索断层的类型重合对子群体固化形态的影响,以此分析团队断层的演进过程及子群体固化的发展轨迹。

第四,通过多元化的研究设计,采用不同的研究方法,将团队断层的演进研究贴近现实管理情境。本研究采用多样化的研究方法探索团队断层的效能机制及演进过程。在研究设计方面,尽可能将研究问题贴近真实管理情境。在不同类型团队断层的激活过程,即断层横向动态性问题的讨论中,分别采用实验室实验、现场实验、田野实验及问卷调查的方法解决不同类型断层涉及的研究问题。为了避免因操纵带来的情境局限性,继续采用仿真模拟和开放性任务实验的方法进一步接近真实管理情境,以最大程度反映现实工作团队中团队断层的作用机制及演进过程。

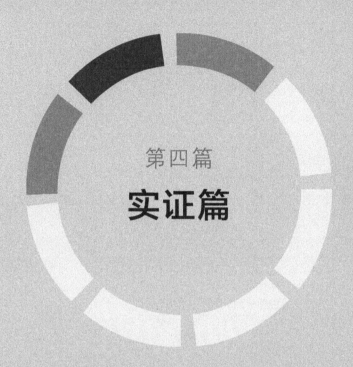

第四篇

实证篇

第九章

悖论型领导风格情境下团队断层与团队创造力的作用机制探究

本章介绍团队断层与团队创造力之间的关系,探讨团队分为整合在二者关系中的作用机制,以及悖论型领导在二者关系中的调节效应。

第一节　研究目的与研究内容

本研究着重于团队断层对团队创造力的影响。团队断层的存在使得子群体之间偏见与冲突加剧,团队成员之间信息交换与资源共享的意愿不足,这使得团队成员无法通过团队的积极互动与知识技能交流来实现创新性方案的产生,进而团队多样性的潜在好处被阻碍,团队创造力潜能不被激发。虽然已有部分实证研究探讨了团队断层对团队创造力的影响(Pearsall,2008),但相关研究依旧较少。由此,探究团队断层与团队创造力之间的关系成为本研究的目的之一。

同时,本研究引入团队行为整合作为中介变量,进一步探讨团队断层如何影响团队创造力,试图打开二者关系之间的"黑箱"。团队行为整合作为一项重要的团队过程变量,揭示了一个团队中团队成员互动过程的聚合程度,主要体现在团队合作行为水平、团队信息交换的质量与数量水平、团队集体决策三方面。各个方面之间相互强化从而全面地刻画了团队运作机制过程(Hambrick,1994)。有关团队行为整合的相关实证研究证实了团队内部人口学特征,如团队断层是影响团队行为整合的重要因素(Simsek et al.,2005),而行为整合也被证明会对团队创新等绩效带来积极效应(赵丙艳,2016)。鉴于团队断层与团队创造力之间的作用机制尚不明确,本研究以团队行为整合这一重要的团队过程变量为中介,去解释团队断层对团队创造力产生消极影响的机制。

最后,在不断发现强断层给团队绩效带来的消极效应的同时,基于中介机制及边界条件产生的特定情境,强断层带来的消极效应可能被削弱。识别团队断层与产出之间的调节变量成为团队断层研究的一项重要课题。例如,变革型领导被证实有助于减轻基于年龄形成的团队断层所造成的负面影响(Kunze & Bruch,2010)。团队具有极大的情境依赖性,团队领导作为一个团队中重要的情境因素,其自身的特质、行为等已被实证研究证明会影响员工或者团队的态度与行为,从而引导他们完成共同的目标(罗瑾琏 等,2017)。由此,本研究的第三个研究目的,在于探究团队领导在团队断层与团队创造力影响机制中的调节作用,尤其关注悖论型领导。因为日益复杂动态化的商业环境不仅使得工作团队中不可避免地存在团队断层现象,也让组织内部管理面临的矛盾日益突出且持久,权衡内部管理的悖论式问题是一个新的挑战。悖论型领导是一种能够综合使用看似矛盾但协调的领导行为以满足来自组织与员工提出的双重竞争需要,该领导风格强调对于复杂与矛盾的处理,被证明更能适应当前组织发展的需要(Lewis,2000)。本研究将悖论型领导界定为一种领导风格,探究悖论型领导所展现出来的领导行为及其表现对于团队断层与团队创造力关系的调节作用。悖论型领导所展现出来的整合矛盾性的行为表现,不仅能够应对团队内部"求同存异"的双重矛盾需求,而且起到了对下属的角色带领作用,帮助团队成员恰当处理与社会群体成员关系,进而缓和团队内部子群体差异所带来的团队断层强度。

综上,本研究基于团队"输入-过程-输出"模型构建出团队断层、团队行为整合、团队创造力,以及悖论型领导风格的被调节中介模型,以试图探究在领导风格情境下,团队断层对团队创造力的消极效应如何被削弱。

第二节　研究模型与研究假设

一、研究模型

本研究基于团队"输入-过程-输出"模型与最佳区别理论(Brewer,1991),构建有关团队断层、团队行为整合、团队创造力以及悖论型领导的理论模型,具体如图9-1所示。团队创造力效能的激发,需要通过接触团队内部成员不同的视角与思维来刺激自身发散性与灵活性思维,但是强团队断层带来子群体之间的冲突与偏见,团队成员之间信息交流与共享意愿程度降低,阻碍了团队成员之间的集体合作与决策,团队行为整合程度下降,使得团队成员之间无法通过团队积极互动与知识技能交流带来创造力效能激发优势,不利于团队创造力的提升,即团队断层通过降低团队行为整合程度对团队创造力产生消极影响。但是,团队具有情境依赖性,已有实证研究表明,团队断层的影响可能会随着情境的变化而变化,而团队领导在团队中所展现的领导风格是一项重要的团队情境因素。悖论型领导风格强调整合矛盾性与复杂性,其所创造的更加包容的团队氛围,能够满足个体对于求同与存异的双重矛盾需求,一定程度上弱化了子群体内部与子群体之间的差异性,使得团队成员对于整个团队的认同大于子群体的认同,带领整个团队朝着共同的目标前进,这使得团队断层通过团队行为整合影响团队创造力的消极效应得到缓解。

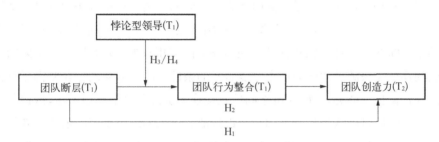

图 9 - 1　团队断层与团队创造力的作用机制模型

该理论模型旨在探索团队断层与团队创造力之间的关系,同时将团队行为整合作为中介变量来检验团队断层与团队创造力的作用机制,引入悖论型领导这一重要的情境因素作为调节变量,利用调节变量的权变效应发现团队断层中的潜在优势,挖掘出断层对创造力影响的边界条件。

二、研究假设

1. 团队断层与团队创造力的关系

团队创造力的研究主要依据团队"输入-过程-输出"模型,团队内部特征作为团队输入中的一项重要因素会对团队创造力产生影响。本研究探讨团队断层这一团队内部普遍存在的团队特征对团队创造力的消极影响。

团队成员基于自身感知到的团队成员之间多重特征组合差异,形成多个内部相似而彼此不同的子群体(Lau & Murnighan,1998),团队断层由此产生。基于最佳区别理论(Brewer,1991),在这种情况下,团队成员将更多的注意力放在团队成员之间的差异上,并根据差异将自己与他人划分为不同子群体,从而加剧了团队内部子群体之间的界限,子群体之间的偏见与冲突加剧,团队成员不愿意全面且深入地参与到团队共同任务的处理,不愿意跨过子群体界限自由地表达自身想法或进行协作(Cramton & Hinds,2004)

早期的研究指出,基于团队的工作形式是打开个体创造力的重要因素(Taggar,2002)。团队的工作形式使得个体能够接触到与自身异质的社会圈子,接受不同的视角与思维,这可以刺激到诸如发散性、灵活性思维等创造力产生的关键过程。与多样性的人进行交流与互动可以通过激发新的思维与防止群体思维来增强创造力(De Dreu & West,2001;Amabile et al.,2005)。团队创造力效能的激发,需要团队成员在团队中不断分享、整合自身所具有的知识与技能(王黎萤,陈劲,2010),通过接触团队内部成员不同的视角与思维来刺激自身发散性与灵活性思维,通过学习与交流来充分利用其他个体的各种技能与专业知识,在互动中不断探索出具有创新性的解决方案,带来团队创造力的提升。团队断层现象的存在无法满足团队创造力效能激发的条件。团队断层的存在使得子群体之间存在偏见与冲突,团队成员之间信息交换与资源共享的意愿不足,这使得团队成员无法通过团队的积极互动与知识技能交流来实现整个团队创造力效能的激发。Pearsall 等(2008)的研究表明,由性别差异导致的团队断层会激发团队冲突进而抑制团队创造力的提升。

基于以上分析,本研究提出假设 H_1:团队断层与团队创造力之间负相关,强团队断层不利于团队创造力的提升。

2. 团队行为整合的中介作用

团队行为整合反映团队互动过程的聚合程度,包括团队中信息交换的质量与数量水平、团队合作行为的水平及集体决策三个维度,各个维度相互强化从而全面地刻画了团队运作机制过程(Hambrick,1994)。有关团队行为整合的相关实证研究证实了团队内部人口学特征是影响团队行为整合的重要因素(Simsek & Lubatkin,2005),而行为整合也被证明会对团队创新等绩效带来积极效应(赵丙艳,2016;Tekleab,2016)。本研究基于团队"输入-过程-输出"模型,将团队行为整合作为中介变量,去探讨其在团队断层与团队创造力关系中的中介机制。

具体而言,团队创造力的提升需要基于团队成员之间开放且自由互动的基础上。通过与多样化的人的沟通与交流获得新的思维与视角,通过结合与批判性地改进自身的想法,并以更加有想象力的方式解决团队问题,提出创新性方案,从而进一步激发团队创造力(Amabile et al.,2005)。高度团队行为整合的团队以团队成员间开放且及时的信息沟通、习惯性的团队合作，以及共同决策为特征(Hambrick,1994)。团队行为整合是团队创造力产生所需要的团队互动过程。高度的团队行为整合意味着团队成员之间能够进行开放且自由地进行信息交流与共享，团队成员接触到多样化的人，丰富与拓展了自身思维与思考方式，进而参与到团队合作及团队共同问题的解决与决策，有利于团队创造力的激发。然而，当团队断层被感知到团队内部出现内部相对同质而彼此异质的子群体时，团队成员之间的行为整合变得不容易实现。随着被感知到的团队断层变强，团队成员将更多的注意力放在团队差异上，由于消极的分类过程，子群体成员间经历焦虑、敌意等消极情绪(Lau & Murnighan,2005)，产生团队冲突等负面团队过程(Li & Hambrick,2004)。这些负面因素的存在使得团队成员之间信息共享与交流的意愿变低，减弱了团队成员之间的合作与互动机会，阻碍了团队成员之间富有成效的讨论与集体决策，降低了团队行为整合强度，最终导致团队成员无法充分利用他们之间知识与技能多样化所能带来的创造力激发优势(Cramton & Hinds,2005)，进而抑制团队创造力的提升。基于以上分析，本研究假设团队断层通过团队行为整合对团队创造力产生消极影响。团队断层强度越大，团队行为整合程度越低，团队创造力水平越低。

基于以上分析，本研究提出假设 H_2：团队行为整合在团队断层对团队创造力的影响过程中起到中介作用。

3. 悖论型领导的调节作用

有关团队构成的研究发现，情境在很大程度上影响着团队构成对团队产出的影响。团队具有极大的情境依赖性，团队领导作为一个团队中重要的情境因素，其自身的特质、行为等已被实证研究证明会影响到员工或者团队的态度与行为，从而引导他们完成共同的目标(罗瑾琏 等,2017)。团队断层已有实证研究表明，在不断发现强断层给团队过程与产出带来的消极效应的同时，断层的影响可能会随着情境的变化而变化。团队成员在面对团队内部个体差异时会展现什么样的态度，以及做出什么样的行为会受到团队成员或者团队所处情境的影响(Flynn & Chatman,2001)。

基于团队"输入-过程-输出"模型，本研究引入领导风格作为调节变量来探讨团队断层对团队创造力的影响机制，尤其关注悖论型领导风格。这是因为当前日益复杂、动态且多样化的商业环境使得组织越来越利用工作团队的形式来开展工作进而不可避免地带来团队断层现象的同时，也让组织内管理面临的矛盾情况日益突出且持久，而强调整合复杂性与矛盾性的悖论型领导被证明更能适应当前组织发展的需要(Lewis,2000)。

悖论型领导是一种可以综合使用看似矛盾但协调的领导行为,以满足来自组织与员工提出的双重竞争需要的领导风格(Zhang et al.,2015)。具体到团队情境,悖论型领导则强调在团队异质性情况下,团队领导能够协调好团队内不同子群体之间的矛盾与冲突,从而保证整个团队的规范运转。悖论型领导所展现的领导行为的关键在于整合矛盾性与复杂性,能够承认个体对于同一件事物相互矛盾的观点,对相互矛盾的信息持开放性的态度,允许个体认知上的分化并在此基础上通过领导建立分化观点间的联系(Tadmor et al.,2009),进而更好地应对不同的矛盾需求。根据最佳区别理论,处于社会情境下的个体需要处理自我,以及自我与社会群体其他成员关系之间的平衡,在这一过程中个体总是趋向于寻求在相似性(归属感)和区分性(独特感)之间的最佳平衡(Brewer,1991)。当团队内的成员未实现这种最佳平衡时,也就是意味着他们在寻找相似性与区分性的过程中将更多的注意力放在团队成员之间的差异上,迫不及待形成组内相对同质而彼此异质的子群体,对于子群体内的认同大于对于整个团队的认同,团队断层的产生不利于团队成员之间的信息交流与互动,也即降低了团队行为整合。而悖论型领导,关键特征就在于整合矛盾性,是一种能够同时满足下属求同与存异双重矛盾需求,弱化了子群体内部与子群体之间的差异性的领导风格(金涛,2017)。

具体而言,悖论型领导在指导团队工作中保持着高控制与高自主,既掌握着重大战略与战术的方向以显示权威性,又允许员工持有一定自主性,保证了领导与员工在决策上的协调;在团队工作执行中,悖论型领导保持高标准与高灵活,既要求团内成员按照团队既定目标与行动标准一起解决团队事务,又允许团队成员保持一定灵活性,保证了团队内部高效地合作;在关系处理方面,悖论型领导对团内成员一视同仁的同时又包容他们的个性化特征,提高团队成员积极的心理弹性,启发他们能够以更加"适度"的态度去看待团队内差异,以及处理子群体成员之间的关系,保证团队内的信息交流与沟通。可见,悖论型领导所展现的领导行为在一定程度上缓解了由于团队断层所引起的子群体间信息共享与交流意愿不足,促进了团队内的集体决策、团队合作及信息交流,提高了团队行为的整合。同时,基于最佳区别理论,团队断层会导致子群体差异的显著性(Brewer,1991),而悖论型领导所创造的更加包容的团队氛围,满足了个体对于求同与存异的双重矛盾的需求,弱化了子群体内部与子群体之间的差异性,使得团队成员对于整个团队的认同大于子群体的认同,带领整个团队朝着共同的目标前进。团队认同作为个体自我概念的一部分,是个体在团队中对于自我定位的了解与认识,同时也伴随着该定位的价值与情感认知(Gaertner & Dovidio,2005)。团队成员对于整体团队的认同程度,可以促进团内的和谐关系,他们将对子群体所产生的积极感受扩展到外群体以至于整个团队,协调行为并交换信息(Haslam & Ellemers,2005),进而减弱了团队断层对于团队行为整合的消极影响。

基于以上分析,本研究提出假设 H_3:悖论型领导在团队断层与团队行为整合之间起到负向调节作用,悖论型领导水平越高,团队断层与团队行为整合之间的负向关系越弱。

4. 被调节的中介机制假设

本研究基于假设 $H_1 \sim H_3$ 的理论推导过程,更进一步地提出悖论型领导在团队断层通过团队行为整合影响团队创造力的间接关系中所起到的调节作用。具体而言,强团队断层使得团队内部子群体差异显著,子群体界限与偏见使得团队内部信息共享与交流的意愿不足,团队行为整合程度较低(Li & Hambrick,2005),使得团队成员不能够接触到多样化的思维与视角以激发灵活性创新思维,最终导致团队成员无法充分利用他们之间的知识与技能多样化所能带来的创造力激发优势,团队创造力不能够被激发。而团队断层所产生的影响会受到团队所处情境的影响(Lau & Murnighan,2005),悖论型领导的存在,满足成员求同与存异的双重矛盾需求,其所营造的更加包容的团队氛围使得团队成员对于整个团队的认同大于子群体认同,团队成员之间信息交流意愿加强,团队行为整合程度加强,进而激发团队创造力。已有实证研究表明,悖论型领导对员工及团队创造力(伍林,2017;金涛,2017)都具有正向影响,其中知识共享、知识整合(罗瑾琏,2015)起到中介作用。

基于以上分析,本研究提出假设 H_4:悖论型领导在团队断层通过团队行为整合影响团队创造力的间接关系中起到调节作用,悖论型领导水平越高,团队行为整合的中介效应越弱,团队断层对团队创造力产生的间接消极影响越弱。

三、研究设计

1. 问卷设计与变量测量

本研究基于文献回顾与分析建立了团队断层与团队创造力的研究模型,为验证模型的合理性及理论假设,以问卷调查为主要研究方法展开实证研究。本研究主要借鉴已发表的成熟量表，国外的量表采用标准的翻译和回译程序，确保翻译准确性。由于借鉴的是现有成熟量表，具有较高的信效度与研究领域中的权威性，所以在问卷发放之前不考虑做大规模的预调研，而是请相关研究领域的老师进行预评测，对题项描述不够清晰的进行修正，随机选择 10 个团队进行小规模预调研，根据数据结果对题项进行再次修正，最终形成正式调查问卷。而在测度选择方面，本次调查问卷采用 6 级利克特量表以避免中庸的回答，从"1"的"完全不同意"到"6"的"完全同意"。

本研究主要以团队作为调研基本单位，为了避免同源偏差（Podsakoff et al.，2003），问卷设计为团队领导和团队成员两份。其中，团队断层、团队行为整合及悖论型领导变量由团队成员进行自评式测量；团队创造力由团队领导对团队成员进行客观测评。所有变量在获得个体数据之后进行团队层面的聚合分析，汇聚成团队数据之后展开进一步的假设检验。

1）团队成员问卷设计

团队成员问卷主要由卷首语、题项构成。其中题项分为两个部分：第一部分为团队成员的人口统计学特征，包括性别、年龄、受教育程度、专业、工作年限、在团队工作时长、与领导共事时长；第二部分为主要变量测量，包括团队断层、团队行为整合、悖论型领导变量。

团队断层量表主要借鉴韩立丰（2013）开发的团队断层量表。与以往利用数理模型测量潜在的团队断层强度不同，该量表侧重于测量团队成员所感知到的团队断层，即被激活的团队断层，符合本研究对团队断层的界定。该量表包含 9 个题项，测量认同断层、资源断层及知识断层 3 个维度。题项包括"我们团队在工作中产生了小团体"等。

团队行为整合量表主要借鉴 Li 和 Hambrick（2005）编制的行为整合量表。该量表包含 4 个题项，用于测量团队行为中信息交换、合作水平和集体决策 3 个维度，题项包括"在团队决策时所有团队成员都能发声"等。

悖论型领导量表主要借鉴 Zhang 等（2015）开发的悖论型领导测量量表。该量表主要包含 22 个题项，测量悖论型领导 5 个方面表现：自我为中心和以他人为中心相结合（SO）；接近下属同时保持距离（DC）；一致对待下属又允许个性化（UI）；强化工作要求同时准许灵活性（RF）和保持决策控制同时允许自主权（CA）。国内学者罗瑾琏（2017）、付正茂（2017）等在实证研究中均采用此量表，具有良好的信度与效度。题项包括"我们团队领导表现出领导的欲望，但也允许其他人分享领导角色"等。

2）团队领导问卷设计

团队领导问卷主要由卷首语、基本信息、员工创造力量表构成。团队领导填写团队基本信息（团队成员数量、团队性质），并分别对团队成员进行创造力评价。创造力量表主要借鉴 Farmer 等（2003）开发的单维度创造力量表，主要包含 4 个题项，题项包括"该团队成员愿意率先尝试新的想法或方法"等。值得注意的是，该量表从创造力过程角度出发评价团队成员创造力，这符合本研究对于创造力的界定。同时，由于调研存在的某些客观原因，本研究不是选用团队创造力相关量表直接对整个团队的创造力表现进行整体评价，而是选择让团队领导对每一名团队成员的创造力进行评价，通过取平均值的聚合方式得到团队创造力评分，该数据通过团队聚合检验则可以进入下一步分析，已有实证研究证实这种处理方式存在合理性（Shin & Zhou，2007；Chang et al.，2014）。

2. 调研实施与数据收集

调研以我国内蒙古某高新稀土技术开发园区为主要对象，选取该园区近 20 家入驻企业，在获得被调研企业相关领导许可与支持的前提下展开现场调研。本研究以团队为基本调研单位，将"同一个领导的员工"的工作汇报对象定义为"一个团队"。同时，本研究尤其将调研对象确定为与创造力相关的知识型工作团队，如研发团队、技术支持团队、营销团队等。这是因为本研究的主要结果变量为团队创造力，而知识型员工的工作一般需要创造性思维的产生来完成任务，且由于工作需要，他们与领导的互动会更为频繁，更容易受到团队领导风格的影响，契合本研究将悖论型领导作为调节变量的研究模型。

在发放问卷之前，先和被调研企业的人力资源部门工作人员一同随机挑选调查对象，总共锁定了 92 个工作团队，每个团队由 1 名主管与 3～10 名成员构成。为了避免共同方法偏差（Podsakoff et al.，2003），本次调研具有两方面特点：① 数据来源不同。本研究为团队领导和下属分别设计了两份独立的问卷，团队领导的问卷发放给团队领导者，下属的问卷发放给团队成员。团队成员问卷采用纸质问卷形式，每个问卷都有一个识别号，保证下属的问卷可以与其直接领导的评价相匹配。在调研过程中，团队成员聚集在指定会议室填写纸质问卷，在此之前他们会被保证此次调查仅用于学术研究，并不涉及企业自身商业机密等，同时保证问卷的匿名性与保密性。团队领导问卷则以电子问卷形式发送至团队领导邮箱，领导对下属的创造力进行评分，并被期望在收到问卷的一周内填写完毕问卷并返回到被调研企业的人力资源管理部门相关对接人。② 发放时间不同。本研究分开发放这两份独立的问卷,时间间隔为一个月。在时间1(2019年6月),团队成员填写团队成员调查问卷;而在时间2(2019年7月),领导者对下属的创造力进行评分。

此次现场调研共调研了92个团队,包括92个领导与335个成员。实际回收88个团队数据,包含88个领导与335个成员,问卷回收率分别为95.7%与100%。对填写不认真、数据不完整,以及配对失败的问卷进行剔除后,留下80份有效团队数据,包括80个领导与291个成员,问卷有效率分别为90.9%与86.9%,达到预期回收效果,可以进入接下来的数据分析。

四、数据分析与假设检验

1. 描述性统计分析

本研究对整理完毕的有效问卷数据进行描述性统计分析,主要包括性别、年龄、受教育水平等人口统计学特征变量及团队构成特征。本研究侧重对团队成员的人口统计学特征进行分析,结果如表9-1、表9-2所示。

表9-1 团队成员的描述性统计表($N = 291$)

变　　量	类　　别	频　　数	百　分　比
性　　别	男	166	57%
	女	125	43%
年　　龄	小于25岁	15	5.2%
	25～35岁	137	47.1%
	36～45岁	95	32.6%
	45岁以上	44	15.1%
受教育程度	大专及以下	43	14.8%
	大学本科	145	49.8%
	硕士	93	32%
	博士及以上	10	3.4%

（续表）

变　量	类　别	频　数	百分比
受教育学科	文史哲法艺	32	11%
	管理学与经济学	137	47.1%
	理工学	108	37.1%
	农医军学	14	4.8%
工作年限	1 年及以下	14	4.8%
	2～5 年	44	15.1%
	6～9 年	65	22.3%
	10 年及以上	168	57.7%
团队工作时长	6 个月以下	25	8.6%
	6～11 个月	24	8.2%
	1～3 年	96	33%
	4 年及以上	146	50.2%
领导共事时长	6 个月以下	29	10%
	6～11 个月	31	10.7%
	1～3 年	118	40.5%
	4 年及以上	113	38.8%

表 9-2　团队的描述性统计表（N=80）

变　量	类　别	频　数	频　率
团队数量	3 人及以下	31	10.7%
	4～6 人	87	29.9%
	7～9 人	96	33%
	10 人及以上	77	26.5%

变　　量	类　　别	频　　数	频　　率
	咨询/管理	34	11.7%
	研发/技术	66	22.7%
团队性质	生产/采购	36	12.4%
	营销/企划	71	24.4%
	财务/人事行政	42	14.4%
	其　　他	42	14.4%

在性别与年龄方面,此次问卷调查对象的男女比例基本相当,且以 25～45 岁的中青年为主(25～35 岁占比 47.1%,36～45 岁占比 32.6%);受教育程度方面,整个研究对象的学历水平较高,其中大学本科占比 49.8%,而硕士学历占比 32%;从团队成员工作时间上看,团队成员工作年限相对较长,其中工作 10 年及以上成员占到 57.7%,远远高于团队成员在团队工作时长与领导共事时长,成员在团队工作时长基本在 1 年以上(1～3 年占比 33%,4 年以上占比 50.2%),而与领导共事时长也基本集中在 1 年以上(1～3 年占比 40.5%,4 年以上占比 38.8%)。而在团队构成方面,所调查到的团队性质多样且平均,涉及研发技术、营销策划等,而团队规模则基本在 4 人及以上(4～6 人占比 29.9%,7～9 人占比 33%,10 人及以上占比 26.5%)。

2. 信度分析

信度被定义为一个测量工具免于随机误差影响的程度,是用于评价测量是否稳定可靠的指标。信度主要分为组合信度、重测信度、复本信度、内部一致性信度等。其中,内部一致性信度(Cronbach's alpha 系数),常用来检验管理学中各量表内部指标之间的一致性。按照 Nunnally(1978)对信度标准的建议,Cronbach's alpha 系数越高,量表信度越大。一般认为一份好的量表,其 Cronbach's alpha 系数要高于 0.8,在 0.7 与 0.8 之间属于比较好,0.6 与 0.7 之间尚可接受。本研究采用 IBM SPSS 22.0 软件对有效样本数据进行信度分析,结果如表 9-3 所示。由表 9-3 可知,本研究的量表整体具有较高的信度(0.935),团队断层、团队行为整合、团队创造力、悖论型领导四个变量的 Cronbach's alpha 系数分别为 0.892、0.908、0.894 和 0.862,可见,本研究所涉及的量表具有很好的信度,可以进一步实证研究。

表 9 - 3　各量表信度分析（$N=291$）

变　　　量	Cronbach's alpha 系数	基于标准化项的 Cronbach's alpha 系数	题　　项
团队断层	0.892	0.886	9
团队行为整合	0.908	0.913	4
团队创造力	0.894	0.897	4
悖论型领导	0.862	0.986	22
量表总体	0.935	0.950	39

3. 效度分析

效度指的是测量工具是否真实测量出构念本身，主要包括内容效度、内部结构效度等。内容效度是对测量题目是否合适的主观性评价，本研究涉及的 4 个量表皆为具有权威性的成熟量表，被国内外学者验证了具有很高的信效度，因此具有较好的内容效度。而内部结构效度指的是测量工具所得到的数据结构是否与我们对构念的预期结构相一致。因子分析是判别结构效度的重要工具，本研究主要采用探索性因子分析（EFA）与验证性因子分析（CFA）来进行验证。

1）探索性因子分析

变量之间具有较高的相关性是做因子分析的前提。KMO 样本测度和 Bartlett's 球体检验是检验变量间相关性的两个指标。KMO 值大于 0.7，表示适合做因子分析；若低于 0.5，则不适合做因子分析。本研究采用 IBM SPSS 22.0 软件先对 4 份量表进行 KMO 样本测度和 Bartlett's 球体检验，再运用主成分分析法提取因子，使用 Varimax 正交旋转法进行因子抽取，进而得到数据分析结果。

由表 9 - 4 可知，团队断层量表的 KMO 值为 0.870（>0.7），且 Bartlett's 球体检验非常显著（$p<0.01$），说明样本数据适合做因子分析。使用 Varimax 正交旋转法抽取因子，得到三维因子结构（见表 9 - 5）。各因子载荷均在 0.6 以上且不存在交叉负载现象，具有较好收敛效度。根据理论构思和因子拟合情况，我们得到预期的 3 个因子：认同断层、资源断层和知识断层。3 个因子累计解释 79.429% 的方差变异量。

表 9 - 4　团队断层量表的 KMO 值与 Bartlett's 球体检验

KMO 样本测度		0.870
Bartlett's 球体检验	卡方近似值	1 659.73
	df.	36
	Sig.	0.000

表 9 - 5　团队断层变量旋转后因子载荷表

变　量		因子载荷系数		
		因子 1	因子 2	因子 3
认同断层	TF1	0.877	0.272	0.110
	TF2	0.860	0.302	0.068
	TF3	0.818	0.266	0.076
资源断层	TF4	0.390	0.814	0.123
	TF5	0.270	0.884	0.174
	TF6	0.265	0.864	0.164
知识断层	TF7	0.245	0.379	0.665
	TF8	0.108	0.119	0.871
	TF9	0.041	0.252	0.813
解释变异量		28.288%	30.724%	20.416%
累计解释变异量		79.429%		

由表 9 - 6 可知,团队行为整合量表的 KMO 值为 0.839($>$ 0.7),且 Bartlett's 球体检验非常显著($p <$ 0.01),说明样本数据适合做因子分析。使用 Varimax 正交旋转法抽取因子,得到单维因子结构(见表 9 - 7)。各因子载荷均在 0.7 以上且不存在交叉负载现象,具有较好收敛效度,累计解释 79.328% 的方差变异量。

表9-6　团队行为整合量表的 KMO 值与 Bartlett's 球体检验

KMO 样本测度		0.839
Bartlett's 球体检验	卡方近似值	831.445
	df.	6
	Sig.	0.000

表9-7　团队行为整合变量旋转后因子载荷表

变　　量		因子载荷系数
团队行为整合	TBI1	0.837
	TBI2	0.891
	TBI3	0.933
	TBI4	0.899
累计解释变异量		79.328%

由表9-8可知,创造力量表的 KMO 值为 0.754(> 0.7),且 Bartlett's 球体检验非常显著($p < 0.01$),说明样本数据适合做因子分析。使用 Varimax 正交旋转法抽取因子,得到单维因子结构(见表9-9)。各因子载荷均在 0.8 以上且不存在交叉负载现象,具有较好收敛效度,累计解释 76.363% 的方差变异量。

表9-8　创造力量表的 KMO 值与 Bartlett's 球体检验

KMO 样本测度		0.754
Bartlett's 球体检验	卡方近似值	756.538
	df.	6
	Sig.	0.000

表 9 - 9　创造力变量旋转后因子载荷表

变　　量		因子载荷系数
创造力	C1	0.861
	C2	0.856
	C3	0.916
	C4	0.861
累计解释变异量		76.363%

由表 9 - 10 可知,悖论型领导量表的 KMO 值为 $0.940(>0.7)$,且 Bartlett's 球体检验非常显著($p < 0.01$),说明样本数据适合做因子分析。使用 Varimax 正交旋转法抽取因子,得到五维因子结构(见表 9 - 11)。各因子载荷均在 0.6 以上且不存在交叉负载现象,具有较好收敛效度。根据理论构思和因子拟合情况,我们得到预期的 5 个因子:自我为中心和以他人为中心相结合(SO);接近下属同时保持距离(DC);一致对待下属又允许个性化(UI);强化工作要求同时准许灵活性(RF);保持决策控制同时允许自主权(CA),五个因子累计解释 78.517% 的方差变异量。

表 9 - 10　悖论型领导量表的 KMO 值与 Bartlett's 球体检验

KMO 样本测度		0.940
Bartlett's 球体检验	卡方近似值	6083.541
	df.	231
	Sig.	0.000

表 9 - 11　悖论型领导变量旋转后因子载荷表

变　　量		因子载荷系数				
		因子 1	因子 2	因子 3	因子 4	因子 5
自我 VS 他人	PL1	0.773	0.191	0.303	0.185	0.123
	PL 2	0.873	0.148	0.150	0.138	0.197

（续表）

变　　量		因子载荷系数				
		因子 1	因子 2	因子 3	因子 4	因子 5
自我 VS 他人	PL3	0.674	0.181	0.373	0.019	0.289
	PL4	0.632	0.194	0.274	0.022	0.276
	PL5	0.711	0.351	0.233	0.002	0.317
接近 VS 距离	PL6	0.263	0.691	0.324	0.028	0.305
	PL7	0.214	0.832	0.251	0.067	0.197
	PL8	0.209	0.664	0.269	0.141	0.374
	PL9	0.182	0.710	0.324	0.189	0.176
一致 VS 个性	PL10	0.225	0.272	0.695	0.283	0.359
	PL11	0.127	0.216	0.793	0.24	0.270
	PL12	0.199	0.253	0.727	0.184	0.289
	PL13	0.163	0.298	0.681	0.247	0.292
	PL14	0.136	0.109	0.805	0.24	0.317
标准 VS 灵活	PL15	0.287	0.030	0.302	0.677	0.319
	PL16	0.072	0.132	0.100	0.847	0.186
	PL17	0.079	0.325	0.226	0.674	0.305
	PL18	0.277	0.197	0.068	0.657	0.218
控制 VS 自主	PL19	0.117	0.215	0.236	0.114	0.752
	PL20	0.240	0.101	0.223	0.029	0.803
	PL21	0.221	0.075	0.303	0.249	0.699
	PL22	0.104	0.173	0.282	0.139	0.744
解释变异量		17.847%	14.116%	18.034%	13.912%	14.608%
累计解释变异量		78.517%				

注："自我 VS 他人"表示"自我为中心和以他人为中心相结合"；"接近 VS 距离"表示"接近下属同时保持距离"；"一致 VS 个性"表示"一致对待下属又允许个性化"；"标准 VS 灵活"表示"强化工作要求同时准许灵活性"；"控制 VS 自主"表示"保持决策控制同时允许自主权"。

2) 验证性因子分析

验证性因子分析(CFA)是带有假设性检验性质的分析方法,它强调在考虑误差的情况下,检验观测数据与假设的测量模型契合的程度,常用于检验已有成熟量表,可通过结构方程模型(SEM)实现。本研究在前文已通过探索式因子分析(EFA)得到变量预期结构,为进一步验证量表的结构效度,本研究采用AMOS 21.0 软件对四个关键变量进行验证性因子分析,并采用 Hu 和 Bentler (1995)提出的拟合指数评价标准来判断模型拟合程度的优劣。由表 9 - 12 可知,本研究涉及的四个变量的各项拟合指标基本符合评价标准,具有较好结构效度。同时,通过比较假设因子模型与其他几个备选因子模型来检验变量之间的区分效度。由表 9 - 13 可知,相比于其他备选因子模型,假设的四因子模型拟合程度最好(χ^2 / df $=2.34$,CFI $=0.93$,NFI $=0.96$,RMSEA $=0.05$,RMR $=0.05$),变量之间具有较好区分效度,可以进一步分析。

表 9 - 12　各变量验证性因子分析拟合指标($N=291$)

拟合指数	评价标准	团队断层	团队行为整合	团队创造力	悖论型领导
χ^2 / df	<5,越小越好	2.86	2.07	2.26	1.56
CFI	>0.9,越接近 1 越好	0.96	0.99	0.99	0.91
NFI	>0.9,越接近 1 越好	0.97	0.97	0.98	0.92
RMSEA	<0.05,越小越好	0.05	0.03	0.02	0.05
RMR	<0.05,越小越好	0.05	0.02	0.03	0.04

表 9 - 13　验证性因子分析比较($N=291$)

模　　型	χ^2 / df	CFI	NFI	RMSEA	RMR
假设的四因子模型: TF, TBI, TC, PL	2.34	0.93	0.96	0.05	0.05
备选的三因子模型: TF, TBI+TC, PL	4.32	0.78	0.71	0.06	0.07
备选的二因子模型: TF, TBI+TC+PL	4.82	0.67	0.56	0.10	0.11
备选的单因子模型: TF+TBI+TC+PL	7.38	0.59	0.45	0.21	0.21

注: TF = 团队断层;TBI = 团队行为整合;TC = 团队创造力;PL = 悖论型领导。

4. 聚合检验

本研究主要是基于团队开展,研究关注基于团队层面的变量。由团队断层、团队行为整合、团队创造力,以及悖论型领导的定义方式及问卷测量方式可知,这 4 项变量可以通过共同一致模型及参照转移模型来测量。由于在这一类测量中,数据的来源是个体,研究中需要将收集到的个体层面数据聚合到团队层面进行接下来的假设检验分析,一般实证研究的处理方法是将团队内个体的数据通过取均值的方法汇聚到团队层面,并需要达到团队意见的一致性。本研究也将采取均值的方法将收集到的变量个体数据聚合为团队数据。同时借鉴陈晓萍等(2018)在《组织与管理研究的实证方法》一书中对于团队意见一致性的检验标准,即团队聚合需要满足 3 个指标:组内一致度系数 R_{wg}、组内相关系数 $ICC(1)$ 与 $ICC(2)$。一般认为,R_{wg} 值大于 0.70,说明组内一致性达到可以接受的标准。在使用 R_{wg} 到团队评分时,每一个团队都会有一个 R_{wg} 值,因此,在本研究中,需要求出所有团队的 R_{wg} 值并取均值,进而判断变量的组内一致性。而对于 $ICC(1)$ 则一般要求大于 0.05,要求 $ICC(2)$ 大于 0.50(Bliese,2000)。3 个指标的计算公式如下所示:

$$R_{wg(j)} = J(1 - s_j^2 \text{ 的均值} / \sigma_{EU}^2) / [J(1 - s_j^2 \text{ 的均值} / \sigma_{EU}^2) + s_j^2 \text{ 的均值} / \sigma_{EU}^2]$$

$$ICC(1) = (MSB - MSW) / (MSB + (k-1) * MSW)$$

$$ICC(2) = [k * ICC(1)] / [1 + (k-1) * ICC(1)]$$

其中,J 为量表题项数量,s_j^2 为第 j 道题上的方差,σ_{EU}^2 为期望方差;MSB 为平均组间方差,MSW 为平均组内方差,k 为平均组员。

本研究参考以上计算公式,得到各变量的团队聚合检验指标值,结果如表 9-14 所示。可见,本研究主要变量的聚合检验指标值基本符合聚合条件,数据可以聚合到团队层面,本研究计算出各团队个体层次的团队断层、团队行为整合、创造力及悖论型领导变量的平均值,以此作为该团队的团队层面数据进入之后的分析。

表 9-14　主要变量的团队聚合检验指标

变　　量	$Mean\ R_{wg}(j)$	$ICC(1)$	$ICC(2)$
团队断层	0.94	0.28	0.57
团队行为整合	0.93	0.42	0.71

（续表）

变　　量	Mean $R_{wg}(j)$	ICC(1)	ICC(2)
团队创造力	0.95	0.28	0.57
悖论型领导	0.84	0.27	0.55

5. 相关分析

在进行假设检验之前,本研究首先运用 IBM SPSS22.0 软件对所有变量进行相关性分析,以 Pearson 相关系数为测量指标。同时,为了避免团队成员的一些基本人口统计学特征(性别、年龄、受教育程度、团队工作时长、领导共事时长),以及团队基本特征(团队规模)对本研究主要变量之间关系的干扰,本研究将以上变量作为控制变量并一起进入之后的相关分析与假设检验。表 9-15 显示了本研究所包含的控制变量及四个主要变量的均值、标准差以及相关系数。其中,团队断层与团队创造力($r = -0.27$, $p < 0.05$)、团队行为整合($r = -0.31$, $p < 0.01$)显著负相关;团队行为整合与团队创造力显著正相关($r = 0.58$, $p < 0.01$);悖论型领导与团队行为整合($r = 0.73$, $p < 0.01$)、团队创造力($r = 0.68$, $p < 0.01$)显著正相关。这些结果与研究假设的方向一致,为假设检验提供了初步证据。

6. 假设检验

1) 主效应检验

为检验主效应,即团队断层与团队创造力的关系,本研究使用 IBM SPSS 22.0 软件进行线性回归分析。以团队创造力作为因变量,第一步放入控制变量,第二步放入自变量团队断层,结果如表 9-16 所示。由表 9-16 的模型 2 可知,在控制了性别、年龄等团队成员人口学特征变量以及团队规模这一团队特征变量之后,团队断层对团队创造力具有显著的负向影响($\beta = -0.24$, $p < 0.05$)。模型 R^2 为 0.30,意味着控制变量与团队断层一起显著解释了团队创造力 30% 的变化原因,且该回归方程通过 F 检验($F = 4.32^{***}$)。由此,本研究假设 H_1 得以验证,即团队断层与团队创造力存在负相关关系。

2) 团队行为整合的中介作用检验

为了检验团队行为整合的中介效应,本研究遵循 Baron 和 Kenny(1986)检验中介作用的四步骤方法:① 自变量与中介变量显著相关;② 自变量与因变

表 9-15 均值、标准差以及相关系数表

变量	均值	标准差	1	2	3	4	5	6	7	8	9	10
(1) 性别	1.44	0.34										
(2) 年龄	2.57	0.54	-0.33**									
(3) 受教育程度	1.79	0.51	-0.07	0.19								
(4) 团队工作时长	3.24	0.58	-0.35**	0.64**	0.11							
(5) 领导共事时长	3.08	0.57	-0.23**	0.50**	0.19	0.85**						
(6) 团队规模	3.11	0.79	-0.35**	0.36**	0.04	0.14	-0.04					
(7) 团队断层	3.68	0.75	-0.19	0.11	0.34**	0.04	0.16	-0.05	(0.89)			
(8) 团队行为整合	4.86	0.61	-0.14	0.16	-0.08	0.36**	0.28*	0.28*	-0.31**	(0.91)		
(9) 悖论型领导	4.78	0.58	-0.10	0.17	-0.16	0.34**	0.22	0.31**	-0.30**	0.53**	(0.86)	
(10) 团队创造力	4.74	0.65	-0.32**	0.07	-0.28*	0.18	0.06	0.28*	-0.27*	0.48**	0.49**	(0.89)

注：① $N=80$（团队）；

② $*p<0.05$，$**p<0.01$，$***p<0.001$；

③ 对角线上的值为 Cronbach's alphas 值；

④ 控制变量被编码为虚拟变量，下同。性别：“1”=男，“2”=女；年龄：“1”=小于25岁，“2”=25—35岁，“3”=36—45岁，“4”=45岁以上；受教育程度：“1”=大专及以下，“2”=大学本科，“3”=硕士，“4”=博士及以上；团队工作时长：“1”=6个月以下，“2”=6—11个月，“3”=1—3年，“4”=4年及以上；团队规模：“1”=3人及以下，“2”=4—6人，“3”=7—9人，“4”=10人及以上。同时，本研究将控制变量个体数据通过取均值的方式聚合为团队数据进入分析，下同。

表 9 - 16　主效应检验表

	团队创造力	
	模型 1	模型 2
控制变量:		
性别	-0.24^*	-0.30^*
年龄	-0.18	-0.15
受教育程度	-0.29^{**}	-0.22^*
团队工作时长	0.28	0.15
领导共事时长	-0.08	0.02
团队规模	0.23	0.20
自变量:		
团队断层		-0.24^*
F	4.08^{**}	4.32^{***}
R^2	0.25	0.30
$\triangle R^2$	/	0.05

注：① $N = 80$(团队)；② * $p < 0.05$, ** $p < 0.01$, *** $p < 0.001$。

量显著相关；③ 中介变量与因变量显著相关；④ 当中介变量进入方程,自变量与因变量之间的关系发生变化,变得不显著(表明完全中介)或者显著性减弱(表明部分中介)。

由表 9 - 17 可知,剔除了控制变量的影响后,团队断层与团队行为整合显著负相关(见模型 3, $\beta = -0.32$, $p < 0.01$);团队断层与团队创造力显著负相关(见模型 4, $\beta = -0.24$, $p < 0.05$);团队行为整合与团队创造力显著正相关(见模型 5, $\beta = 0.54$, $p < 0.001$);当中介变量团队行为整合进入回归方程后,团队断层对团队创造力的影响变得不显著(见模型 6, $\beta = -0.08$, $p > 0.05$),而团队行为整合对团队创造力的影响依旧显著(见模型 6, $\beta = 0.51$, $p < 0.001$),同时, R^2 上升 0.18,表明整个模型对因变量团队创造力变化的解释增加了 18%。同

时,团队断层、团队行为整合的变异膨胀系数 VIF 皆小于 2,回归模型不太可能受多重共线性的影响。本研究进一步使用参数自助法(Parameter-based Bootstrapping)进行重复抽样(重复抽样 10 000 次),进而得到中介效应的效应值,以及该效应值的置信区间,当 95％纠正偏差的置信区间不包含 0 时,该效应值显著。数据结果显示,团队行为整合在团队断层与团队创造力的中介效应显著[效应值为－0.16,95％置信区间(－0.36,－0.10)不包含 0]。综合以上数据分析结果,本研究假设 H_2 得到验证,即团队行为整合在团队断层与团队创造力的关系中起到中介作用。

表 9–17　中介作用检验表

	团队行为整合	团队创造力			VIF
	模型 3	模型 4	模型 5	模型 6	VIF
控制变量:					
性别	−0.03	−0.30*	−0.27**	−0.28**	1.36
年龄	−0.20	−0.15	−0.05	−0.05	2.08
受教育程度	−0.02	−0.22*	−0.23*	−0.21*	1.18
团队工作时长	0.25	0.15	0.05	0.02	5.79
领导共事时长	0.22	0.02	−0.13	−0.09	4.70
团队规模	0.30*	0.20	0.05	0.05	1.53
自变量:					
团队断层	−0.32**	−0.24*		−0.08	1.41
中介变量:					
团队行为整合			0.54***	0.510***	1.45
F	4.59***	4.32***	9.17***	8.05***	/
R^2	0.31	0.30	0.47	0.48	/
△R^2	/	/	/	0.18	/

注:① $N = 80$(团队);② * $p < 0.05$,** $p < 0.01$,*** $p < 0.001$。

7. 悖论型领导的调节作用检验

为检验悖论型领导的调节作用,本研究遵循温忠麟等(2005)检验调节效应的三步骤法,依次在回归模型中加入控制变量、自变量与调节变量、自变量与调节变量的乘积交互项。若交互项的回归系数显著,则调节作用成立。本研究通过 IBM SPSS 22.0 软件分析的数据结果,如表 9 - 18 所示。

表 9 - 18　调节作用检验表

	团队行为整合			
	模型 7	模型 8	模型 9	VIF
控制变量:				
性别	-0.24^*	-0.33^{***}	-0.36^{***}	1.38
年龄	-0.18	-0.05	-0.00	2.10
受教育程度	-0.29^{**}	-0.15	-0.19	1.22
团队工作时长	0.28	-0.12	-0.21	6.12
领导共事时长	-0.08	0.01	0.04	4.65
团队规模	0.23	0.00	-0.01	1.54
自变量:				
团队断层		-0.08	-0.04	1.39
调节变量:				
悖论型领导		0.65^{***}	0.55^{***}	1.65
交互项:				
团队断层×悖论型领导			0.26^{**}	1.44
F	4.08^{**}	12.70^{***}	13.56^{***}	/
R^2	0.25	0.59	0.64	/
$\triangle R^2$	/	0.34	0.05	/

注:①$N = 80$(团队);②$^*\,p < 0.05$,$^{**}\,p < 0.01$,$^{***}\,p < 0.001$;③交互项为团队断层与悖论型领导去中心化乘积结果。

由表 9-18 模型 8 可见,回归方程引入自变量团队断层及调节变量悖论型领导,整个模型对于团队行为整合方差变异量增加 34%,且悖论型领导的回归系数显著 ($\beta = 0.65$, $p < 0.001$)。模型 9 中,引入团队断层与悖论型领导的乘积交互项,整个模型解释力度再次增加 5%,并且交互项的回归系数显著 ($\beta = 0.26$, $p < 0.01$),说明悖论型领导在团队断层与团队行为整合的关系中起到调节作用。同时,团队断层、悖论型领导,以及两者交互项的变异膨胀系数 VIF 都小于 2,回归模型不太可能受多重共线性的影响。由于交互项的显著性只能够证明悖论型领导的调节作用成立,且交互项的符号并不能指代出悖论型领导的调节作用方向,即未反映出悖论型领导是如何去调节团队断层与团队行为整合的关系,本研究进行简单斜率检验,绘制悖论型领导的交互作用图(见图 9-2)以验证其调节效应方向。由图 9-2 可见,当悖论型领导水平低时,团队断层对团队行为整合的负向影响显著 ($\beta = -0.24$, $p < 0.01$),当悖论型领导水平高时,团队断层显著正向影响团队行为整合 ($\beta = 0.13$, $p < 0.05$),说明悖论型领导水平越高,团队断层与团队行为整合之间的负向关系越弱,悖论型领导负向调节团队断层与团队行为整合的关系。假设 H_3 得到验证。

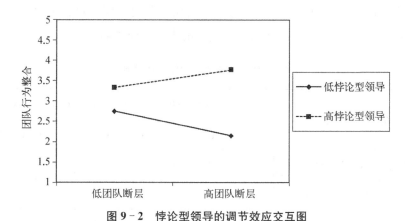

图 9-2　悖论型领导的调节效应交互图

8. 被调节的中介机制检验

为检验被调节的中介机制,本研究遵循 Preacher 等(2007)检验被调节中介作用成立需要满足的 4 个条件:① 自变量与因变量显著相关;② 调节变量在自变量与中介变量之间起到显著调节作用;③ 中介变量与因变量显著相关;④ 中介变量在自变量与因变量之间的中介作用的显著性,受调节变量不同条件取值下(均值加减一个标准差 $M \pm 1 SD$)的影响,该条件是检验被调节中介效应的关键。

在前文中,有关主效应的假设检验,即团队断层与团队创造力显著负相关(见表 9 - 16 模型 2),满足条件①。有关调节作用的假设检验,即悖论型领导在团队断层与团队行为整合的关系中起到负向调节作用(见表 9 - 18 模型 9),满足条件②。有关中介作用的假设检验涉及团队行为整合与团队创造力正相关(见表 9 - 17 模型 5),满足条件③。

为了验证条件④,即检验悖论型领导这一调节变量在不同条件取值下团队行为整合中介效应的显著性。本研究采用 IBM SPSS 22.0 软件中的 PROCESSOR 插件,运用参数自助法(parameter-based bootstrapping)进行重复抽样(重复抽样 10 000 次),进而得到被调节中介效应的效应值及该效应值的置信区间,当 95％纠正偏差的置信区间不包含 0 时,该效应值显著。

由表 9 - 19 可知,在低悖论型领导水平情况下 $(M-1SD)$,团队行为整合在团队断层与团队创造力之间的中介效应显著(效应值为 -0.35,95％置信区间 $[-0.56, -0.02]$ 不包含 0)。而在高悖论型领导水平情况下 $(M+1SD)$,团队行为整合在团队断层与团队创造力之间的中介效应变得不显著(效应值为 -0.04,95％置信区间 $[-0.22, 0.15]$ 包含 0)。由此,条件④满足,假设 H_4 得到验证,即悖论型领导调节了团队行为整合在团队断层与团队创造力之间的中介作用,悖论型领导水平越高,团队行为整合的中介效应越弱。

表 9 - 19　被调节中介作用检验表

调 节 变 量	团队断层(X)→团队行为整合(M)→团队创造力(Y)		
	效应值	Boot LLCI	Boot ULCI
高悖论型领导($M+1SD$)	-0.04	-0.22	0.15
低悖论型领导($M-1SD$)	-0.35	-0.56	-0.02

注:Boot LLCI 与 Boot ULCI 表示经由参数自助法获得的 95％置信区间最小值与最大值。

第三节　研究结论、研究启示、研究局限与研究展望

一、研究结论

基于文献回顾与相关理论,本研究构建了理论模型用以探究团队断层与团

队创造力之间的关系。为了更好理解二者的关系,引入团队行为整合这一重要的团队过程变量,以此探索该变量在团队断层与团队创造力关系中所起到的中介作用;引入悖论型领导这一关键的团队情境变量,以此探索团队断层与团队创造力关系中存在的边界条件。为了验证理论模型与研究假设,本研究展开多时间点多数据来源为特征的现场问卷调查,共收集到 80 个团队数据,包括 291 个团队成员。采用 IBM SPSS 22.0,以及 AMOS 等软件对有效数据进行信效度分析、回归分析等,数据结果有效验证了本研究所构建的理论模型,以及提出的理论假设,具体研究结论包括:

(1)团队断层与团队创造力负相关。团队内存在的强团队断层使得子群体之间偏见与冲突加剧,团队成员之间缺乏积极互动与交流,不利于团队成员接触到多样化思维与想法,进而不利于团队创造力的提升。

(2)团队行为整合在团队断层与团队创造力的关系中起到中介作用。团队成员感知到的团队断层强度越大,其在团队内部进行信息交流与共享的意愿程度降低,团队成员之间缺乏有效的集体合作与决策,团队内部行为整合程度降低,这使得团队成员之间无法通过团队积极互动与知识技能交流带来创造力效能激发优势,不利于团队创造力的提升。

(3)悖论型领导在团队断层与团队行为整合的关系中起到负向调节作用。在悖论型领导水平低的团队,随着团队断层强度的增加,团队行为整合下降,而随着悖论型领导水平的提高,团队断层对于团队行为整合的负向影响下降,乃至于出现正向作用。这就意味着,团队领导所展现出来的悖论型领导行为,能够在一定程度上缓解团队断层对团队创造力的消极效应,起到本研究预期的调节作用。

(4)悖论型领导在团队断层通过团队行为整合影响团队创造力的间接关系中起到负向调节作用。悖论型领导水平越高,团队行为整合的中介效应越弱,团队断层对团队创造力产生的间接消极影响越弱。

本研究所得到的结论,在理论以及管理实践方面都具有一定的价值。

二、研究启示

1. 理论启示

本研究探索了团队断层与团队创造力之间的关系,并探讨了团队行为整合在二者关系中的作用机制,以及悖论型领导在二者关系中的调节效应。与以往

关于团队断层对团队过程及产出的影响研究相比,本研究的理论启示主要表现为以下三点:

(1) 团队多样性研究中所存在的"双刃剑"效应使得其需要寻找新的视角,而团队断层是其重要突破口之一,二者紧密相关却也相互区别。相比于团队多样性强调团队成员单个特征的数量,团队断层则重视团队成员多重特征之间的组合与集中程度。虽然 Lau 和 Murnighan(1998)在其最初有关团队断层的研究中阐述了被激活团队断层的重要性,并强调与潜在的团队断层相比,被激活的团队断层对于团队过程与产出的影响更明显,但是大多数的研究还是集中于探讨基于客观的人口学特征差异(如性别、年龄、国籍等)形成的团队断层,且主要采取数理模型对团队断层强度进行测量。这些模型虽然一定程度上有效推进了团队断层相关实证研究,但是存在难以解决的问题。识别需要放入数理模型进行测量的断层指标,会根据团队所处的具体情境不同存在差异,这就要求针对每一个情境给出针对性特征集合,这加大了团队断层模型构建上的难度以及实际操作上的挑战。为了寻求团队断层测度有效性,学者们倡导由潜在断层的数理计算向被激活断层的构念测量转变(Lau & Murnighan,2005),更多重视团队成员所实际感知到的团队中的断层现象。本研究响应以上号召,区分潜在的团队断层与被激活的团队断层,并着重于探讨被激活的团队断层对于团队创造力的影响。值得注意的是,当我们强调团队断层从客观结构转为主观感知时,就意味着团队断层的测量方法也需要随之发生变化,即使用量表代替数理模型对团队断层进行测量。由此,本研究也将采用量表测量方式以替代传统的数理模型测量方式,测量被团队成员所感知到的团队断层。

(2) 团队断层作为团队重要内部特征之一,对团队创造力的影响不可避免。通过团队断层的相关文献回顾,我们发现,虽然已有大部分研究探讨了团队断层对团队产出变量的影响,如团队绩效等,但是有关团队断层与团队创造力的相关实证研究依旧较少,且二者之间的作用机制并不明确,黑箱子亟待打开(Thatcher & Patel,2012)。本研究基于理论文献及相应逻辑推理构建了二者之间的关系假设,并证实了团队断层对团队创造力的消极影响,研究结果进一步丰富了有关二者关系的实证研究。同时,本研究验证了团队行为整合在团队断层对团队创造力的影响机制中的中介效应。这个研究结果一方面弥补了团队断层与团队创造力之间关系作用机制的缺乏,另一方面也丰富了团队行为整合概念在一般团队中的可行性操作,进一步完善行为整合的相关研究。具体而言,行为整合的概念是从高管团队的运作过程研究中演化而来的,理论上有关团队行为整合的相关研究应该基于高管团队展开的。但实际上,诸多学者受调查的局限性大多采用了经理级别的团队或其他级别团队。诚然,这为团队行为整合走下高台,应用于探讨其在一般团队的作用机制提供了可能性。但是行为整合的作用机制在一般团队中是否仍然有效,还需要开展更多实证研究进行验证。鉴于企业内部团队运作方式已经成为常态,将团队行为整合应用于一般团队变得非常有必要。本研究以一般团队为调研对象,证实了团队行为整合在一般团队中亦能发挥作用,验证行为整合在一般团队中的有效性。

(3)大部分现有有关团队断层的实证研究都在探讨团队断层的消极效应,积极效应研究少之甚少。但是,如何削弱团队断层所带来的消极效应才是企业管理实践关注的重要事项。通过回顾团队断层相关文献,我们可以发现,由于相关的中介机制及边界条件的作用,在特定的情境下,强断层带来的消极效应是有可能得到削弱的。这就意味着,对一些工作团队整体所可能接触到的重要情境因素进行考量与探究能够在一定程度上帮助我们了解团队断层可能具有的潜在优势。团队领导作为一个团队中重要的情境因素,其自身的特质、行为等已被实证研究,证明会影响到员工或者团队的态度与行为(罗瑾琏 等,2017)。本研究引入领导风格这样的情境,探究并验证了悖论型领导在团队断层通过行为整合影响团队创造力的作用机制中所起到的调节作用,更全面且系统地验证了整个模型的被调节中介机制。这个研究结论有助于更加全面地理解团队断层与团队创造力之间的关系,丰富相关实证研究。同时,也证实了在悖论型领导风格这样一个情境下,团队断层对团队创造力的消极效应是可以得到削弱的,本研究结果为团队管理者提供了对于团队断层更为乐观的看法。

2. 实践启示

本研究在理论层面探究了团队中普遍存在的团队断层现象是否、如何,以及何时会对团队创造力造成影响,研究结果为组织如何有效管理工作团队提供了以下实践启示:

(1)随着商业环境的日益复杂多变,工作团队逐渐替代个人工作形式成为组织更为青睐的经营运作单位(Kozlowski & Ilgen,2006)。随着全球化进程的加快,工作场所日渐多元化,工作团队的多样性也日渐增强,不同思想与技能的碰撞有助于创造力的诞生,但同时也会形成基于不同原因导致的各个子群体的存在(即团队断层现象)。研究与实践表明,团队断层在组织中普遍存在,且能够对团队过程与产出带来深远影响(Thatcher & Patel,2012)。本研究表明,团队断层对团队行为整合这一团队过程变量及团队创造力这一团队产出变量都具有负向影响。因此,如何减弱团队断层所带来的消极影响,进而有效管理工作团队成为组织需要重视的问题。

第一,重视团队构成特征,学会合理组建团队来提前预防团队断层。团队断层是团队构成特征的重要表现,团队成员之间的相似性与差异性若没有得到合理的考量,有可能会带来严重的团队断层现象,子群体的存在会直接影响整个团队的效能激发。因此,合理考量团队成员的相似性与互补性从而有效配置团队是团队成功的关键要素之一,尤其是刚组建工作团队时,团队管理者需要加以重视。例如,组建交叉分类的团队。组织在组建工作团队时可以考虑创建一个交叉分类的团队(Spoelma & Ellis,2017)。交叉分类的团队中,团队成员之间存在交叉的个人特征,这就削弱了团队内部成员差异的重合性与集中性,使团队内部不易形成特征相对集中的子群体,也就削弱了团队断层。在这样的团队中,团队成员更重视彼此之间知识与技能的交流而不是子群体间的微弱差异,从而发挥团队多样性的潜在优势。

第二,当工作团队中出现断层现象时,学会科学应对。据调查显示,团队断层在工作团队中普遍存在,因此,与其消极地放任不管,采取科学应对方式才是王道。例如,团队断层具有不同类型,团队管理者可以先通过团队成员的一些基本信息,诸如性别、年龄、受教育程度、职位职级等信息来初步判断团队断层的类型。若属于社会分类断层,则可以考量依据团队成员的性别等人口统计学基本特征进行团队内部成员调整。若是属于信息加工断层,则团队管理者可以考量以团队成员的受教育程度等背景进行成员调整,或进行团队的再配置。

第三,通过设立共同目标等方式来增强团队集体认同感。当团队成员所感知到的团队集体认同感大于子群体内部认同感,团队成员更容易减少子群体间的界限与偏见,投入到对于整个团队的贡献中去,进而削弱团队断层强度。一个具体明确、有价值、可实现并能被团队所感受的共同目标,能够为团队成员提供奋斗方向,激励团队成员朝着这一共同目标不断努力,在不断提升自我效能及团队绩效的同时,还能够带来团队成员对于团队集体认同感的增强。值得注意的是,共同目标实现的过程中,需要伴之以物质和精神双方面的激励。团队管理者一方面可以建立弹性沟通机制、给予物质奖励等手段来激励成员;另一方面也需要通过沟通与交流等方式来在精神上感化团队成员,让他们意识到团队集体使命感与认同感。

（2）基于团队"输入-过程-输出"模型，本研究证实了团队行为整合这一重要团队过程变量在团队断层与团队创造力关系中的中介作用机制，即团队断层通过团队行为整合影响团队创造力。由此，在探讨如何减弱工作团队中的团队断层问题的同时，如何增强工作团队中的行为整合强度也是能够一定程度上缓解团队断层对团队创造力的消极影响。团队行为整合，强调团队成员之间的信息交换的数量与质量水平、合作水平及集体决策（Hambrick，1994），因此，任何有利于提高这三个维度的组织策略都有助于提高团队行为整合。

第一，识别并注重团队成员行为整合意识及行为整合能力的培养。一方面，在组建团队之初就要全面考量团队成员的相关素质，通过相对应的选拔工具来识别出成员的沟通能力、协作意识等有利于团队行为整合的综合素质特征，使得组建出的团队能够更高效地进行团队行为整合；另一方面，对于已经组建的工作团队，提供有关行为整合的培训，开设有关沟通意识、信息共享技巧、集体决策流程等的培训课程，鼓励团队成员参与其中并有所收获。

第二，构建有利于团队行为整合提高的团队运作机制。团队管理者需要设计更高效的沟通机制、信息共享机制等来为团队成员的行为整合构建氛围与便利条件。团队组建初期就要经常组织团队活动，加强成员之间彼此了解与认识，明确彼此之间的互补知识与技能，进而在接下来的工作开展中能够彼此有意识地协作。

第三，团队多样性是存在于许多组织中的现实状况，且越来越普遍。因此，探索出行之有效的策略来处理团队断层的"双刃剑"效应，削弱团队断层消极影响的同时利用到多样化工作团队的真正潜力，成为组织的关键事项（Lau & Murnighan，2005）。本研究探讨了悖论型领导这一工作团队中的重要情境因素，并证实了悖论型领导在团队断层通过团队行为整合对团队创造力产生的消极影响中存在调节作用。当悖论型领导越强，行为整合的中介作用越弱，团队断层对团队创造力的消极影响越弱。本研究结果为团队管理者提供了对于团队断层更为乐观的看法，也就是说，被激活的团队断层不一定会破坏团队过程与产出。团队管理者可以通过改变一些团队情境因素来削弱团队断层的负面影响，如提高团队中的悖论型领导水平。

第一，组织可以在招聘与选拔、培训、绩效考核与薪酬奖励等人力资源管理实践中将团队领导行为的悖论特征纳入考量。例如，在选拔团队领导时通过特定的选拔工具来识别出应聘者身上所具有的悖论特征并优先选择；对于现有的团队领导开设有关领导力的培训项目；在绩效考核以及薪酬奖励时加入团队领导的悖论行为相关的指标，旨在鼓励与促进团队领导展现更多的悖论型领导风格。

第二，为适应复杂矛盾的商业环境，团队领导要有意识加强自身的悖论思维进而展现出悖论领导行为。悖论型领导以整合复杂性与矛盾性为主要特征（Zhang et al.，2015）。实践证明，单一的领导行为已经无法适应现实商业环境，团队领导需要意识到并采取行动去改变现有的单一思维。一方面，团队领导可以通过组织开展的培训或自我学习方式来获得有关整合复杂性思维的知识与技巧；另一方面，团队领导要将学习到的相关知识运用到真实的工作场景中，有意识地学会悖论思维来看待工作中遇到的既对立又统一的状况。

三、研究局限与研究展望

本研究在回顾已有实证研究成果的基础上构建团队断层、团队行为整合、团队创造力，以及悖论型领导的被调节中介模型，采用问卷调查法收集数据，数据分析的结果进一步验证了理论模型及研究假设。本研究在收获一定程度上的理论启示及实践启示的同时，也存在一定局限，值得未来进一步探讨。

（1）本研究虽然在发放问卷时也收集了有关团队成员的人口学信息可用于团队断层的数理模型分析，但研究还是仅仅利用了基于量表所测量出的数据进行统计分析，进而得出有关被激活的团队断层对于团队创造力影响的研究结论。未来的研究可以考虑利用数理模型计算团队断层强度，然后与利用量表测量的团队断层进行比较研究，进一步探究二者之间在影响团队过程乃至产出等变量中是否存在差异。

（2）本研究有关团队断层的变量全部基于团队层面，不论是中介变量、因变量还是调节变量都局限在团队层面，而未考虑更高层级，如组织层面变量，或是更低层级（如个体层面变量）在团队断层研究中的应用。未来的研究可以考虑团队断层的跨层次研究，如探讨团队断层对于团队成员个体创造力的影响。同时，本研究仅仅从团队过程出发探究了团队断层对团队创造力的中介作用机制，未来的研究可以考虑从不同的视角出发，如心理安全感（Spoelma & Ellis，2017）等动机视角、团队交互记忆系统（Dau，2016）等认知视角。同样地，除团队领导这一关键情境变量会对团队断层与创造力的关系产生影响之外，未来的研究可以考虑探究其他情境因素或是更高层次的情境变量,如组织支持(Georgakakis et al.,2017)等。

(3)本研究样本主要来源于特定地域(内蒙古)与特定行业(稀土)背景下的工作团队,虽然调查团队基本满足本研究对于调查样本的要求,但是研究结果的外部效度及普适性依旧存在一定欠缺。未来的研究可以考虑扩大样本的收集范围,从全国具有代表性的省份中基于一定的抽样比例选取组织中的工作团队作为调研样本,以进一步提高研究结果的外部效度。

第十章

团队断层对员工工作投入的多层次影响研究

本章主要探究团队断层对员工工作投入的影响,并考虑团队层面的情境因素(即包容型领导)的调节效应。团队断层是一种假想的分界线,它根据个体(多样性)属性将团队分为两个或多个子群体,对团队过程和结果会产生负面影响。结合多元化文献,以社会认同理论和最佳区别理论为基础,以 337 名中国的酒店员工为研究对象,采用多时间点收集的 102 个工作团队的数据,对团队断层是否、如何以及何时影响酒店一线员工的工作投入进行了研究。研究结果表明,团队断层对酒店一线员工的工作投入有显著的负向影响,而个体感知的心理安全感在二者之间起到中介作用。包容型领导通过心理安全感调节了团队断层与员工工作投入之间的间接关系,从而提供了一个更积极的视角,即确实可以采取一定措施来调节团队断层对员工工作投入带来的负面影响。这项研究为理解团队断层对酒店一线员工工作投入的影响机制提供了深入的见解。不仅对学术界有所启示,也为酒店行业的管理实践提供了有益的建议。

第一节　研究背景

全球化和快速变化的商业环境使多元化团队在工作场所越来越受欢迎(Haas & Mortensen,2016)。多元化的团队通常由来自不同国家、不同文化、不同年龄段、不同性别和教育背景的人组成(Van Knippenberg & Mell,2016)。一方面,多样化的团队带来了创造力(O'Reilly et al.,1998);另一方面,它也给团队的有效管理带来新的挑战(Agrawal,2012),其中一个挑战是增加的多样性可能会导致团队断层。团队断层指的是假设的分界线,根据两个或更多个个人属性的一致性,如年龄、性别、种族、教育程度或其他的个人属性,将团队划分为两个或更多个子群体(Thatcher & Patel,2012)。尽管大多数团队断层研究集中于两个或两个以上人口统计属性的一致性(Lau & Murnighan,2005;Li & Hamrick,2005),但实际上一致性可以发生在人口统计属性和非人口统计属性之间,如人格属性(Rico et al.,2007;Lau & Murnighan,1998)。尽管商业世界越来越强调多样性和包容性,但许多研究结果表明,团队断层会导致团队凝聚力降低和冲突加剧,从而对团队成员的满意度和绩效产生负面影响。此外,当子群体较少、团队成员不接受多样性时,团队断层更容易产生负面影响。正如社会认同理论所解释的那样,团队断层引起的差异会加剧子群体之间的分裂和冲突(Tajfel & Turner,1986),反过来会对团队过程和结果产生负面影响,如团队学习、创新和凝聚力(Lau & Murnighan,2005;Teklead et al.,2016;Chen et al.,2013)。

现有的团队断层研究倾向于优先考虑其对团队水平结果的影响。有限的研究探讨了团队断层如何影响个体层面的结果,如心理困扰(Jehn & Bezrukova,2010)和组织承诺(Chung et al.,2015)。此外,只有少数研究考虑了酒店背景(Murnighan & Lau,2017)。然而,酒店和其他餐饮组织特别适合研究团队断层,主要有以下几方面原因:① 酒店的服务是无形的和易逝的,服务的生产和消费是同时发生的且异质的(Zeithaml & Bitner,2018),服务不仅涉及顾客和一线员工的密切协调,还涉及其他团队成员的支持(Ma & Qu,2011)。因此,当涉及提供高质量的服务和创造客户满意度时,酒店员工无论是个人还是团队都是至关重要的。② 大多数领先的酒店集团都是在全球范围内运营,会雇佣多元化的员工以服务多元化的客户(Koss-Feder,2019),这也使得团队的断裂带不可避免。③ 服务-利润链相关文献也强调了创造员工满意度的重要性,与团队成员和睦相处是员工满意度和幸福感的重要来源。因此,研究团队断层如何影响酒店员工的感知和绩效是很重要的。Harris 和 Ogbonna(2002,2006)发现缺乏员工工作投入是服务失败的主要原因。工作投入的员工对组织来说是有价值的资产,尤其是在酒店行业,因为这些员工在日常运营和服务交付方面做出有意义的贡献(Bakker & Leiter,2011)。之前的研究也发现,员工工作投入与多种积极成果相关,包括工作场所创新、工作满意度、角色外绩效、顾客忠诚度和顾客满意度(Harter et al.,2002;Demerouti et al.,2015),因此,工作投入的员工对酒店组织的成功运营至关重要。尽管越来越多的研究关注工作投入(Harter et al.,2002;Saks,2006;Macey & Schneider,2008;Li & Hsu,2016;Xu et al.,2020),但是很少有研究表明团队断层如何影响酒店员工的工作投入。因此,我们的研究将集中于团队断层对酒店一线员工工作投入的影响。

我们引入心理安全感作为团队断层与酒店员工工作投入之间关系的中介变量。根据 Kahn(1990)的定义,心理安全感是个体对自己的身份、形象和职业不会被负面评价的信念。感觉到心理上的安全感是至关重要的,因为它可以促进员工在工作中的认知、身体和情感上的投入(Christian et al.,2011)。然而,由断层引起的团队冲突可能破坏个体的心理安全感(Spoelma & Ellis,2017),对员工的表现(包括工作投入)造成伤害。为了解决团队断层对员工心理安全感和工作投入的负面影响,领导者可以发挥重要作用。特别是当领导者具有包容性,表现为满足下属需求、寻求共同点并理解差异,以包容、开放和公正的方式对待每个下属时(Shore et al.,2018;Carmeli et al.,2010),下属更有可能感到得到支持和心理上的安全感,从而减轻团队断层对员工结果的负面影响(Javed et al.,2017)。因此,我们提出,包容型领导可以作为团队断层、员工心理安全感和工作投入之间关系的调节变量。领导者的包容性不仅可以通过减轻团队断层对心理安全感的负面影响,还可以为员工提供一个更加积极、有益的工作环境。

基于社会身份、多样性和领导力文献,我们提出了一个将包容型领导视为调节变量,关于团队断层、员工心理安全感和工作投入的被调节的中介理论模型(见图 10-1)。该研究可以从三个角度做出贡献:① 以社会身份视角并将其与多样性文献联系起来,研究填补了在酒店情境中团队断层研究的空白;② 提出并经验性地测试了团队断层的潜在机制,酒店一线员工如何通过将心理安全感视为中介来影响工作投入;③ 研究将包容型领导作为一个边界条件,可以减弱团队断层对员工工作投入的负面影响,从而为团队领导提供更为乐观的视角,即确实可以采取一定措施减轻团队断层的负面影响。

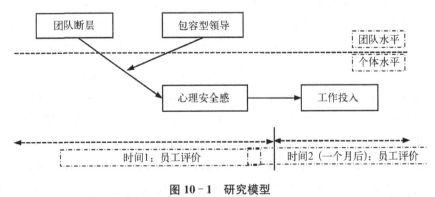

图 10-1 研究模型

第二节　理论框架与假设提出

一、工作投入

工作投入指的是个体员工在工作时身体、认知和情感上的联结程度(Kahn，1990)。Schaufeli 等(2002)认为,对工作高度投入的员工通过活力、专注和奉献表现出积极的与工作相关的心态(Schaufeli et al.，2002)。Schaufeli 等(2002)认为,活力是一个人在工作中所投入的体力和认知的力量和努力。Bakker 和Demerouti(2008)认为,专注是一种全神贯注地致力于工作的认知状态,奉献是指个人对工作的显性热情和意义性感知。已经观察到大量的研究工作以确定工作投入的前因,这些前因可以从内部和外部进行划分。就内在因素而言,工作中的自主性和控制力、同事和主管的支持,以及学习机会都与工作投入有积极关系(Karatepe et al.，2010；Simpson，2009；Bakker et al.，2007；Jung & Yoon，2018)。至于外部因素,如薪酬、奖励(Zeng et al.，2009；Simpson，2009)和培训(Karatepe，2013),通常被认为是与工作投入呈正相关。

工作投入也被发现与一些理想的个人和组织成果呈正相关。在酒店业中,Sak(2006)发现工作投入与情感承诺正相关。工作投入也被发现与内在奖励(Macey & Schneider，2008)、领导-成员交换关系(Erdogan & Bauer，2014)和员工创新行为(Jung & Yoon，2018)呈正相关。例如,Macey 和 Schneider(2008)发现,工作投入度较高的员工更有可能在实现目标时感到心理价值,在工作中找到意义感,从而体验到成就感。酒店基层一线工作的特点是工作时间长、工资低,很难通过保健因素来激发酒店员工的工作投入(Hsiao et al.，2017)。另外,外在的工作要素,如良好的同事、主管和认可,是员工工作投入的重要激励因素(Centers & Bugental，1966)。在工作场所多样性增加的情况下,团队断层的存在是不可避免的,而外在因素如包容型领导等,会对员工工作投入存在一个有意义的影响,这将在后续部分详细讨论。

二、团队断层和工作投入

团队是员工以群体为单位,其中"人才、能量和技能被整合在一起""这种集体的创新能力比个人贡献的总和更大"(Chen et al.，2007)。团队成员在不同的多样性维度上存在差异,如个人维度、内部维度(年龄、性别、种族等)、外部维度(婚姻状况、习惯、收入、地域来源等)和组织维度(职位、部门等)。随着组织变得越来越多元化,尤其是在酒店行业,对多元化团队的有效管理提出了新的挑战。尽管多样性被认为能够增强团队的创新能力(De Dreu & West,2001),但大量证据表明,多样性冲突也会阻碍团队的创造力(Argote & McGrath,1993)。团队断层是动态的和依赖于情境的(Murnighan & Lau,2017)。在团队形成的早期阶段,断层更可能是基于人口统计属性(Lau & Murnighan,1998)。随着团队成员之间的互动越来越深入和频繁,由表面特征引起的团队断层变得越来越弱,而更深层次的个人特征,如价值观、人格、兴趣和爱好则变得越来越重要(Homan et al.,2007)。大多数研究都是从社会认同理论的角度来讨论团队断层的负面影响(Tajfel & Turner,1986)。研究人员认为,断层会导致团队成员内部分化,产生若干子群体,从而在组织公民行为(Choi & Sy,2010)、团队满意度(Sawyer et al.,2006)和创新(Chen et al.,2017)方面对团队过程和产出产生负面影响(Lau & Murnighan,1998)。

由于团队是酒店组织的基本工作单位,员工之间的互动频繁,因此研究酒店的团队断层尤为有意义。强团队断层的存在会导致子群体之间缺乏信息共享,员工之间的建设性意见可能被视为恶意批评或威胁,所有这些都可能导致任务和员工关系冲突(Thatcher & Patel,2012),并增加心理困扰(Jehn & Bezrukova,2010)。同时,当个体对其子群体的认同感高于整个团队时,团队凝聚力也会受到损害(Tekleab et al.,2016),导致对组织的承诺和忠诚降低(Chung et al.,2015)。所有这些由团队断层带来的负面影响无疑会对个人与同事之间的关系产生负面影响,造成不和谐的工作氛围,最终损害员工的工作投入。

因此,我们提出假设Ⅰ:团队断层与酒店一线员工的工作投入呈负相关。

三、个体心理安全感的中介作用

心理安全感指的是如果个体真实地呈现自己,其地位、职业和形象不会受到负面影响的一种信念(Kahn,1990)。心理安全感影响个体的内在动机(Carmeli et al.,2010),并独特地解释了个体的感知或信念转化为外部表达的过程(Chughtai,2016)。因此,在实证研究中,它经常被用作中介变量。Kahn(1990)认为心理安全感是员工工作投入的必要条件。心理安全感水平高的员工可以更加投入到他们的工作中去,不担心可能的消极后果。心理安全感对于促进员工的情感、认知和身体投入至关重要(Christian et al.,2011;Frazier et al.,2017)。

然而,糟糕的团队气氛会损害员工的心理安全的感知。心理安全感更容易受到情境因素的影响,而不是个人因素,包括人际关系、群体动力和领导能力(Kahn,1990)。我们认为酒店的团队断层会影响酒店员工个人的心理安全感知。根据社会认同理论(Tajfel & Turner,1986),员工由于社会分类意识,会倾向于认同自己的子群体,并在社会比较过程中倾向于夸大子群体之间的差异,从而导致子群体之间的偏见。后者损害了子群体之间的信息共享和倾听建设性意见的意愿,同时夸大了子群体之间感知到的威胁和不必要的竞争(Thatcher & Patel,2012)。这种紧张会让员工担心,如果真实地表现自己,他们可能会被负面评价,导致心理安全感下降(Spoelma & Ellis,2017)。团队断层使员工在团队内感到心理安全水平较低,从而对培养员工的工作投入产生负面影响。

因此,我们提出假设Ⅱ:心理安全感在团队断层与酒店一线员工工作投入的负向关系中起中介作用。

四、包容型领导的调节作用

一些实证研究表明,由于相关的边界条件,团队断层的负面影响可能会减弱(Homan et al.,2007;Cronin et al.,2011),这表明团队断层是依赖于情境的(Murnighan & Lau,2017)。鉴于团队领导者在员工的工作生活中扮演着至关重要的角色,我们的目的是检验某些领导风格是否可以作为调节团队断层负面影响的关键边界条件。包容型领导确保所有团队成员都感到自己受到重视,受到公平和尊重的对待,并使得员工有一种归属感。包容型领导者重视公平和关怀的关系(Rusch,1998),并相信每个人都应该有机会建言和为组织做出贡献(Ryan,1999)。他们通过展示对多样性和包容性的明确承诺,表现得谦虚、开放,并为他人创造做贡献的空间和机会。他们能意识到自己的个人偏见,具有高水平的文化智商,并愿意在领导过程中授权他人(Bourke & Espedido,2019)。我们发现,包容型领导的这些特点和品质与我们的研究情境高度相关。

最佳区别理论强调的两个基本动机——归属感和独特感,驱使人们建立信任的关系和认同一个更广泛的集体,同时努力保持在群体的独特性和差异(Hornsey & Jetten,2004)。最佳区别理论源于社会认同理论和自我分类理论,描述了个体在管理自己与社会群体成员的关系时,努力在归属感(相似性)和唯一性(独特性)之间取得最佳平衡(Brewer,1991)。该理论已被广泛用于解释个体-团队关系或动态,即个体如何在不丧失其独特性和价值的前提下,确认群体规范和身份(Hornsey & Jettern,2004;Hyatt & Andrijiw,2008;Leonardelli et al.,2010)。归属感的动机解释了为什么个体会认同群体中的规范和规则,而唯一性的动机则有助于解释为什么组织中存在团队断层。

包容型领导强调公平,给每个人机会,承诺多样性和包容性(Ryan,1999),可以让个人感到被纳入组织的一部分,并削弱子群体内部和子群体之间的差异。因此,包容型领导有助于个体在社会比较中减少夸大子群体之间差异的可能性。通过包容型领导,可以减少子群体之间的分裂和偏见,从而削弱团队断层,同时增加员工的心理安全感(Javed et al.,2017)。另外,由包容型领导营造的包容性氛围和和谐的人际关系(Carmeli et al.,2010)使员工感到,当他们真正表现自己时,他们可能会受到更少的负面评价。换句话说,员工会感知到更高水平的心理安全感(Javed et al.,2017),并更专注于他们的工作。反之,如果领导包容性水平低,子群体之间矛盾冲突更加显现,因而个体更容易关注到子群体之间的差异。如果领导不能及时减少由团队断层引起的子群体之间的冲突,员工的心理安全感会大幅度降低,从而导致员工减少工作投入。

因此,我们提出假设Ⅲ:包容型领导通过心理安全感调节团队断层与酒店一线员工工作投入之间的间接关系,在更高的包容型领导下,团队断层与酒店一线员工工作投入之间的负向关系减弱,相反,在更低的包容型领导下,团队断层与酒店一线员工工作投入之间的负向关系增强。

第三节 研究方法

一、调查样本与数据收集

在这次调查中,我们选择酒店一线员工作为研究对象,并调查了位于中国东南部三个主要城市9家酒店的工作团队。为了达成研究目的,调查的每个团队由一个领导者(或主管)和几个成员(数量从3到10人不等)组成,调查在团队层面上进行。问卷的附信指出参与者的回答会被保密,并为每个问卷提供了一个可密封的信封。为了避免常见的共同方法偏差(Podsakoff et al.,2003),数据在不同的时间收集。在时间1(2019年4月),员工填写了一份调查问卷,测量团队断层,评价直接领导者的包容型领导力和他们的心理安全感。问卷还包括人口统计信息(年龄、性别、教育程度和公司任期)。在时间2(2019年6月),员工对自己的工作投入进行打分。所有的参与者都要完成调查,并在两周内单独将其归还给位于各自人力资源部门,放进一个指定的信箱。

调查共发放问卷400份,共涉及120个团队,共回收102个团队的364份问卷,回收率为91%。剔除不完整问卷后,回收有效问卷337份,有效回收率为92.6%。在被调查的酒店员工中,男性占46.1%,女性占53.9%。以36岁以下居多(25岁以下占据31.3%,25～35岁占据61.2%)。在教育背景方面,60.3%的人受过大学以下的教育,而29.6%的人完成了他们的学士学位。在公司任期方面,58.7%在6个月以下,19.3%在1～3年之间,14.4%在3年以上。平均团队人数规模为3.31(标准差=0.57)。这一样本的分布特点使得我们的研究结果更具有一般性,能够更好地反映酒店一线员工的整体情况。

二、测量方法

问卷是根据之前验证过的测量量表设计的。所有的原始测量都是英文的,并使用Brislin(1986)的翻译和反向翻译程序翻译成中文。我们采用利克特五级量表,从"1"到"5"表示"非常不同意"到"非常同意"。

1. 团队断层

团队断层的测量采用了Han(2013)开发的9个题项的量表。与先前用来测量团队断层的数学模型不同,该量表强调了个人对团队断层的主观感知。一个例子是:"我们的团队在工作过程中创建了一些小组。"Cronbach's alpha系数为0.91。鉴于团队断层是一个团队层面的结构,但由个体来评估,我们将一个团队的个体数据聚合成团队层面的数据。我们使用R_{wg}、$ICC(1)$和$ICC(2)$指标来评估该结构的测量是否具有足够的组内一致性和组间异质性(James et al.,1993;Bliese,2000)。团队断层的$ICC(1)$和$ICC(2)$值分别为0.28(>0.05)和0.57(>0.50)。团队断层的团队间$R_{wg}(j)$的平均值为0.94(>0.70)。我们计算了每个团队个体层面的团队断层数据的平均值,并将其作为后续分析的团队层面数据。

2. 心理安全感

心理安全感的测量采用Edmondson(1999)开发的7个题项的量表。这个测量的一个示例陈述是："如果我在这个团队中犯了一个错误,它经常会对我不利。"该量表的 Cronbach's alpha 系数为 0.93。

3. 工作投入

工作投入的测量采用 Schaufeli 等(2006)开发的 9 个题项的量表(UWES-9)。这个测量的一个示例陈述是："我对我的工作充满热情。"该量表的 Cronbach's alpha 系数为 0.89。

4. 包容型领导

包容型领导的测量使用 Carmeli 等(2010)开发的 9 个题项的量表,该量表的示例陈述为:"我的团队领导对新思想持开放态度。"Cronbach's alpha 系数为 0.92。由于包容型领导是一个由个体评估到团队层面的构建,因此通过计算每个团队的平均值来聚合个体层面的数据,同时满足 R_{wg}、$ICC(1)$ 和 $ICC(2)$ 指标(James et al., 1993; Bliese, 2000)。包容型领导的 $ICC(1)$、$ICC(2)$ 和 $R_{wg}(j)$ 均值分别为 0.27(> 0.05),0.55(> 0.50)和 0.84(> 0.70)。

5. 控制变量

为了防止我们的发现被错误地归因于各种背景特征和人口统计变量(Li & Hambrick, 2005; Thatcher & Patel, 2012),如性别、年龄、教育以及团队相关特征(Jehn & Bezrukova, 2010; Murnighan & Lau, 2017),这些变量在本研究中被控制。团队断层文献表明,团队规模影响团队断层的强度,如随着团队规模的增加,团队成员在团队中的内部分化也会增加(Jehn & Bezrukova, 2010; Murnighan & Lau, 2017)。为了控制团队规模的影响,研究中所有团队的成员都在 3~10 人之间。所有控制变量编码为虚拟变量,如性别(1=男性,2=女性),年龄(1=25 岁及以下,2=26~35 岁,3=36~45 岁,4=45 岁以上),学历(1=大专以下,2=学士学位,3=硕士学位,4=博士学位及以上),团队任期(1=6 个月以下,2=6~12 个月,3=1~3 年,4=3 年及以上)。

第四节　结果分析

一、验证性因子分析

在形成各种回归分析量表之前,先进行验证性因子分析,以评估研究中四个核心构念的构念效度。分析结果如表 10-1 所示。假设的四因素模型

$[X^2/(521)] = 2.67(> 0.05)$、CFI $= 0.91(> 0.80)$、TLI $= 0.89(> 0.80)$、RMSEA $= 0.05(< 0.05)$、SRMR $= 0.04(< 0.05)$ 的拟合效果优于其他替代模型，因此支持采用的四个构念具有差异性。

表 10-1 测量模型的比较

模 型	χ^2	df	χ^2/df	CFI	TLI	RMSEA	SRMR
假设四因素模型： TF，PS，IL，WE	1 391.07	521	2.67	0.91	0.89	0.05	0.04
替代三因素模型： TF，PS + IL，WE	3 264.52	524	6.23	0.75	0.64	0.10	0.12
替代双因素模型： TF + WE，PS + IL	5 402.02	526	10.27	0.54	0.58	0.16	0.18
替代单因素模型： TF + PS + IL + WE	7 146.12	527	13.56	0.49	0.35	0.17	0.21

注：$N = 337$。 TF=团队断层，PS=心理安全感，WE=工作投入，IL=包容型领导；"+"代表两个因素合二为一。

二、描述性统计和相关性分析

表 10-2 显示了基于个体水平数据的变量的均值、标准差、相关系数和信度系数。正如预期的那样，团队断层与心理安全感（$r = -0.40$，$p < 0.01$）、个人工作投入（$r = -0.19$，$p < 0.05$）、包容型领导（$r = -0.33$，$p < 0.01$）呈负相关。心理安全感与个人工作投入（$r = 0.38$，$p < 0.01$）和包容型领导（$r = 0.54$，$p < 0.01$）呈正相关。包容型领导与个体工作投入呈正相关（$r = 0.38$，$p < 0.01$）。这些发现为假设提供了初步的支持。

三、假设检验

考虑到数据的嵌套性质（同一团队中的酒店一线员工共享相同的包容型领导），研究使用 Mplus 7.4 版本进行多层线性模型来检验所有假设，使用最大似然估计和稳健的标准误差（Hofmann，1997）。

表 10 - 2　团队断层、心理安全感、工作投入与包容型领导的相关性研究

变　量	M	SD	1	2	3	4	5	6	7	8	9
(1) 性别	1.53	0.50									
(2) 年龄	1.78	0.60	-0.23^{**}								
(3) 教育程度	2.21	0.61	0.05	-0.09							
(4) 团队任期	2.35	1.31	-0.20^{**}	0.47^{**}	-0.35^{**}						
(5) 团队规模	3.41	0.64	0.07	0.04	-0.00	-0.12					
(6) 团队断层	2.20	0.73	0.07	-0.26^{**}	0.18^{**}	-0.20^{**}	-0.11	(0.91)			
(7) 心理安全感	3.93	0.55	0.06	0.19^{**}	-0.12	0.11	0.19^{**}	-0.40^{**}	(0.93)		
(8) 工作投入	3.68	0.65	-0.18^{**}	0.03	0.08	-0.02	-0.03	-0.19^{*}	0.38^{**}	(0.89)	
(9) 包容型领导	4.16	0.52	0.05	0.23^{**}	0.23^{**}	0.14	-0.05	-0.33^{**}	0.54^{**}	0.38^{**}	(0.92)

注：$N = 337$。* $p < 0.05$；** $p < 0.01$。可靠性估计值显示在对角线上的括号中。

（1）根据 Baron 和 Kenny(1986)提出的四种条件，我们对中介假设(假设Ⅱ)进行了检验。如表 10 - 3 所示，团队断层与个体心理安全感(模型 1：$\beta = -0.49$，$p < 0.001$)呈显著负向影响。团队断层与个人工作投入呈显著负向影响(模型 2：$\beta = -0.56$，$p < 0.001$)，支持假设Ⅰ。个体心理安全感与个体工作投入呈显著正向影响(模型 3：$\beta = 0.40$，$p < 0.001$)，当添加个体心理安全感时，团队断层与个体工作投入的关系较弱，但仍显著(模型 4：$\beta = -0.40$，$p < 0.01$)，表明存在部分中介作用。个体心理安全感对团队断层与个体工作投入关系的干预作用显著($p < 0.001$)，基于参数的 bootstrap(20000 次抽样)95％置信区间为[-0.11，-0.02](排除 0)(Preacher et al.，2007)。综合来看，假设Ⅱ得到了支持。

表 10 - 3　多层次中介和调节分析结果

	中 介 检 验				调 节 检 验	
	心理安全感	工 作 投 入			心理安全感	
	模型 1	模型 2	模型 3	模型 4	模型 5	模型 6
控制变量：						
性别	−0.19	−0.44***	−0.41**	−0.41**	−0.16	−0.03
年龄	0.05	0.32*	0.32*	0.31*	0.02	0.01
教育程度	−0.35*	−0.46**	−0.45**	−0.33*	−0.31	−0.08
团队任期	−0.13	0.03	−0.41*	−0.44**	−0.11	−0.03
团队规模	0.12		0.01	0.02	0.12	0.15
自变量：						
团队断层	−0.49***	−0.56***		−0.40**	−0.34**	−0.30**
中介变量：						
心理安全感			0.40***	0.21**		
调节变量：						
包容型领导					0.32**	0.28**

	中 介 检 验				调 节 检 验	
	心理安全感	工 作 投 入			心理安全感	
	模型 1	模型 2	模型 3	模型 4	模型 5	模型 6
交互作用						
团队断层×包容型领导						0.19**
F	10.06***	15.18***	10.04***	13.58***	10.72***	13.70***
R²	0.49	0.59	0.49	0.60	0.50	0.69
△R²	0.44	0.55	0.44	0.56	0.44	0.65

注: N(团队) = 102, N(员工) = 337。 * $p < 0.05$; ** $p < 0.01$; *** $p < 0.001$。

(2) 我们通过四个条件(Preacher et al., 2007)检验了有调节的中介效应(假设Ⅲ): ① 自变量对因变量应该有显著影响; ② 自变量与调节变量在对预测中介应存在显著的交互作用; ③ 中介变量应该对因变量有一个显著的影响; ④ 条件间接效应应该存在差异,在高水平和低水平调节下,条件间接效应的强度不同。

假设Ⅰ的结果表明,团队断层与个人的工作投入呈显著负向影响(见表10-3,模型2: $\beta = -0.56$, $p < 0.001$),支持条件1。由表10-3可知,团队断层与包容型领导的交互作用对个体心理安全感的预测显著(见表10-3,模型6: $\beta = 0.19$, $p < 0.01$)。图10-2描绘了团队断层与包容型领导的交互作用对个人心理安全感的影响,表明了包容型领导调节了团队断层对个人心理安全感的负向影响。假设Ⅱ的结果支持条件3,即个体心理安全感与个体工作投入呈显著正向影响(见表10-3,模型3: $\beta = 0.40$, $p < 0.001$)。我们将条件4的结果显示在表10-4中,对于具有较高包容型领导水平的员工,个体心理安全感在团队断层对个体工作投入之间的条件间接效应为0.01,95%置信区间为[-0.12,0.05],而相较于包容型领导水平较低的员工而言,个体心理安全感的间接效应为-0.15,95%置信区间[-0.18,-0.01]。因此,假设Ⅲ得到了支持,表明包容型领导调节了个体心理安全感在团队断层与个体工作投入的负向间接效应。

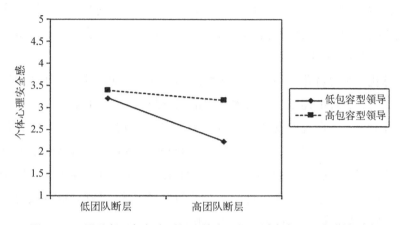

图 10-2 团队断层与包容型领导的交互作用对个人心理安全的影响

表 10-4 多层次调节结果

调节变量	级 别	条件间接效应	LL	UL
包容型领导	高（+SD）	0.01	-0.12	0.05
	低（-SD）	-0.15	-0.18	-0.01

第五节 研究结论与研究启示

一、研究结论

本研究借鉴社会认同理论（Tajfel & Turner，1986）和最佳区别理论（Brewer，1991），认为团队断层是酒店行业中一个重要的团队现象，在这个行业中，团队成员更有可能感知到差异性，心理安全感更低，最终会损害员工的工作投入（Lau & Murnighan，1998；Homan et al.，2007；Tekleab et al.，2016；Spoelma & Ellis，2017）。本研究在团队断层、包容型领导和员工工作投入三者之间的关系中建立了一个有调节的中介模型，探讨团队断层是否、如何及何时会影响酒店一线员工的工作投入。研究结果，支持团队断层对酒店一线员工工作投入的负向影响，并显示个体心理安全感在这二者之间起中介作用。本研究从最佳区别理论（Brewer，1991）的视角考察了包容型领导对以上关系的调节作用,发现包容型领导水平较低时,团队断层通过个体心理安全感对个体工作投入的负面影响会加强。我们相信,本研究的发现对现有的文献做出了实质性的贡献,也保证了重要的实际意义。

全球化和平等就业运动促使工作场所的多元化不断增长。与此同时,个体差异及其对独特性的需求也导致团队内部的分歧和断层,带来了许多负面的组织和个体后果。本研究的发现表明,为了缓解负面影响,领导者需要实践包容型领导力,并营造一种让员工感到心理安全和归属的环境。这将鼓励个体贡献他们的才华和努力,建立有效的团队,这在集体主义文化中尤为重要。我们希望这项研究能够引起学术界和酒店行业从业者的更多关注,以制订更有效的团队断层管理策略,从而充分发挥多元化团队的潜力。

二、研究启示

1. 理论启示

总的来说,目前的研究结果揭示了团队断层如何通过心理安全感影响酒店员工的工作投入,以及团队情境所扮演的角色。

(1)本研究填补了关于团队断层在酒店管理中影响的文献空白。虽然团队断层的负面影响已经在不同类型的团队中进行了研究,如项目团队(Cronin et al.,2011)、高层管理团队(Patel & Cooper,2014)和全球虚拟团队,但在酒店领域还没有这样的尝试。然而,这个话题是有意义的,因为劳动或服务密集型酒店业是多元化员工与多元化客户互动的主要情境(Baker et al.,2019)。我们的研究集中在团队断层对员工工作投入的负面影响上,这是酒店情境中一个重要的构建,因为员工的工作投入是员工服务提供绩效和客户满意度的决定因素(Harter et al.,2002)。我们的研究结果表明,团队断层与员工的工作投入呈负相关,这肯定有助于丰富文献,并引发对酒店业团队断层的更深入思考。

(2)在酒店管理领域,关于团队断层影响团队和个人水平成果的潜在机制的文献相对匮乏。通过引入心理安全感构念作为中介变量,探讨了其内在机制。本研究结果为心理安全感在团队断层与员工工作投入关系中的中介作用提供了重要的实证证据。

(3)我们引入了一个边界条件,目的是减少团队断层对工作投入的负面影响。实证研究表明,在一定条件下,团队断层的负面影响可能会减弱(Lau &

Murnighan，2005；Li & Lau，2014)。在本研究中,我们引入了包容型领导作为一个情境,可以调节团队断层的负面影响。我们的研究结果证实,在更低包容型的领导下,团队断层与工作投入之间的负相关关系会被加强,这说明了领导者的重要作用。因此,包容型领导可以调节团队断层的负面影响为领导和团队主管提供更乐观的前景。同时,我们的研究结果表明,包容型领导所创造的包容性工作环境等工作要素对酒店一线员工的工作投入有帮助,即使其他外部工作要素不变,这也是一个令人鼓舞的结论。

2. 实践启示

本研究结果对酒店业的利益相关者有若干启示。

(1)由于我们的研究结果证实了团队断层是基于情境的(Murnighan & Lau, 2017),由包容型领导者创造的和谐的工作氛围确实很重要,因此会对员工的工作生活和绩效产生影响。包容型领导可以调节团队断层的负面影响,同时促进酒店员工的工作投入。随着酒店变得更加多样化,团队分歧在工作场所将变得更加普遍。领导者必须认真思考,并准备好应对策略,这样就不会让任何人感到被团队排斥。这些发现提醒酒店领导者,有效的领导不仅仅关注业务运营,还要关心团队成员之间的关系和相互合作。因此,领导者需要通过培养团队共同体感和共享愿景来加强整个工作团队的凝聚力。领导者还可以通过提供培训和资源,帮助团队成员更好地理解和尊重彼此的差异。同时,制订并实施公平的政策,以确保每个员工都有平等的机会和权利,将有助于减少团队内的分歧和改善整体的工作氛围。

(2)本研究对酒店组织的招聘、培训和发展战略具有启示意义。酒店在人力资源职能方面,如绩效评估和晋升,应更多地关注与包容型领导相关的个人特征(开放性、可及性和有效性)。例如,应在工作场所实施多元化和包容性培训,以促进团队成员之间的理解,并帮助建立工作中的包容性气候。这样的培训既要针对一线员工,也要针对不同层次的领导。

(3)心理安全感知与工作投入呈正相关。对于现在的员工,组织需要努力建设一个安全的工作场所。创造一种鼓励员工的促进性和禁止性建言行为(Lin & Johnson,2015)的文化,一种允许员工犯错并从中学习的文化,一种有支持性领导者引导员工成长和发展的文化,这些是非常关键的。另外,心理安全感与个人特质密切相关(Edmondson & Mogelof,2006)。因此,在招聘过程中,组织也应该特别注意,以确定哪些员工适合酒店行业和组织文化,从而更容易培训和发展员工。面试过程本身可以更好地被设计来捕捉与心理安全感相关的特定个人特质,如主动性(Levashina et al.,2014)、外向性和开放性(White et al.,2008)。与此同时,组织应该更加关注工作内外的团队建设活动,同时促进团队内部积极、安全的气氛。

第十一章

人工智能背景下团队断层对团队创造力的影响机制研究

本章关注的研究问题有以下三个：

问题Ⅰ，社会分类型断层和信息加工型断层能否对团队创造力产生影响？

问题Ⅱ，社会分类型断层和信息加工型断层与团队断层关系之间的中介机制是什么？

问题Ⅲ，人工智能采纳作为组织面临的重要情境，在团队断层对团队创造力的影响机制中能否起到边界作用？

第一节　研究假设

一、团队断层与团队创造力

1. 社会分类型断层与团队创造力

当团队成员所拥有的多重多样性属性呈现对齐状态并被团队成员所感知到时，就会在团队内部形成由断层线产生的子群体分割，并表现出比单个多样性属性更加显著的影响结果(Lau & Murnighan，1998)。社会分类型断层指基于团队成员在性别、年龄、种族、国籍等个体与生俱来的多重特征差异形成的断层(Bezrukova et al.，2009)。van Knippenberg 等(2004)的研究指出，性别、年龄等容易被识别的特征差异，更容易促使团队成员进行社会分类。基于社会认同理论，社会分类型断层会使得团队内部出现"内群体"和"外群体"的分裂状态(Ashforth & Mael，1989)。当个体感知自己归属于特定"内群体"时，会降低与"外群体"建立联系和关系的倾向性(Ren et al.，2015)。同时，在团队内缺乏相互交流的情况下，成员更可能基于性别、年龄等多重差异联合产生的刻板印象对他人进行判断(陈伟,杨早立,朗益夫,2015)。因此,当感知到的社会分类型断层强度越大时,更有可能基于多重社会分类属性差异产生界限清晰的子群体分割。这些子群体之间缺乏相互认同和彼此了解,容易产生偏见和隔阂,导致团队内部剧烈冲突的出现(Jehn & Bezrukova,2010)。团队创造力的实现依赖于团队成员在互动中探索创新方案。高强度社会分类型断层的存在,阻碍了团队成员之间的积极互动,进而抑制了团队创造力的迸发。此外,社会分类型断层所导致的子群体之间的低频率互动和交流,会阻碍团队内部的信息和知识交换(Pearsall et al.,2008),进一步抑制了创新观点的产生。最后,社会分类型断层使得团队成员缺乏对于团队整体利益的关注,仅将目光局限于所在子群体的利益(Choi & Sy,2010)。尽管社会分类型断层也能够为团队带来多样性资源,但是子群体之间的利益争夺,使得不同子群体成员间难以建立共担风险的共享目标和情感纽带(张章,陈仕华,2017),从而使团队成员不愿意做出解决创造性问题所需的风险决策。

因此,我们提出假设 H_{1a}:社会分类型断层负向影响团队创造力。

2. 信息加工型断层与团队创造力

信息加工型断层是基于团队成员在工作年限、教育经历、职能背景等与工作任务密切相关的多重差异形成的断层线(Bezrukova et al.,2009)。与社会分类型断层不同,形成信息加工型断层的差异化属性与工作任务直接相关,更容易被团队成员所接受并将其视为团队内部的"健康区分"(van Knippenberg et al.,2004)。因此,信息加工型断层在信息处理过程中带来的优势,远远超过其在社会分类过程中可能产生的负面影响(Choi & Sy,2010)。基于信息决策理论,团队成员间在与工作任务相关的属性上的差异有助于构建团队内的"知识地图"。当团队成员感知到团队内存在明显的信息加工型断层时,他们可以更清晰地识别不同子群体间分布的专业知识和信息资源,此时团队内会形成版图明确的"知识地图",帮助团队成员在解决创新任务时有效识别各子群体的多重特长(刘新梅,李智勇,陈玮奕 等,2023)。此外,Bezrukova(2009)的研究发现,团队成员更乐于接受自身不具备的差异化知识。因此,由信息加工型断层引发的信息认知差异能够促进团队就复杂问题的解决方法展开建设性讨论,避免群体思维的产生,提升团队决策的科学性(Barkema & Shvyrkov,2007),并最终激发团队的创造力。综上所述,信息加工型断层以团队成员的认知属性差异为基础,能够为团队带来差异化的知识、想法与技能,激发团队成员的创新思维和积极讨论

(Hutzschenreuter & Horstkotte，2013)，进而显著提升团队的创造力表现。

因此，我们提出假设 H_{1b}：信息加工型断层正向影响团队创造力。

二、团队心理安全感与团队信息深加工的中介作用

1. 团队心理安全感的中介作用

团队心理安全感是成员对于团队内安全性氛围的共同信念，这种安全感让成员们相信团队不会为难、拒绝或惩罚用于发表真实意见的人（Edmondson，1999）。当团队成员感知到团队内部多元化的社会分类属性（如性别、年龄、种族等）呈现高度对齐状态时，会加剧团队成员的子群体意识，甚至对外群体成员产生排斥心理，激化子群体间的矛盾和冲突（Chiu & Staples，2013；Tian et al.，2016）。断层线所带来的情感隔阂，阻碍了团队成员与外群体成员建立起相互信任的协作关系（Li & Hambrick，2005），从而破坏团队内部的心理安全感氛围（Lau & Murnighan，2005）。

面对不可预测且充满不确定性的创新活动，团队成员需要一个充满心理安全感的环境以减少对其风险性的感知。Amabile（1983）指出能够为成员带来心理安全感的团队环境，有助于促进创造力过程的参与和表现。首先，高水平的团队心理安全感能够在团队内部形成公开讨论的氛围，使得团队成员敢于积极地表达和讨论不同的观点、想法和意见（Hirak et al.，2012），不必因为担心创新失败而产生焦虑、不安等负面情绪（Lee & Sukoco，2011），进而激发更多的建设性意见和创造性想法（De Dreu & West，2001）。其次，团队心理安全感能够增加团队成员的活力（Kark & Carmeli，2009），减轻其所面对的人际关系压力，从而将更多的时间和注意力投入到创造性活动中（曹科岩，窦志铭，2015），促进团队创造力的提升。

因此，我们提出假设 H_{2a}：团队心理安全感在社会分类型断层对团队创造力的影响过程中起中介作用。

2. 团队信息深加工的中介作用

团队信息深加工是团队成员对与任务相关的信息、知识和观点等进行交换、讨论和整合的认知互动过程（van Knippenberg et al.，2004）。当团队成员感知到彼此所具有的多重差异化信息加工属性对齐时，他们能够清晰地了解与工作任务相关的多元化知识、技术和视角在团队内部的差异化分布。基于信息决策理论，这种高度的信息加工型断层，通过提供清晰化的信息和知识，为团队内部

进行信息深加工提供了丰富的资源基础（Lauring & Selmer，2013）。此外，当团队面临具有挑战性的创新工作时，团队任务对复杂认知资源的处理需求会凸显出信息知识的可贵价值，降低子群体因为社会分类过程所产生的偏见（Yong et al.，2014）。这使得团队成员更愿意在团队互动共享中识别并整合来自子群体外的不同思想、知识和观点，从而实现有效的团队信息深加工。

团队信息深加工已被证明能够提高团队在复杂和动态任务中的表现，特别是那些需要创新的工作任务（Homan et al.，2008）。创新本质上要求团队重构内部已有的信息与知识（Fleming & Sorenson，2001），而团队信息深加工恰好能够有效地整合和利用团队内部的细碎信息。因此，这一过程会显著影响团队的创造力表现。此外，高度的信息深加工意味着团队成员愿意共享、交换和整合来自团队内部的不同信息（Rico et al.，2012），帮助团队更好地做出决策（van Knippenberg et al.，2010），并将不同的观点转化为更高水平的团队创造力（Hoever et al.，2012）。

因此，我们提出假设 H_{2b}：团队信息深加工在信息加工型断层对团队创造力的影响过程中起中介作用。

三、人工智能采纳的调节作用

当组织意识到人工智能技术的优势后，便会逐渐引入并整合这一技术资源（Alsheibani et al.，2018），团队层面的人工智能采纳指团队作为整体接受并持续采纳组织所引入的人工智能技术的状态。当团队的人工智能采纳水平较高时，其成员倾向于在工作中主动学习并应用人工智能技术（Lu & Ramamurthy，2011）。然而，人工智能技术会对员工的岗位技能和工作胜任提出新要求（何勤，董晓雨，朱晓妹，2022）。因此，异质性团队中成员所具备的多元化属性，必然导致个体对人工智能技术的掌握程度存在差异，进而影响到不同子群体所拥有的资源，并对现有的团队过程产生影响。

1. 人工智能采纳在社会分类型断层对团队创造力影响中的调节作用

团队成员在性别、年龄等与生俱来的多重特征属性上存在的差异，会使得个体展现出差异化的思维方式和认知能力（Bezrukova et al.，2009），进而影响个体对人工智能技术的接受和掌握能力。在掌握人工智能技术上具备优势的子群体和不具备优势的子群体之间，会基于当前拥有资源（人工智能技术）的差异而产生鸿沟，进而加剧彼此之间差异化甚至是不平等的认知（Griffith et al.，

2022)。此外,人工智能技术引入还可能改变团队内的工作安排,使得具备人工智能技术资源优势的个体被赋予更重要的工作角色(陈文晶 等,2022),从而进一步影响团队内部资源的原始分配。基于资源保存理论,个体会在自身拥有资源受到威胁时产生压力,并努力保护自身所拥有的资源(Hobfoll,1989)。因此,人工智能采纳所改变的资源分配,将会使得团队成员更加关注所在子群体的利益,而对团队整体目标和共同利益的关注度下降(Li & Hambrick,2005)。对于在掌握人工智能技术上具备优势的子群体而言,为了进一步巩固自身的资源和优势地位,会减少与外群体成员分享人工智能技术的意愿。而对于不具备优势的子群体而言,则会基于知识、机会等资源差异而对优势子群体产生更加强烈的敌意、嫉妒等负面情绪。而这种有效互动频率的降低会在团队内形成紧张的、非支持性的团队氛围和人际关系(季忠洋,2019),对团队心理安全感的形成产生不利影响(Kahn,1990),进而负向影响团队创造力的实现。

因此,我们提出假设:

H_{3a}:人工智能采纳在社会分类型断层和团队心理安全感之间起到正向调节作用,即人工智能采纳水平越高,社会分类型断层与团队心理安全感之间的负向关系越强。

H_{4a}:人工智能采纳在社会分类型断层通过团队心理安全感影响团队创造力的间接关系中起正向调节作用。即人工智能采纳水平越高,团队心理安全感的中介效应越强,社会分类型断层对团队创造力产生的间接消极影响越强。

2. 人工智能采纳在信息加工型断层对团队创造力影响中的调节作用

感知到的信息加工型断层更容易被团队成员所接受,并将其视为团队内部的"健康区分"(van Knippenberg et al.,2004)。团队成员更乐于接受本身不具备的与工作任务相关的多重差异化知识、视角和经验(Bezrukova et al.,2009),使得团队作为整体能够接触到更多有价值的信息认知资源(Cooper et al.,2014)。因此,在信息加工型断层影响团队信息深加工的过程中,团队内部实际上形成了"资源增益螺旋"。基于资源保存理论,当团队内已经出现"资源增益螺旋"时,个体更倾向于主动进行资源投资以获得更多的资源增益(Hobfoll,2002)。因此,不同子群体间更倾向于基于团队任务,对与人工智能技术相关的知识进行信息交换,从而增加团队作为整体的信息和认知资源积累。基于此,高度的人工智能采纳会进一步丰富团队进行信息深加工所需的信息资源池,从而提升了团队内部信息深加工的程度。这意味着,人工智能采纳使得团队成员在信息加工属性上的差异得到更大价值的利用,对团队创造力的正向促进作用也更加明显。

因此,我们提出假设:

H_{3b}：人工智能采纳在信息加工型断层和团队信息深加工之间起到正向调节作用,即人工智能采纳水平越高,信息加工型断层与团队信息深加工之间的正向关系越强。

H_{4b}：人工智能采纳在信息加工型断层通过团队信息深加工影响团队创造力的间接关系中起正向调节作用。即人工智能采纳水平越高,团队信息深加工的中介效应越强,信息加工型断层对团队创造力产生的间接积极影响越强。

四、研究模型

本章的研究模型如图 11-1 所示。

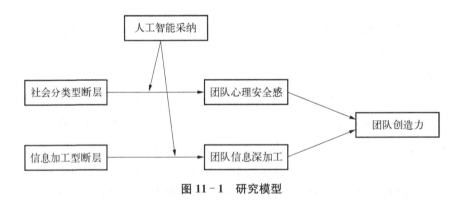

图 11-1　研究模型

第二节　研究Ⅰ　团队断层对团队创造力影响的实验研究

一、实验设计

1. 实验被试

本研究分别对社会分类型断层和信息加工型断层展开实验,所选取的被试均为具有一定工作经验的 MBA 学生。为保证所有被试小组的潜在团队断层强度相同,共筛选出 320 名符合条件的被试参与正式实验。其中,社会分类型断层实验中共包括 160 名被试,高激活断层组(实验组)和低激活断层组(对照组)各包括 20 个 4 人小组。从性别来看,被试中男性 80 人(50%),女性 80 人(50%);从年龄来看,小于 25 岁 42 人(26.3%),25～35 岁 68 人(42.5%),36～45 岁 44 人(27.3%),46 岁以上 6 人(3.8%)。信息加工型断层实验中同样包括 160 名被试,高激活断层组(实验组)和低激活断层组(对照组)各包括 20 个 4 人小组。从专业分类看,被试中文史哲法艺专业 54 人(33.8%),经济管理专业 50 人(31.3%),理工学专业 52 人(32.5%),农医军学专业 4 人(2.5%);从岗位分类看,运营岗位 36 人(22.5%),职能岗位 42 人(26.3%),生产岗位 26 人(16.3%),营销岗位 34 人(21.3%),技术开发岗位 16 人(10%),其他岗位 6 人(3.8%)。

2. 实验过程

1) 构造潜在团队断层

根据 Pearsall 等(2008)、Spoelma 和 Ellis(2017)的研究,在正式实验开始前需要对被试进行分组,以创建客观的潜在 4 人断层小组。因此,本研究首先通过问卷收集被试相关的人口统计学信息,分别构造潜在社会分类型断层团队和潜在信息加工型断层团队作为被试团队进入后续实验。

2) 操纵团队断层激活情境

本研究分别设计了两组实验,以探究被激活的社会分类型断层和被激活的信息加工型断层对团队创造力的影响。实验I聚焦于社会分类型断层,将被试团队分为两组,分别完成产品创意讨论任务。在该环节中,高激活断层组的团队需要完成男士剃须刀的产品设计方案,低激活断层组的团队则需要完成数字闹钟的产品设计方案(Pearsall et al., 2008; Spoelma & Ellis, 2017)。实验Ⅱ则关注信息加工型断层,在实验中要求被试团队完成沙漠求生的模拟任务(Lafferty et al., 1974)。在此任务中,高激活断层组的团队未获得关键的求生工具信息,而低激活断层组则可以获得完整信息。所有实验任务均在约 20 min 的时间限制下进行。

3) 评价团队创造力

本研究通过一项宣传广告的创意讨论任务,以评估社会分类型断层和信息加工型断层实验中被试团队的创造力表现。具体实验任务中要求被试团队围绕“资源节约”这一主题,利用“河流”“丝绸”和“儿童”三个关键词,设计一部在 2025 年日本世界博览会上展示的中国宣传片(倪旭东,项小霞,姚春序,2016)。本实验为被试团队规定了 20 min 的时间限制,讨论过程中被试需要形成完整的团队方案。讨论完成后,被试需要填写相关量表,并提交给实验人员。

3. 实验操纵

1) 社会分类型断层实验

构建潜在社会分类型断层。为了排除潜在断层强度差异带来的影响,本研究首先控制所有被试团队的潜在断层强度相同。本研究通过在 4 人小组内控制性别和年龄两个关键变量,以创建能够反映潜在社会分类型断层的实验团队(Pearsall et al., 2008; Spoelma & Ellis, 2017)。具体而言,控制 4 人被试团队中 2 名被试与另外 2 名被试在性别和年龄上完全不同,如 2 名年轻女性和年长男性。同时,为了排除潜在信息加工型断层可能产生的影响,控制 4 人团队成员在专业和职能背景上保持一致。

激活潜在社会分类型断层。Lau 和 Murnighan(1998)指出直到个体意识到团队被划分为多个子群体时,客观存在的潜在断层线才会被激活。因此,本研究通过让团队完成性别偏向或性别中立的任务来实现对被试团队实际感知到的社会分类型断层强度的操纵(Pearsall et al., 2008; Spoelma & Ellis, 2017)。在高激活断层组,团队需要为专门面向男性市场的电动剃须刀提供产品设计方案,该任务旨在触发性别的显著性,使得被试团队感知到更强烈的断层线。而在低激活断层组,团队被要求为一款面向大众市场(无明显性别倾向)的数字闹钟提供产品设计方案,此时性别的显著性无法被触发。

2) 信息加工型断层实验

构建潜在信息加工型断层。本研究通过在 4 人小组内控制专业背景和职能背景两个关键变量,以创建存在潜在信息加工型断层的实验团队。控制 4 人被试团队中 2 名被试与另外 2 名被试在专业背景和职能背景上完全不同。为了排除潜在社会分类型断层可能产生的影响,控制 4 人团队内成员在性别和年龄上保持一致。

激活潜在信息加工型断层。本研究通过控制被试团队在沙漠求生任务(Lafferty et al., 1974)中是否能够获得 15 件求生物品效用信息的方式来操纵被试实际感知到的被激活断层强度。在高激活断层组,实验人员没有提供任何关于求生物品效用的信息,团队成员需要依据各自的知识储备进行集体讨论,以确定物品的重要性排序。由于不同专业背景的成员在看待任务本身和评估物品效用时存在不同的视角(Bezrukova et al., 2009),该项任务触发了专业背景的显著性,以创造被高度激活的断层线。而在低激活断层组,实验人员提供了所有求生物品的详细效用信息,此时团队成员则将基于已获得的信息,而非自己储备的知识进行讨论。

4. 变量测量

本研究通过情境实验法探讨了社会分类型断层和信息加工型断层对团队创造力的影响。在社会分类型断层实验中,首先对被试感知到的社会分类型断层强度进行测量,以检验激活操纵的有效性。此外,为了确保在该实验中没有意外地操纵到信息加工型断层,本研究也对被激活的信息加工型断层强度进行了测量。而团队心理安全感作为研究模型的中介变量,也被纳入了评估范畴。同样,在信息加工型断层实验中,测量了被试团队感知到的信息加工型断层和社会分类型断层,以及团队信息深加工程度。在两个实验中,团队创造力都通过专家评价法进行评估。

被激活社会分类型断层。采用 Jehn 和 Bezrukova(2010)的量表来评估个体对激活的性别断层线的感知。题项如"在任务中,我们的团队根据性别、籍贯等个体与生俱来的特征分成了多个子组"。

被激活信息加工型断层。采用 Jehn 和 Bezrukova(2010)的量表对被激活的信息加工型断层进行测量。题项如"在任务中,我们的团队根据教育经历、职能背景等与工作任务相关的差异分成了多个子组"。

团队心理安全感。采用 Edmondson(1999)开发的 7 题项量表对团队心理安全感进行测量,题项如"即使我在团队做错了事,也不会遭到大家的责难"等。

团队信息深加工。采用 Kearney 等(2009)开发的 4 题项量表对团队信息深加工进行测量,题项包括"本团队成员常常通过公开地知识分享行为完善对任务的理解"等。

团队创造力。团队创造力采用专家打分法的方式进行测量。邀请 3 位专家从新颖性和有用性两个角度对所有团队提出的方案进行评价和打分,团队的最后得分为 3 位专家评分的均值。其中,新颖性是指过程、材料的设计新奇性,包括惊异性与始创性等两个属性;有用性指产品或方案的功能、用途和可操作性,包括价值、逻辑、实用、可理解性等四个属性。

二、数据分析与研究结果

1. 信度分析

信度是用来评价量表是否稳定可靠的指标,本研究选取 Cronbach's Alpha 系数对所选量表进行信度分析。SPSS 26.0 的数据分析结果如表 11 - 1 所示,在社会分类型断层实验中,社会分类型断层、信息加工型断层、团队心理安全感三个量表的 α 系数分别为 0.848、0.843、0.923;在信息加工型断层实验中,信息加工型断层、社会分类型断层、团队信息深加工三个量表的 α 系数分别为 0.837、0.833、0.801,均具有较高信度,可以进入后续。

表 11-1 信度分析

	变　量	α	基于标准化项的 α	题　项
社会分类型断层实验	社会分类型断层	0.848	0.850	4
	信息加工型断层	0.843	0.843	4
	团队心理安全感	0.923	0.923	7
信息加工型断层实验	信息加工型断层	0.837	0.838	4
	社会分类型断层	0.833	0.835	4
	团队信息深加工	0.801	0.802	4

2. 效度分析

由于本研究只使用量表测量了模型中的部分变量,因此此处仅进行收敛效度分析。研究中通常使用平均提取方差(AVE)和组合信度(CR)两个核心指标对收敛效度进行评价。一般认为当 AVE 值大于 0.5,且 CR 值大于 0.8 时,表示各变量的收敛效度较好。本研究采用 AMOS 26.0 进行验证性因子分析,结果如表 11-2 所示,所有变量的 AVE 值和 CR 值均符合评价标准,收敛效度良好。

表 11-2 收敛效度分析

	变　量	AVE	CR
社会分类型断层实验	社会分类型断层	0.587	0.850
	信息加工型断层	0.575	0.844
	团队心理安全感	0.634	0.924
信息加工型断层实验	信息加工型断层	0.565	0.838
	社会分类型断层	0.559	0.835
	团队信息深加工	0.503	0.802

3. 聚合分析

本研究关注的是团队层面变量，而实验中社会分类型断层、信息加工型断层、团队心理安全感、团队信息深加工四个变量的数据来源于个体层面。为了后续进行有效的假设检验分析，需要将个体层面数据聚合至团队层面。因此，本研究采用 R_{wg}、$ICC(1)$ 和 $ICC(2)$ 来判断各变量聚合的合理程度。一般认为 $Mean\ R_{wg}(j)$ 大于 0.70，$ICC(1)$ 大于 0.05，$ICC(2)$ 大于 0.50 时，各个变量满足由个体层面聚合到团队层面的基本条件，如表 $11-3$ 所示。

表 $11-3$　团队聚合检验指标

变　　量		$Mean\ R_{wg}(j)$	$ICC(1)$	$ICC(2)$
社会分类型断层实验	社会分类型断层	0.744	0.446	0.763
	信息加工型断层	0.819	0.215	0.522
	团队心理安全感	0.834	0.448	0.764
信息加工型断层实验	信息加工型断层	0.710	0.428	0.749
	社会分类型断层	0.818	0.247	0.567
	团队信息深加工	0.741	0.370	0.701

在本研究中，各个团队的创造力水平分别由 3 位专家进行独立评估。为了确保评价结果的一致性和可靠性，对 3 位专家的评分进行组内相关系数（ICC）检验。一般认为当 ICC 值大于 0.6 时，可以认为评分结果具有较高的一致性。结果显示，在社会分类型断层实验和信息加工型断层实验中，团队创造力的 ICC 值分别为 0.786 和 0.813，均超过 0.6 的标准阈值。这表明 3 位专家的评分具有较高的一致性，可以将其评分的平均值作为团队层面数据进入后续分析。

4. 操作检验

为检验实验中社会分类型和信息加工型断层激活操纵的有效性，对实验组和对照组数据进行独立样本 t 检验，结果如表 $11-4$ 所示。在社会分类型断层实验中，高激活断层组和低激活断层组在感知到的社会分类型断层程度上存在显著差异（$t=12.749$，$p<0.001$），而团队成员感知到的信息加工型断层程度之间并未显示出显著差异（$t=-0.376$，$p>0.05$）。在信息加工型断层实验中，高激活断层组和低激活断层组在感知到的信息加工型断层程度上同样呈现出显著差异（$t = 6.869$，$p < 0.001$），而在社会分类型断层感知程度并不存在显著差异（$t = 0.442$，$p > 0.05$）。以上结果有效地验证了实验操纵的有效性。

表 11-4　操作检验量表差异性分析

变　　量		实验组	N	M	SD	t
社会分类型断层实验	社会分类型断层	高激活断层组	20	3.663	0.284	12.749***
		低激活断层组	20	2.317	0.378	
	信息加工型断层	高激活断层组	20	2.494	0.547	−0.376
		低激活断层组	20	2.557	0.513	
信息加工型断层实验	信息加工型断层	高激活断层组	20	3.379	0.272	6.869***
		低激活断层组	20	2.248	0.251	
	社会分类型断层	高激活断层组	20	1.604	0.550	0.442
		低激活断层组	20	1.526	0.560	

注：* 代表 $p < 0.05$，** 代表 $p < 0.01$，*** 代表 $p < 0.001$。

5. 相关性检验

在进行后续假设检验前，本研究首先使用 SPSS 26.0 对社会分类型断层实验和信息加工型断层实验中的控制变量和主要变量进行相关性分析，结果如表 11-5 和表 11-6 所示。其中，社会分类型断层与团队心理安全（$r = -0.512$，$p < 0.001$）、团队创造力（$r = -0.770$，$p < 0.001$）负向关系显著；团队心理安全感与团队创造力（$r = 0.767$，$p < 0.001$）显著正相关。信息加工型断层与团队信息深加工（$r = 0.715$，$p < 0.001$）、团队创造力（$r = 0.687$，$p < 0.001$）显著正相关；团队信息深加工与团队创造力之间也存在显著的正相关关系（$r = 0.789$，$p < 0.001$）。

表 11-5　相关性分析表（社会分类型断层实验）

	M	SD	1	2	3	4	5	6
(1) 年龄	2.087	0.553	1.000	−0.096	0.002	0.160	0.063	0.015
(2) 专业	1.962	0.664		1.000	−0.173	0.133	−0.057	−0.020

（续表）

	M	SD	1	2	3	4	5	6
（3）职能	2.700	1.436			1.000	0.212	−0.170	−0.221
（4）社会分类型断层	0.500	0.506				1.000	−0.512***	−0.770***
（5）团队心理安全感	2.270	0.762					1.000	0.767***
（6）团队创造力	2.244	0.650						1.000

注：年龄：1＝小于25岁，2＝25～35岁，3＝36～45岁，4＝46岁以上；专业：1＝文史哲法艺，2＝管理经济，3＝理工学，4＝农医军学；职能：1＝运营，2＝职能，3＝生产，4＝营销，5＝技术开发，6＝其他；社会分类型断层：0＝低激活断层组，1＝高激活断层组，下同。

表 11－6　相关性分析（信息加工型断层实验）

	M	SD	1	2	3	4	5	6	7
（1）性别	1.575	0.501	1.000	−0.037	0.123	0.054	0.051	0.072	0.014
（2）年龄	2.150	0.622		1.000	0.068	0.061	0.000	−0.065	−0.016
（3）专业	2.038	0.472			1.000	0.126	0.241	0.027	0.134
（4）职能	2.813	0.765				1.000	0.116	0.085	0.019
（5）信息加工型断层	0.500	0.506					1.000	0.715***	0.687***
（6）团队信息深加工	3.02	0.667						1.000	0.789***
（7）团队创造力	3.325	0.748							1.000

注：性别：1＝男，2＝女；信息加工型断层：1＝高激活断层组，0＝低激活断层组，下同。

6. 主效应检验

本研究使用 SPSS 26.0 进行单因素方差分析，对假设模型的主效应进行检验。首先对社会分类型断层模型的主效应进行验证，结果表明相较于低激活断层组（M＝2.716，SD＝0.394），高激活断层组（M＝1.733，SD＝0.441）表现出了更低水平的团队创造力（F＝55.297，$p < 0.001$）。这一发现支持了假设 H_{1a}，即社

会分类型断层会负向影响团队创造力。然后对信息加工型断层模型的主效应进行检验,结果发现高激活断层组(M=3.850,SD=0.381)相较于低激活断层组(M=2.768,SD=0.583)表现出了更高水平的团队创造力(F=48.341,$p<$0.001)。因此,假设 H_{1b} 得到验证,即信息加工型断层会正向影响团队创造力。

7. 中介效应检验

本研究使用 Process 3.3 插件中的 Mode 4 对团队心理安全感的中介作用进行检验。如表 11-7 所示,社会分类型断层会显著负向预测团队创造力($\beta=$-1.021, $p<0.001$),且进一步加入团队心理安全感后,社会分类型断层对团队创造力的预测能力有所下降($\beta=-0.693$, $p<0.05$)。此外,社会分类型断层对团队心理安全感也有显著的负向影响($\beta=-0.792$, $p<0.001$),且团队心理安全感对团队创造力的正向影响显著($\beta=0.414$, $p<0.05$)。

表 11-7 中介效应检验表(社会分类型断层实验)

	团队创造力		团队心理安全感		团队创造力	
	模型 5		模型 6		模型 7	
	β	t	β	t	β	t
控制变量						
年龄	0.177	1.432	0.205	1.019	0.093	0.98
专业	0.093	0.885	0.020	0.118	0.085	1.071
职能	−0.016	−0.324	−0.03	−0.372	−0.004	−0.098
自变量						
社会分类型断层	−1.021***	−7.289	−0.792**	−3.486	−0.693***	−5.669
团队心理安全感					0.414***	5.279
F	14.496***		3.524*		26.073***	
R²	0.624		0.287		0.793	

表 11-8 进一步对团队心理安全感的中介作用进行分解,发现社会分类型断层对团队创造力的直接影响和团队心理安全感的中介作用的 Bootstrap 95% 置信区间分别为[−0.933,−0.454]和[−0.475,−0.086](不包含 0)。这表明社

会分类型断层能够直接影响团队创造力,且团队心理安全感对团队创造力存在间接影响,直接效应(-0.693)和间接效应(-0.328)分别占总效应(-1.021)的68%和32%。由此,假设H_{2a}得到验证,团队心理安全感在社会分类型断层对团队创造力的影响过程中起中介作用。

表 11 - 8 中介效应分解表(社会分类型断层实验)

	效应值	Boot 标准误	Boot CI 下限	Boot CI 上限	效应占比
总效应	-1.021	0.147	-1.296	-0.747	
直接效应	-0.693	0.144	-0.933	-0.454	68%
团队心理安全感中介效应	-0.328	0.101	-0.475	-0.086	32%

接下来对团队信息深加工的中介作用进行检验。如表 11 - 9 所示,信息加工型断层对团队创造力有显著的积极影响($\beta = 1.035$,$p < 0.001$),当加入团队信息深加工后,信息加工型断层对团队创造力的影响不再显著($\beta = 0.330$,$p > 0.05$)。此外,信息加工型断层能够显著地正向预测团队信息深加工($\beta = 0.986$,$p < 0.001$),且团队信息深加工对提升团队创造力具有显著地正向作用($\beta = 0.716$,$p < 0.001$)。

表 11 - 9 中介效应检验表(信息加工型断层实验)

	团队创造力		团队信息深加工		团队创造力	
	模型 8		模型 9		模型 10	
	β	t	β	t	β	t
控制变量						
性别	-0.024	-0.128	0.068	0.432	-0.072	-0.474
年龄	-0.013	-0.088	-0.057	-0.457	0.028	0.228
专业	-0.040	-0.193	-0.224	-1.303	0.120	0.705

(续表)

	团队创造力		团队信息深加工		团队创造力	
	模型 8		模型 9		模型 10	
	β	t	β	t	β	t
职能	−0.056	−0.457	0.017	0.163	−0.068	−0.681
自变量						
信息加工型断层	1.035***	5.461	0.986***	6.212	0.330	1.465
团队信息深加工					0.716***	4.297
F	0.477		0.539		0.665	
R^2	6.206***		7.963***		10.905***	

对团队信息深加工的中介作用进行分解,结果如表 11-10 所示。信息加工型断层对团队创造力直接影响的 Bootstrap 95% 置信区间为[−0.112, 0.771](包含 0),而团队信息深加工的中介作用的 Bootstrap 95% 置信区间为[0.262, 0.773](不包含 0),这表明团队信息深加工能够完全中介信息加工型断层对团队创造力的影响。由此,假设 H_{2b} 得到验证,团队信息深加工在信息加工型断层对团队创造力的影响过程中起中介作用。

表 11-10 中介效应分解表(信息加工型断层实验)

	效应值	Boot 标准误	Boot CI 下限	Boot CI 上限	效应占比
总效应	1.035	0.187	0.664	1.407	
直接效应	0.330	0.166	−0.112	0.771	
团队信息深加工 中介效应	0.706	0.131	0.262	0.773	100%

我们通过研究 I 的情境实验,对本书理论模型中的主效应和中介效应进行了验证。实验结果支持了本章的假设:假设 H_{1a} 成立,即社会分类型断层会负向

影响团队创造力;假设 H_{1b} 成立,即信息加工型断层会正向影响团队创造力;假设 H_{2a} 成立,即团队心理安全感能够中介社会分类型断层与团队创造力之间的关系;假设 H_{2b} 成立,即团队信息深加工能够中介信息加工型断层与团队创造力之间的关系。在第三节研究 II 中,我们将基于问卷调查法收集企业调研数据,以进一步全面验证本书提出的理论模型。

第三节　研究 II　人工智能背景下被激活的团队断层对团队创造力的影响机制

一、问卷设计与调研

1. 问卷设计

为了进一步在真实管理情境中验证被激活的团队断层对团队创造力的影响机制,研究 II 采用问卷调查法开展实证研究。本研究采用量表均为国外成熟量表,并采用规范程序进行翻译。由于借鉴的成熟量表均具有较高信效度和权威性,因此在正式调研前不进行预调研。本研究采用利克特五级量表对题项进行测量,从"1"表示"完全不同意"到"5"表示"完全同意"。

本研究以团队作为调研基本单位,并将工作汇报对象为同一领导的员工定义为一个团队。为了避免同源偏差问题(Podsakoff et al., 2003),数据收集自不同来源和时间。首先,调查问卷包括团队成员自评问卷和团队领导客观评价问卷两份。调研过程中,使用员工工号将团队成员和团队领导数据进行匹配。其次,本研究分时间段发放团队成员自评问卷(2023 年 7—8 月)和团队领导评价问卷(2023 年 9—10 月)。

1) 团队成员问卷

团队成员问卷由两个部分组成:第一部分为团队成员的基本信息,包括性别、年龄、受教育程度、工作年限、在目前团队工作的时长;第二部为变量测量,包括被激活的社会分类型团队断层、被激活的信息加工型团队断层、团队心理安全感、团队信息深加工、人工智能采纳。将个体层面的变量数据聚合至团队层面后纳入下一步的假设检验过程中。

被激活的社会分类型断层。本研究使用 Jehn 和 Bezrukova(2010)所开发的4 题项量表对被激活的社会分类型断层强度进行测量,题项如"我们团队在工作中会基于性别、年龄、种族、国籍等个体与生俱来的差异分裂为两派"等。

被激活的信息加工型断层。本研究使用 Jehn 和 Bezrukova(2010)所开发的4 题项量表对被激活的信息加工型断层强度进行测量,题项如"我们的团队根据教育经历、职能背景等与工作任务相关的差异分成了多个子组"等。

团队心理安全感。本研究采用 Edmondson(1999)开发的 7 题项量表对团队心理安全感进行测量,该量表也是目前学术界采用的主流量表。题项包括"即使团队成员在团队中做错了事,也不会遭到大家的责难"等。

团队信息深加工。本研究采用 Kearney 等(2009)开发的 4 题项量表对团队信息深加工进行测量,题项包括"我们团队的成员常常通过公开地知识分享行为完善对任务的理解"等。

人工智能采纳。本研究从团队层面探讨人工智能采纳的强度,采用 Lu 和Ramamurthy(2011)提出的信息技术采纳 4 题项量表,题项包括"我们团队不断跟进新的人工智能创新"等。

2)团队领导问卷

团队领导问卷包括两部分:第一部分为团队领导填写的基本信息,包括管理的团队性质、所管理团队中的规模(数量不包括团队领导)、团队成立年限;第二部分由团队领导对所管理团队的团队创造力水平进行评价。

团队创造力。本研究使用 Shin 和 Zhou(2007)所开发的 4 题项量表衡量团队创造力,题项包括"您认为这个团队的创造力如何?"等。

2. 调研实施

本研究以上海某制造型企业为调研对象,在获得调研企业领导的许可和支持后,在公司人力资源部门的协助下发放问卷展开调研。考虑到本研究构建的是团队层面的理论模型,因此将团队作为基本调研单位,并将其定义为工作汇报对象为统一领导的员工群体。为减少同源偏差问题(Podsakoff et al.,2003),在不同时间点上分别对团队成员和团队领导数据进行收集。具体而言,于 2023 年7 月至 8 月向团队成员发放自评问卷,2023 年 9 月至 10 月向团队领导发放评价团队问卷。在调研过程中,使用员工工号对团队成员和团队领导数据进行匹配。本研究选取的调查对象为团队成员不少于 3 人的工作团队(不包括团队领导),若团队人数少于 3 人,则不纳入后续的调研和分析。最终共回收 492 份团队成员问卷,有效问卷数量 421 份,有效回收率 86%;63 份团队领导问卷,有效问卷数量 58 份,有效回收率 92%。

二、数据分析与假设检验

1.描述性统计分析

本研究对所有回收的有效问卷数据进行描述性统计分析,主要包括团队成员的性别、年龄、受教育水平等人口统计学特征变量及团队构成。如表11-11所示,此次问卷调查对象的男性占比66.75%,女性占比33.25%;在年龄方面,主要以24~45岁的中青年为主,其中25~35岁占比37.77%,36~45岁占比39.43%;在受教育程度方面,主要集中在大学本科及以下,其中大专及以下占比62.23%,大学本科占比36.82%;从工作经验来看,调查对象的工作年限相对较长,其中工作5~9年占比17.58%,10年以上占比71.13%;从团队成员在当前团队的工作时间来看,62.00%的员工在当前团队工作超过4年。

表 11-11　团队成员的描述性统计表

变　　量	类　　别	频　　数	百 分 比
性　别	男	281	66.75%
	女	140	33.25%
年　龄	小于25岁	10	2.38%
	25~35岁	159	37.77%
	36~45岁	166	39.43%
	46岁以上	86	20.43%
受教育程度	大专及以下	262	62.23%
	大学本科	155	36.82%
	硕　士	3	0.71%
	博士及以上	1	0.24%
工作年限	1年及以下	8	1.90%
	2~5年	37	8.79%

（续表）

变　　量	类　　别	频　　数	百　分　比
工作年限	5—9 年	74	17.58%
	10 年及以上	302	71.73%
团队工作时长	6 个月以下	22	5.23%
	6—10 个月	37	8.79%
	1—3 年	101	23.99%
	4 年及以上	261	62.00%

表 11－12 展示了调研团队的构成情况,在团队性质方面,涉及的团队主要集中在职能、生产、营销和技术开发,分别占比 21.85%、29.93%、20.19% 和 14.96;在团队规模方面,4~6 人的团队占比 27.55%,7~9 人的团队占比 46.32%,10 人及以上的团队占比 26.13%;就团队成立年限而言,84.56% 的团队成立年限超过 4 年。

表 11－12　团队的描述性统计表

变　　量	类　　别	频　　数	百　分　比
团队性质	运　营	26	6.18%
	职　能	92	21.85%
	生　产	126	29.93%
	营　销	85	20.19%
	技术开发	63	14.96%
	其　他	29	6.89%
团队规模	3 人及以下	0	0
	4~6 人	116	27.55%
	7~9 人	195	46.32%
	10 人及以上	110	26.13%

(续表)

变　量	类　别	频　数	百分比
团队成立年限	1 年以下	18	4.28%
	1~3 年	47	11.16%
	4 年及以上	356	84.56%

2. 信度分析

如表 11-13 所示,本研究中社会分类型断层、信息加工型断层、团队心理安全感、团队信息深加工、团队创造力、人工智能采纳六个量表的 α 系数分别为 0.945、0.958、0.885、0.929、0.945。本研究采用的量表均有较高信度,可以进行下一步分析。

表 11-13　各量表信度分析

变　量	α	基于标准化项的 α	题　项
社会分类型断层	0.945	0.944	4
信息加工型断层	0.958	0.958	4
团队心理安全感	0.885	0.884	7
团队信息深加工	0.929	0.928	4
团队创造力	0.945	0.949	4
人工智能采纳	0.801	0.802	4

3. 效度分析

1) 探索性因子分析

本研究使用 SPSS26.0 进行 KMO 样本测度和 Bartlett's 球形检验(见表 11-14),所有量表的 KMO 值均大于 0.7 且 Bartlett's 球形检验显著性水平高 ($p < 0.001$),说明各量表数据能够进行因子分析。

表 11 - 14　KMO 值和 Bartlett's 球体检验

变　　量	KMO 值	近似卡方	自　由　度	显著性检验
社会分类型断层	0.860	1 634.713	6	0.000
信息加工型断层	0.873	1 924.125	6	0.000
团队心理安全感	0.900	1 431.210	21	0.000
团队信息深加工	0.852	1 407.598	6	0.000
团队创造力	0.791	509.382	6	0.000
人工智能采纳	0.717	2 386.499	6	0.000

2）验证性因子分析

为进一步验证量表的结构效度,本研究采用 AMOS26.0 对假设因子模型与其他几个备选因子模型进行比较,以检验变量之间的区分效度。如表 11 - 15 所示,相较于其他备选因子模型,假设的六因子模型拥有最好的拟合程度（$\chi^2/df=2.796$,CFI $=0.945$,NFI $=0.917$,RMSEA $=0.065$,RMR $=0.040$）。

表 11 - 15　假设模型的验证性因子比较分析

	χ^2/df	CFI	NFI	RMSEA	RMR
假设的六因子模型： SCTF, IRTF, TPS, TIE, TC, AAI	2.796	0.945	0.917	0.065	0.040
假设的五因子模型： SCTF+IRTF, TPS, TIE, TC, AAI	5.993	0.844	0.819	0.109	0.088
假设的四因子模型： SCTF+IRTF+TPS, TIE, TC, AAI	10.162	0.710	0.689	0.148	0.142
备选的三因子模型 SCTF+IRTF+TPS+TIE, TC, AAI	14.196	0.578	0.562	0.177	0.165
备选的二因子模型 SCTF+IRTF+TPS+TIE+TC, AAI	15.707	0.527	0.512	0.187	0.168
备选的单因子模型 SCTF+IRTF+TPS+TIE+TC+AAI	22.350	0.312	0.304	0.225	0.206

注：① SCTF=社会分类型断层；② IRTF=信息加工型断层；③ TPS=团队心理安全感；④ TIE=团队信息深加工；⑤ TC=团队创造力；⑥ AAI=人工智能采纳,下同。

同时对各量表的收敛效度进行验证，结果如表 11-16 所示，各变量的 AVE 值和 CR 值基本符合评价标准（$AVE > 0.5$，$CR > 0.7$），收敛效度较好。

表 11-16　各量表收敛效度分析

变　量	AVE	CR
社会分类型断层	0.812	0.945
信息加工型断层	0.853	0.959
团队心理安全感	0.526	0.884
团队信息深加工	0.770	0.930
团队创造力	0.508	0.804
人工智能采纳	0.831	0.951

4. 聚合检验

本书关注的是团队层面变量，而在企业调研过程中，社会分类型断层、信息加工型断层、团队心理安全感、团队信息深加工五个变量的数据来源是团队成员自评，因此需要将收集到的个体层面数据聚合到团队层面以进行接下来的假设检验分析。如表 11-17 所示，本研究各变量基本符合团队集合条件。后续计算各变量的平均值，以此作为团队层面数据进入后续分析。

表 11-17　团队聚合检验指标

变　量	$Mean\ R_{wg}(j)$	$ICC(1)$	$ICC(2)$
社会分类型断层	0.737	0.142	0.545
信息加工型断层	0.756	0.283	0.741
团队心理安全感	0.894	0.142	0.546
团队信息深加工	0.807	0.132	0.525

5. 相关分析

在进行假设检验前，本研究首先使用 SPSS26.0 对所有变量进行相关性分析，并将 Pearson 相关系数作为测量指标。同时，将团队成员的人口统计学特征

(性别、年龄、受教育程度、团队工作时长)和团队基本特征(团队规模)作为控制变量一起进入后续的相关分析和假设检验。表 11-18 显示了本书的控制变量，以及六个主要变量的均值、标准差及相关系数。其中，社会分类型断层与团队创造力($r=-0.501$，$p<0.001$)、团队心理安全感($r=-0.591$，$p<0.001$)显著负相关；团队心理安全感与团队创造力显著正相关($r=0.576$，$p<0.001$)；信息加工型断层与团队创造力($r=0.643$，$p<0.001$)、团队信息深加工($r=0.552$，$p<0.001$)显著正相关；团队信息深加工与团队创造力显著正相关($r=0.534$，$p<0.001$)。这些结果与研究假设的方向一致，为假设检验提供了初步证据。

6. 主效应检验

本研究使用 SPSS 26.0 进行线性回归分析，对假设模型的主效应进行检验。如表 11-19 的模型 2 所示，在控制了团队成员性别、年龄等变量后，社会分类型断层会显著负向影响团队创造力($\beta=-0.418$，$p<0.01$)。模型的 R_2 为 0.257，表示控制变量和社会分类型断层解释了团队创造力 25.7% 的变化，并通过了 F 检验($F=2.945$)。由此验证了假设 H_{1a}，即社会分类型断层负向影响团队创造力。然后对信息加工型断层与团队创造力的关系进行检验，如表 11-19 的模型 3 所示，信息加工型断层会显著提升团队创造力($\beta=0.431$，$p<0.001$)。模型的 R_2 为 0.428，表示控制变量和信息加工型断层解释了团队创造力 42.8% 的变化，并通过了 F 检验($F=6.350$)。由此，假设 H_{1b} 通过检验，即信息加工型断层正向影响团队创造力。

7. 中介效应检验

1) 团队心理安全感在社会分类型断层和团队创造力之间的中介效应检验

在对性别、年龄等变量进行控制的情况下，使用 Process3.3 插件中的 Mode 4 对团队心理安全感的中介作用进行检验。如表 11-20 所示，社会分类型断层会显著负向预测团队创造力($\beta=-0.418$，$p<0.01$)，而加入团队心理安全感后，社会分类型断层对团队创造力的影响变得不显著($\beta=-0.167$，$p>0.05$)。此外，社会分类型断层显著负向影响团队心理安全感($\beta=-0.390$，$p<0.001$)，且团队心理安全感对团队创造力的正向影响显著($\beta=0.644$，$p<0.01$)。

此外，表 11-21 的结果显示社会分类型断层对团队创造力直接影响的 Bootstrap 95% 置信区间为[-0.475, 0.088](包含 0)，而团队心理安全感的中介作用未被纳入 Bootstrap 95% 置信区间的上下限(不包含 0)，这表明团队心理安全感在社会分类型断层对团队创造力的影响过程中起到完全中介作用。由此，假设 H_{2a} 得到验证，团队心理安全感在社会分类型断层对团队创造力的影响过程中起中介作用。

表 11 - 18　相关分析表

	M	SD	1	2	3	4	5	6	7	8	9	10	11
性别	1.323	0.206	1.000	-0.101	-0.011	-0.171	0.231	-0.122	0.133	-0.051	-0.025	0.129	0.187
年龄	2.769	0.405		1.000	0.036	0.146	0.043	0.054	-0.065	0.029	0.226	-0.004	-0.009
受教育水平	1.390	0.246			1.000	-0.209	0.074	0.225	-0.168	-0.076	0.187	-0.119	0.059
团队工作年限	3.427	0.541				1.000	-0.040	-0.255	0.105	0.327*	0.059	0.150	0.098
团队规模	2.809	0.734					1.000	0.036	0.080	0.138	0.187	0.010	0.012
社会分类型断层	2.013	0.641						1.000	-0.155	-0.591***	-0.078	-0.501***	-0.202
信息加工型断层	3.881	0.425							1.000	0.335*	0.552***	0.643***	0.049
团队心理安全感	3.991	0.554								1.000	0.299*	0.576***	-0.039
团队信息深加工	2.416	0.813									1.000	0.534***	0.059
团队创造力	4.162	0.465										1.000	-0.022
人工智能采纳	3.849	1.030											1.000

表 11 - 19　主效应检验表

	团队创造力					
	模型 1		模型 2		模型 3	
	β	t	β	t	β	t
控制变量：						
性别	0.423	1.113	0.204	0.592	0.207	0.687
年龄	−0.011	−0.059	0.033	0.194	0.045	0.307
受教育程度	−0.185	−0.593	−0.007	−0.026	0.024	0.097
团队工作时长	0.164	1.132	0.037	0.274	0.094	0.821
团队规模	−0.010	−0.100	0.007	0.080	−0.043	−0.521
自变量：						
社会分类型断层			−0.418**	−3.737		
信息加工型断层					0.431***	5.770
F	0.593		2.945*		6.350***	
R_2	0.054		0.257		0.428	

表 11 - 20　团队心理安全感的中介效应检验

	团队创造力		团队心理安全感		团队创造力	
	模型 4		模型 5		模型 6	
	β	t	β	t	β	t
控制变量：						
性别	0.204	0.592	−0.278	−1.199	0.383	1.203
年龄	0.033	0.194	0.011	0.098	0.026	0.167
受教育程度	−0.007	−0.026	0.134	0.704	−0.094	−0.360

（续表）

	团队创造力		团队心理安全感		团队创造力	
	模型 4		模型 5		模型 6	
	β	t	β	t	β	t
团队工作时长	0.037	0.274	0.139	1.545	-0.053	-0.422
团队规模	0.008	0.080	0.111	1.749	-0.064	-0.721
自变量:						
社会分类型断层	-0.418^{**}	-3.737	-0.390^{***}	-5.196	-0.167	-1.325
团队心理安全感					0.644^{**}	3.388
F	2.945		6.478^{***}		4.683^{***}	
R_2	0.257		0.433		0.396	

表 11‑21　团队心理安全感的中介效应分解表

	效 应 值	Boot 标准误	Boot CI 下限	Boot CI 上限	效应占比
总效应	-0.418	0.120	-0.674	-0.194	
直接效应	-0.167	0.140	-0.475	0.088	
团队心理安全感中介效应	-0.251	0.092	-0.437	-0.075	100%

2）团队信息深加工在信息加工型断层和团队创造力之间的中介效应检验

检验方法同 1）。如表 11‑22 所示，信息加工型断层会显著正向预测团队创造力（$\beta=0.431$，$p<0.001$），且加入团队信息深加工后，信息加工型断层仍然能够显著预测团队创造力，但预测能力有所下降（$\beta=0.285$，$p<0.01$）。此外，信息加工型断层显著正向影响团队信息深加工（$\beta=0.353$，$p<0.001$），且团队信息深加工对团队创造力的正向影响显著（$\beta=0.413$，$p<0.05$）。

表 11－22　团队信息深加工的中介效应检验

	团队创造力		团队信息深加工		团队创造力	
	模型 7		模型 8		模型 9	
	β	t	β	t	β	t
控制变量：						
性别	0.207	0.687	−0.247	−1.022	0.309	1.067
年龄	0.045	0.307	0.274	2.303	−0.068	−0.460
受教育程度	0.024	0.097	0.514	2.568	−0.188	−0.749
团队工作时长	0.094	0.821	0.003	0.027	0.093	0.853
团队规模	−0.043	−0.521	0.084	1.259	−0.078	−0.972
自变量：						
信息加工型断层	0.431***	5.770	0.353***	5.868	0.285**	3.097
团队信息深加工					0.413*	2.496
F	6.350***		7.612***		6.890***	
R_2	0.428		0.473		0.491	

此外，表 11－23 的结果显示信息加工型断层对团队创造力的直接影响和团队信息深加工的中介作用未被纳入 Bootstrap 95％置信区间的上下限（不包含 0），这表明信息加工型断层能够直接影响团队创造力，且团队信息深加工对团队创造力存在影响，其直接效应（0.285）和间接效应（0.146）分别占总效应（0.431）的 66％和 34％。由此，假设 H_{2b} 得到验证，团队信息深加工在信息加工型断层对团队创造力的影响过程中起中介作用。

表 11－23　团队信息深加工的中介效应分解表

	效 应 值	Boot 标准误	Boot CI 下限	Boot CI 上限	效应占比
总效应	0.431	0.078	0.268	0.576	
直接效应	0.285	0.091	0.118	0.479	66％
团队信息深加工中介效应	0.146	0.063	0.020	0.269	34％

8. 调节效应检验

1) 社会分类型断层与团队心理安全感

在纳入控制变量的情况下,使用 Process 3.3 中的 Model1,对假设中介模型的前半段进行检验。由表 11‑24 可见,社会分类型断层与人工智能采纳的乘积项对团队心理安全感并无显著的预测作用($\beta = -0.163$,$p > 0.05$),说明人工智能采纳在社会分类型断层和团队心理安全感的关系中并未起到调节作用,即假设 H_{3a} 并未得到验证。

表 11‑24 调节作用检验表(1)

	团队心理安全感					
	模型 10		模型 11		模型 12	
	β	t	β	t	β	t
控制变量:						
性别	−0.285	−1.233	−0.218	−0.94	−0.255	−1.103
年龄	0.01	0.088	0.01	0.09	−0.024	−0.215
受教育程度	0.134	0.703	0.171	0.904	0.248	1.268
团队工作时长	0.139	1.548	0.154	1.727	0.139	1.565
团队规模	0.111	1.764	0.108	1.74	0.102	1.655
自变量:						
社会分类型断层	−0.390***	−5.205	−0.41***	−5.471	−0.435***	−5.686
调节变量:						
人工智能采纳			−0.071	−1.572	−0.07	−1.567
交互项:						
社会分类型断层* 人工智能采纳					−0.163	−1.37
F	6.513***		6.097***		5.662***	
R_2	0.434		0.460		0.480	

2) 信息加工型断层与团队信息深加工

采用同样的方法检验人工智能采纳在信息加工型断层模型中的调节作用。结果如表 11-25 所示,信息加工型断层和人工智能采纳对团队信息深加工的预测作用显著($\beta = 0.171$,$p < 0.05$),说明人工智能采纳能够在信息加工型断层与团队信息深加工的关系中起调节作用。接下来,本研究采用简单斜率实验绘制,以验证人工智能采纳调节作用的方向,结果如表 11-25 和图 11-2 所示。由表 11-25 可见,当人工智能采纳水平低时,信息加工型断层对团队信息深加工并不存在显著影响($\beta = 0.131$,$p > 0.05$);当人工智能采纳水平高时,信息加工型断层显著正向影响团队信息深加工($\beta = 0.484$,$p < 0.001$)。由此,假设 H_{3b} 得到验证,人工智能采纳在信息加工型断层和团队信息深加工之间起到正向调节作用。

表 11-25 调节作用检验表(2)

	团队信息深加工					
	模型 10		模型 11		模型 12	
	β	t	β	t	β	t
控制变量:						
性别	-0.247	-1.021	-0.265	-1.062	-0.301	-1.271
年龄	0.274	2.298	0.274	2.281	0.213	1.833
受教育程度	0.514	2.567	0.507	2.499	0.588	3.026
团队工作时长	0.002	0.021	-0.003	-0.031	-0.007	-0.073
团队规模	0.084	1.259	0.085	1.261	0.106	1.658
自变量:						
信息加工型断层	0.352***	5.866	0.352***	5.806	0.307***	5.14
调节变量:						
人工智能采纳			0.017	0.346	0.031	0.689
交互项:						

（续表）

	团队信息深加工					
	模型 10		模型 11		模型 12	
	β	t	β	t	β	t
信息加工型断层*人工智能采纳					0.171*	2.631
F	7.603***		6.421***		7.149***	
R_2	0.472		0.473		0.539	

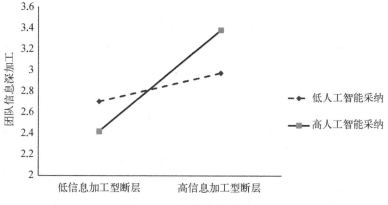

图 11 - 2 调节作用交互图

9. 被调节中介机制检验

由于人工智能采纳在社会分类型断层模型中的调节作用并未得到验证，因此，以下仅对信息加工型断层中的被调节中介机制进行检验。使用 Process 3.3 中的 Model7，在纳入控制变量的情况下进行分析，结果如表 11 - 26 所示。在高人工智能采纳水平情况下（$M+1SD$），团队信息深加工在信息加工型断层与团队创造力之间的中介效应显著（效应值为 2.819，95% 置信区间 [0.156，0.653] 不包含 0）。而在低人工智能采纳水平情况下（$M-1SD$），团队信息深加工在团队断层与团队创造力之间的中介效应变得不显著（效应值为 0.404，95% 置信区间 [-0.089，0.410] 包含 0）。由此，假设 H_{4b} 得到验证，即人工智能采纳在信息加工型断层通过团队信息深加工影响团队创造力的间接关系中起正向调节作用。

表 11 - 26　被调节中介作用检验表

调节变量	信息加工型断层(X)→团队信息深加工(M)→团队创造力		
	效应值	Boot LLCI	Boot ULCI
高人工智能采纳 ($M+1SD$)	2.819	0.156	0.653
低人工智能采纳 ($M-1SD$)	0.404	−0.089	0.410

三、假设检验汇总

本研究通过假设检验对所提假设进行验证,汇总结果如表 11 - 27 所示。

表 11 - 27　假设检验汇总

假　设		结　果
H_{1a}	社会分类型断层负向影响团队创造力	成立
H_{1b}	信息加工型断层正向影响团队创造力	成立
H_{2a}	团队心理安全感在社会分类型断层对团队创造力的影响过程中起中介作用	成立
H_{2b}	团队信息深加工在信息加工型断层对团队创造力的影响过程中起中介作用	成立
H_{3a}	人工智能采纳在社会分类型断层和团队心理安全感之间起到正向调节作用	不成立
H_{3b}	人工智能采纳在信息加工型断层和团队信息深加工之间起到正向调节作用	成立
H_{4a}	人工智能采纳在社会分类型断层通过团队心理安全感影响团队创造力的间接关系中起正向调节作用	不成立
H_{4b}	人工智能采纳在信息加工型断层通过团队信息深加工影响团队创造力的间接关系中起正向调节作用	成立

研究 Ⅱ 采用问卷调查法,对本书提出的理论模型进行再次验证。与研究 Ⅰ 的结果一致,研究 Ⅱ 再次证实了社会分类型断层会负向预测团队创造力,而信息

加工型断层对团队创造力具有正向影响,团队心理安全感和团队信息深加工的中介作用同样得到验证。此外,研究 Ⅱ 对人工智能采纳的边界作用进行验证,结果发现人工智能采纳在社会分类型断层模型中并不具有边界作用;而在信息加工型断层模型中,人工智能采纳的正向调节作用显著,被调节的中介机制假设同样通过检验。基于此,本研究基于情境实验和问卷调查,对理论模型的合理性进行验证。

第四节 研究结论

日益复杂的商业环境使得团队逐渐成为组织更加青睐的工作单元(Kozlowski & Ilgen, 2006)。本研究聚焦于团队断层这一关键的团队结构特征,对团队创造力的影响机制进行了研讨。鉴于团队的工作形式是打开创造力的重要因素,越来越多学者致力于揭开团队断层与团队创造力之间相互作用的黑箱。因此,本研究关注的研究问题有三点:一是社会分类型断层和信息加工型断层是否会对团队创造力产生影响;二是社会分类型断层和信息加工型断层与团队断层关系之间的中介机制是什么;三是人工智能采纳在团队断层对团队创造力的影响机制中是否能够起到边界作用。

为此,本书通过情境实验和问卷调查来回答上述问题。研究 Ⅰ 采用情境实验法,通过构建不同激活情境,探究被激活的团队断层能否影响团队创造力,以及二者之间的中介机制是什么。本书通过设计实验任务对团队断层的激活程度进行操纵,以探究被试团队在不同激活情境下的创造力表现,并对关键过程变量进行测量。使用 SPSS 26.0 对 160 个团队的实验结果数据进行分析,发现社会分类型断层会负向影响团队创造力,而信息加工性断层会正向影响团队创造力,对问题一进行回答。当团队成员感知到的社会分类型断层越强时,即以为团队内部基于个体与生俱来的特征差异而形成的子群体划分越清晰。此时,团队成员更可能基于性别、年龄等多重差异产生的刻板印象对他人进行判断并产生偏见和隔阂(陈伟,杨早立,朗益夫,2015),在团队内部出现剧烈冲突(Jehn & Bezrukova, 2010),阻碍子群体间信息和知识的交换(Pearsall et al., 2008),从而抑制创新观点的产生,而形成信息加工型断层的多重差异属性更容易被团队成员所接受(van Knippenberg et al., 2004)。高度的信息加工型断层感知有助于子群体间明确团队内部的"知识地图",帮助团队成员在解决创新任务时有效识别不同子群体的特长(刘新梅,李智勇,陈玮奕 等,2023),避免群体思维的产生并促进建设性讨论(Barkema & Shvyrkov,2007),从而实现团队创造力的迸发。此外,团队心理安全感和团队信息深加工能够分别中介社会分类型断层和信息加工型断层与团队创造力的关系,回答了问题Ⅱ。当团队成员感知到的社会分类型断层较强时,更可能在子群体间造成心理隔阂,破坏团队内部的心理安全感氛围(Lau & Murnighan,2005)。而团队心理安全感缺失使得成员在表达和讨论不同观点感到不安(Hirak et al.,2012),承担更多人际关系压力(曹科岩,窦志铭,2015),因而不利于团队创造力的激发。而当团队面临具有挑战性的创新工作时,高度的信息加工型断层感知能够为团队信息深加工提供丰富的资源基础(Lauring & Selmer,2013),而这一过程能够帮助团队将内部不同信息和观点转化为更高水平的创造力表现(Hoever et al.,2012)。

研究Ⅱ延续了研究Ⅰ的结论。首先,通过在企业中展开问卷调查,使用SPSS 26.0对数据进行分析,结果进一步验证了社会分类型断层会负向影响团队创造力,而信息加工性断层会正向影响团队创造力,对研究问题Ⅰ再次做出回答。其次,团队心理安全感在社会分类型断层与团队创造力之间起中介作用,而团队信息深加工在信息加工型断层与团队创造力之间起中介作用,回答了研究问题Ⅱ。最后,验证了人工智能采纳能够作为信息加工型断层模型的边界条件,部分回答了研究问题Ⅲ。由于在信息加工型断层团队中,团队成员乐于通过信息交换使得团队作为整体能够接触到更多有价值的信息和认知资源(Cooper et al.,2014),使得团队内部产生了"资源增益螺旋"。此时,个体更倾向于主动进行资源投资以获得更多的资源增益(Hobfoll,2002)。因此,不同子群体间更倾向于基于团队任务对人工智能技术的相关知识进行信息交换,从而增加团队的信息和认知资源积累。高度的人工智能采纳丰富了团队进行信息深加工所需的信息资源池,对团队创造力的正向促进作用也更加明显。然而,尚未有充分的证据支持人工智能采纳在社会分类型断层模型中的边界作用。这可能有两个原因:① Weisel 和 Zultan(2021)的研究指出,巨大的外部冲击可能会促进群体内的合作行为。因此,在某些社会分类型断层团队中,人工智能作为一项新兴技术的引入,可能会减轻子群体间的冲突。② 鉴于人工智能是一项具有巨大潜力的前沿技术,组织往往会出台政策鼓励员工掌握该技术。因此,在这种政策的推动下,部分社会分类型断层团队也可能相互分享有关人工智能的知识,从而缓和由于技术掌握不一致可能引发的子群体间竞争与冲突。

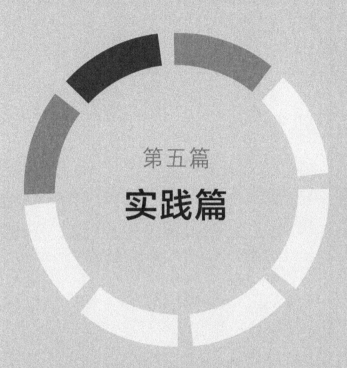

第五篇

实践篇

第十二章

管理干预、管理建议与研究展望

　　管理干预是管理学中的一种重要方法,旨在解决组织内部的问题、提高绩效和改善工作环境。这种干预基于多种理论背景,其中包括行为主义、系统理论、社会学习、人际关系和认知理论。

　　行为主义强调通过激励机制和奖惩措施来塑造和改变员工的行为。系统理论认为组织是由多个相互关联的部分构成,干预应该考虑整个系统的互动和影响。社会学习理论强调通过观察和模仿来学习,鼓励领导者的正面示范对于员工行为的影响。人际关系理论关注人际关系对组织的影响,强调建立良好的沟通和团队氛围。认知理论强调个体的思维和感知对行为的影响,通过改变认知方式来影响员工的决策和行为。

　　这些理论为管理干预提供了理论基础和指导,使管理者能够更全面地理解组织内部问题的本质,并选择适合的干预策略。通过这些理论框架,管理者能够更好地解决团队合作问题、改善员工绩效、促进员工满意度和推动组织发展。管理干预作为一种多样化、综合性的方法,为组织提供了有效的工具,帮助其适应变化、提高效率和成就目标。

第一节　管理干预

一、团队生命周期理论

　　1977 年,Tuckman 和 Jensen 将团队生命周期划分为五阶段:组建期(forming)、激荡期(storming)、规范期(norming)、执行期(performing)和休整期(adjourning)得到了众多学者和业界人士的认可,并一直沿用至今。"小型团队的发展阶段"模型可用于辨识团队构建与发展的关键性因素,在每个阶段,工作和社交相关行为的类型是变化的。同时也显示了团队在任何一个阶段或两个阶段的过渡时期都有失

败的可能(金辉,2006)。每阶段团队内部发展情况大致如下:

第一阶段(组建期),团队的目的、结构、领导皆未确定,团队成员角色和职责还不清晰。团队成员的主要任务是了解角色和职责,各自摸索着群体可以接受的行为规范。当群体成员开始将自己看作是团队中的一员时,该阶段结束。

第二阶段(激荡期),是团队内部冲突阶段,激荡源于团队成员之间的冲突。群体成员已接受团队的客观存在,但由于群体的性格、沟通方式、团队目标认知理解、过往经历等各个方面的不同,可能形成冲突和摩擦。领导在这个阶段,应该与团队一起进一步提升对于团队目标定位、工作方式、团队文化等方面的认知。该阶段结束时,群体的领导层次相对明确。

第三阶段(规范期),团队目标、角色和职责开始明确,群体内部成员之间开始解决分歧,了解深入,提供建设性的反馈意见,群体表现出一定的凝聚力。这时会产生强烈的群体身份感和友谊关系,当群体结构稳定下来,群体对于正确的成员行为达成共识时,该阶段结束。

第四阶段(执行期),群体结构已经开始充分地发挥作用,并已被群体成员完全接受。群体成员的注意力已经从试图相互认识和理解转移到完成手头的任务,通过无摩擦的协作和努力来实现团队目标。这一阶段,团队领导应该尽可能地授权,让团队成员自驱动,发现潜力。

第五阶段(休整期),群体任务完成,开始准备解散,高绩效不再是压倒一切的首要任务,注意力转移至群体的收尾工作。这一阶段,管理者应该总结分析、对人的动态变化等做出总结。以终为始,团队成员动机水平下降,关于团队未来的不确定性开始回升。

基于团队生命周期的团队断层干预研究如图 12-1 所示。

二、研究视角

1. 个体视角

(1) 团队领导角色。团队领导是负责为团队提供指导,帮助团队指定共同目标,在适当的时候代表团队处理与组织内其他部门关系的角色。团队领导属于团队中的一员,并能够从内部对团队施加影响。无论团队规模大小,都必须有人来充当管理者,即团队领导的角色。

(2) 团队成员角色。根据英国学者梅雷迪思·贝尔宾(Meredith Belbin)的团队角色理论,成功的团队中应该有九种角色,每个团队成员会扮演两种以上的角色。而在本研究中的团队成员则泛指团队中除去领导角色的其他团队成员。

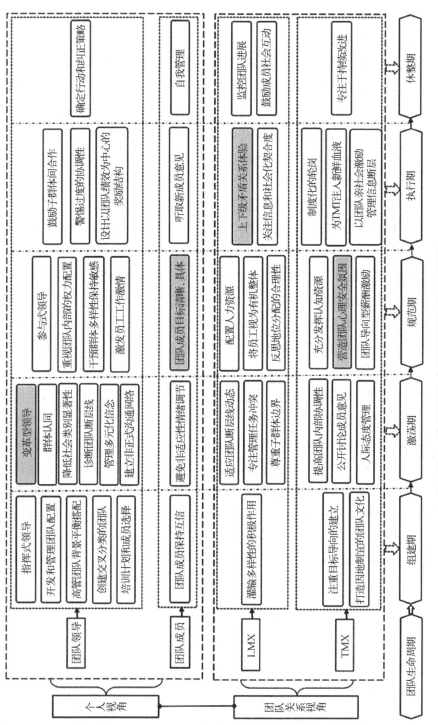

图12-1 基于团队生命周期的团队断层干预研究

181

2. 团队关系视角

1) LMX 理论视角

Graen 和 Uhl-Bien(1976)首先提出领导-成员交换理论(Leader-Member Exchange,LMX)。LMX 理论认为,在一个组织中,领导者与成员之间的交换关系并非是均等的,而是存在着不同的质量和深度。领导者与部分成员(内群体)形成了互相信任、相互依赖、资源共享和支持的高质量交换关系,而与其他成员(外群体)形成了缺乏信任和互动的低质量交换关系。领导-成员交换理论指出,领导者对待下属的方式是有差别。少部分与领导建立起特殊关系的下属(圈内人),将会得到领导更多的信任和关照,也更可能享有特权。

Bauer 和 Green(1996)的研究认为,领导-成员交换关系的形成与发展要经历四个阶段:第一阶段,领导与不同成员之间发展了不同的关系,形成"圈内"与"圈外"之分;第二阶段,领导与成员在实际的团队工作中各自采取行动改进交换关系,"圈内"成员试图保住"位置","圈外"成员试图进入"圈内";在双方努力的过程中,工作绩效与团队绩效也随之发生改进;第三阶段,领导与成员共同构建基于感情与信任的工作生活情景;第四阶段,领导-成员的"二元"关系升华至团队层面,发展为团队-成员交换关系。在本研究中的 LMX 视角,就是着重研究领导和团队成员之间的团队关系,通过这一关系的友好建立,促进团队目标的高效完成。

2) TMX 理论视角

Seers(1989)基于 LMX 理论首次提出团队-成员交换理论(Team-Member Exchange,TMX),该理论描述了团队个体与其他团队成员间的互益性交互作用。当领导成员交换关系从单纯的领导和成员的二元关系上升至整个团队水平时便形成了"团队成员交换"关系。本研究中的团队成员交换理论视角,就是侧重于衡量团队成员在团队这个层面中的关系建立、氛围塑造等会对团队创造力和团队绩效产生影响的变量。

第二节　管理建议

一、个体视角

1. 团队领导

当团队处于组建期,成员对于整个团队的工作内容尚未熟悉,团队领导首先应当以具体明确的指挥要求员工,使其尽快地适应团队。其次,在设计团队时,管理者应该意识到他们创造的多样性的结构,如果多样性属性高度相关,团队就更有可能分裂成可能难以合作甚至开始相互竞争的子群。因此,在将人们分组到团队中时,最好应用交叉技术(Homan et al.,2007)。在现有团队的情况下,流失、更替和新成员的选择是考虑团队多样性结构的好机会(Rico et al.,2012)。也可以在团队初期引入人工智能技术,人工智能对程序化、事务化工作的快速处理,使得员工可以从烦琐的工作中解脱出来,能够更加专注核心的工作任务,进而提高工作绩效(盛晓娟,2022)。再次,管理者可以开发和管理团队人口组成,以限制同质子群的可能性。当不需要任务相互依赖时,管理者可能会更好地分配子组任务,并充当各个子组之间的桥梁,而不是试图营造一个更积极的团队环境,确保团队配置不会让自己陷入人口统计学的断层线。最后,在高管团队成员选拔时应该注意保持职能背景、教育背景、行业背景的平衡和合理搭配,可以考虑选择具有广泛职能背景的成员担任领导者(李小青 等,2015)。培训计划和谨慎的成员选择过程有助于减少派系团体的消极影响,增加团队成员相处的时间和共同的经验,降低传记性人口学的断裂(Li et al.,2005)。

当团队处于激荡期,多样性在未来可能会进一步增加,人工智能在全球范围内的普及,不仅使大规模的科研团队得以集聚产生,而且通过不断的合作促使新的研究成果持续涌现,推动着人工智能的广泛而深入的发展(王曰芬,2020)。变革型领导的重要性作为释放异质团队固有的绩效潜力的一种手段也必然会增加。拥有多元化团队的组织最好任命那些具有变革素质的人担任团队领导,或者培训团队领导进行更具变革性的领导。组织可以尝试识别表现出变革型领导行为的个人,并将这些个人视为不同团队的潜在领导者(Eric et al.,2009)。另外,对多元化员工的有效管理应该包括对多元化信念的管理。例如,管理者可以通过传达他们对多样性价值的信念,并解释任务绩效如何受益于信息和观点的多样性,来培养支持多样性的信念。可以说,管理者在更复杂的任务中解释多样性的价值比在更常规的任务中更可行(Homan et al.,2007)。

采用功能领导观点(Fleishman et al.,1991),管理者可以通过诊断团队中休眠或活跃的断层线来领导多样化的团队。当存在断层线时,这需要防止社会分类,如果在激荡期存在强烈的断层线,旨在降低社会类别显著性的领导行为可能是有用的(Meyer et al.,2011)。除此之外,团队领导者需要设计任务和非正式沟通网络,以匹配他们当前和潜在的不断变化的断层线动力学。可能需要限制跨越小组的交流,并选择可以利用小组内部倾向的任务(Murnighan et al.,2005)。还有一个关键点是,团队领导对一个群体的强烈认同可以使群体成员围绕共同的目标团结起来,并最终促进群体的表现(Jehn & Bezrukova,2010)。

当团队处于规范期,尽管团队群体凝聚力逐渐增强,研究人员和管理人员仍应该对多样性对群体或组织结果的直接影响保持敏感,而且还需要对通过干预群体过程实现多样性的方式保持敏感(Knight et al.,1999)。在该阶段,团队领导应当在不同程度上鼓励下属参与组织决策(Erdogan et al.,2020)。依据 Arnold 等(2000)的定义,参与式领导是指管理者鼓励下属参与组织各项管理工作流程,以分享决策权为特征的领导行为。参与式领导会以两种不同的方式影响员工创造力:一方面,适度水平的参与式领导能够积极预测员工创造力(李燚 等,2022);另一方面,过高或过低水平的参与式领导会对员工创造力产生消极影响。参与式领导能够通过提高下属的责任感和自我效能感等激发员工的积极行为并带来正向结果如工作绩效和主动建言(Newman et al.,2016)。

权力配置观认为,工作团队中的权力配置是基于某些有价值的社会标准而对团队成员顺序的一种排列。管理者应当重视团队内部的权力配置,注意集权与分权之间的权衡。虽然集权可以带来高效率,促进团队内部的分工协作,但也可能会导致团队分裂,进而给团队过程和结果带来负面影响。同时,组织管理者应当意识到,当集权结构不可避免时,如果能够事先帮助团队组建以任务为基础的子群体,其负面作用可能会大幅削弱(卫旭华,2018)。成员间关系的相对稳定性是确保团队协同的关键所在(秦伟平,2017)。

当团队处于执行期,管理者可以通过提高集体类别成员资格和鼓励子群体间合作来减少子群体间的偏见(Ramón et al.,2019)。同时,保持多样性,避免过度协调性(Ren et al.,2015)。当管理者开发压力管理项目时,他们可能会将断层线的潜力视为一种应对资源。该机制的关键部分是子群体合作,通过在断层线子群体中培养合作意识,管理者可以最大化实现这些缓冲效应的机会(Jehn & Bezrukova,2010)。值得注意的是,领导者在设计奖励结构时应强调团队绩效,而不是单位或个人绩效,可能有助于抑制我们追踪的分裂过程(Hambrick et al.,2005)。

当团队处于休整期,团队可以在反思阶段进行自我调节,并可以确定行动和纠正策略。在这一点上,冲突应该是罕见的,但如果出现冲突,应该迅速解决,以防止严重地损害团队的士气和收尾工作(Burke et al.,2017)。

总体来说,领导者在管理实践中需要意识到团队中可能存在的各种断层类型,包括认同型、知识型和资源型断层。这意味着要了解团队成员之间的不同背景、价值观和能力差异。领导者应该鼓励并欢迎团队成员的多样性,包括文化、知识和资源方面的多样性,从而提高团队的创新能力和解决问题的多样性。确保团队成员之间有充分的沟通和信息共享,特别是在知识型断层可能存在的情况下,可以通过团队会议、知识分享会或跨部门协作来实现。团队领导者可以通过组织团队建设活动、培训和合作项目等方式,帮助团队成员了解彼此,打破可能存在的认同型隔阂,提高资源共享和协作。领导者需要确保在团队中权力和资源的分配是公平的,尽量避免资源型断层可能带来的团队内部不公平感和冲突。领导者可以促进团队成员的学习和发展,包括提供培训机会、导师制度或者资源分享,以缩小知识型断层可能带来的差距。确保团队有共同的目标和价值观,这有助于减少认同型断层可能造成的分歧,提高团队的凝聚力。

2. 团队成员

当团队处于组建期,团队成员之间知识、信息资源的交流和传播共享得益于团队成员之间的相互信任,信任程度越高,作用越大(张秀娥,2012)。信任行为逐渐成为多团队成员创业行为与创新成果研究的重点交叉领域(段万春,2019)。

当团队处于激荡期,尤其是存在信息型断裂的团队中,要警惕团队内部成员在应对团队断裂情境时过度采取消极、非适应性的情绪调节策略(屈晓倩,2015)。

当团队处于规范期,对于从事更多日常任务的小组(如快餐店),所有小组成员确保都有相同的特定、困难的目标(Meyer et al.,2011)。与此同时,团队成员必须警惕,不要将基于观点的断层线与基于社会类别的断层线混合在一起,后者已被证明会对创造力产生负面影响(Pearsall et al.,2008)。

当团队处于执行期,新成员可能不同意现有的群体规范,他们可能是创造力和冲突的来源。与少数成员一样,其他小组成员或组长可能需要做出额外努力,以确保听取新成员的意见,并实现他们提高小组绩效的潜力。

当团队处于休整期,团队成员的目标是自我管理,准备好完成常规任务,进行下一步计划(Chen et al.,2009)。

总的来说,团队成员在管理实践中应当意识到团队中可能存在的不同断层类型,尊重和欣赏团队成员的多样性,包括不同的社会认同、知识水平和资源获取等方面。团队成员应当积极参与团队内的沟通和信息分享,确保信息能够流动和共享,特别是在知识型断层可能存在的情况下分享自己的经验和见解。鼓励团队内的合作和协作,尤其是在资源型断层可能存在的情况下,共享资源和知识,相互支持合作伙伴的工作。尊重他人的社会认同、个人特点和工作方式。理解和包容不同观点和价值观,避免认同型断层可能带来的冲突和隔阂。不断学习和提升自己的能力,以缩小知识型断层可能存在的差距。愿意接受培训、分享经验和知识。支持团队共同的目标和价值观,为团队整体的成功和发展做出贡献,减少认同型断层可能带来的阻碍。在团队中维护公平和平等的机会,避免资源型断层可能带来的不公平感和分歧。

二、团队关系视角

1. LMX

当团队处于组建期,团队成员行为具有相当大的独立性。尽管他们有可能被促动,但普遍而言,这一时期他们缺乏团队目的、活动的相关信息。部分团队成员还有可能表现出不稳定、忧虑的特征,团队领导在带领团队的过程中,要确保团队成员之间建立起一种互信的工作关系。指挥或"告知"式领导应与团队成员分享团队发展阶段的概念,达成共识。团队领导和团队成员之间还不熟悉,团队内充满极大的不确定性,组织应对团队成员灌输多样性的积极作用,以改变团队成员对多样性的认识,从而减少多样性对团队的负面作用(Homan et al.,2007)。

当团队处于激荡期,团队领导者必须适应团队成员的断层线动态,并设计任务和非正式沟通网络,以匹配他们当前和潜在的不断变化的断层线动力学。管理者可能需要限制跨越小组的交流,并选择可以利用小组内部倾向的任务(Lau et al.,2005)。这一观点支持 Hornsey 和 Hogg(2000)的双重分类理论,他们提出需要尊重群体和子群体的边界,将子群体成员同化为更大的群体可能会造成身份威胁和不和谐的群体氛围。同时,激荡期由于团队成员较低的协调性,可能会频繁出现任务冲突,通过专注于管理任务冲突,管理者可以更好地解决工作场所中的不公平感,从而提高团队和组织的效率。另外,考虑员工的观点是提高公平性的重要机制,能在员工任务冲突出现时更积极地去应对(Spell et al.,2011)。重视人工智能技术的采纳对员工绩效的作用机制将有助于新技术的扩张与企业的长期健康发展(郭辉,2022)。

当团队处于规范期,管理者若想高效调动存在信息型断裂团队的积极性,应注重学习目标导向的建立。通过人力资源配置来促进信息型断裂的形成,以增强团队反思力度。当团队内部自我审视、自我完善的态度和行为不足时,管理者可通过引入异议或团队争辩激发反思(屈晓倩,2016)。在这个时期,对团队领导来说,重要的是转向系统的视角,将当地员工视为一个有机整体,而不是一个松散的组织集合。为招聘、选拔和绩效考核建立无偏见的人力资源管理实践,为来自不同背景的人建立积极的工作氛围和宽容的社会规范(Zhang,2015)。同时,团队领导者必须意识到,通过 LMX 差异化,他们为每个团队成员分配了社会地位。因此,他们必须反思这种地位分配的基础是否合理(Sophie et al.,2022)。

当团队处于执行期,团队应该考虑可以促进创造力和学习的信息和知识的可用性,以及子群体之间可能导致不良组织效应的知识碎片化风险,为了避免以知识为基础的断层线的不利方面,因此,公司应该关注团队领导者和其他团队成员之间的关系、信息和社会化"契合度",而且——也许最重要的是——关注潜在流程的发展,通过这种契合度或不契合度,转化为绩效影响(Dimitrios et al.,2017)。研究表明,关系可能不仅仅是单纯积极或消极的,还包括既积极又消极的复杂类型(Methot et al.,2017)。以往研究将 LMX 概念化为单项变化连续体(刘燕君 等,2021),即 LMX 质量非"高"即"低",不存在除这二者之外的关系。为了更好地理解 LMX 复杂性,Lee 等(2019)结合前人研究,提出上下级交换关系矛盾体验(Leader-Member Exchange Ambivalence),即员工对领导-成员交换关系同时存在积极和消极想法的主观体验。LMX 矛盾体验造成的矛盾识别导致个体对未来存在极高的不确定性,不同个体对不确定环境的接受程度和对 LMX 的依赖程度不同。其中,高权力距离取向个体在不确定环境下会产生较高的不安全感,需要依靠领导者的信任减少心理担忧,同时依靠领导者进行身份的解读和资源的获取(Schaubroeck et al.,2017)。因此,团队领导要针对LMX 关系的演变,注意把握好权力距离,防止对工作效率产生负面影响。

当团队处于休整期,团队任务完成,团队领导与团队成员关系暂时稍微松散。但团队领导仍应该监控团队进展,鼓励团队成员进行社会互动,为下一次团队任务的执行做好准备。

2. TMX

当团队处于组建期,团队成员之间要注重目标导向的建立,通过对团队成员多样性的配置和理解,打造因地制宜的团队文化,形成特殊的团队氛围,以便于接下来团队任务的开展。

资源保存理论旨在解释人们在社会互动中如何管理和保护个体心理资源的

理论框架。资源保存理论认为,个体在社会互动和行为中会努力保护和维护自己的心理资源,如注意力、精力、时间和认知能力等。这些心理资源有限,个体会通过行为和决策来避免过度耗费,以便更好地应对未来的需求和挑战。资源保存理论强调了个体心理资源的有限性。个体在处理信息、应对压力和挑战时,需要运用心理资源。因此,个体在社会互动中会尽可能地节省和合理利用这些资源,以保持心理平衡和稳定。

自我决定理论旨在解释个体内在动机对于行为和动机的影响。这一理论强调了人类对于自主性、能力感和归属感的需求,以及这些需求对于个体行为、学习、工作和幸福感的重要影响。自我决定理论认为,人类天生有三种基本心理需求:自主性(autonomy)、能力感(competence)和归属感(relatedness)。当这些需求得到满足时,个体会感到更有动力、更满足,并表现出更积极的行为和更高的幸福感。

基于资源保存理论与自我决定理论的双重视角,员工并不会因为人工智能技术使用程度的提高而主动放弃保留重要资源的需求,相反地,为应对新的知识技能要求,员工个体势必不断主动提升自身在工作方面的胜任力,加大工作投入,实现保存生活所需的资源目标,呈现出提高知识技能的需求(何勤,2022)。

当团队处于激荡期,管理者应注意具有相似背景的人力资源进行合理配置,使团队在多样化(中等程度)的同时,也有形成内部“小团体”的可能,增加成员的归属感和安全感,使具有相同或相似背景的成员可以进行深入的专业交流,以此应对研发工作对高强度信息处理和决策制定的需求。管理者一方面需采取措施增强成员互信和沟通,减少子团队间的摩擦,使异质性专长知识的获取更流畅、完成任务的过程也更协调;另一方面也要警惕过度的协调性对团队创造力可能造成的负面影响。因此,团队成员在保持一定稳定性的同时,要有“新鲜血液”的注入,提高团队活力,避免重复性合作带来的过度协调性对创造力想法的抑制。

对于新的群体,在采取行动之前可以让群体成员公开讨论他们的意见(Hackman & Morris,1975),这在两个方面都很有帮助:① 共享信息使群体能够寻求许多可能的方法来实现他们的目的,② 在这一过程中,小组成员可能能够充分了解彼此,从而超越他们的人口统计,建立重要的人际关系(Lau et al.,1998)。同时,团队成员之间的人际态度管理是管理子群体的关键。如果情感整合和子群体相互加强,那么打破这种负面螺旋(并减少子群体的伤害)的一种方法将是直接增加情感整合。子群体对情感整合的相互影响表明,干预的时机可能是至关重要的,因为子群体形成和情感整合之间的相互影响构成了一个正反馈回路(Cronin et al.,2011)。

当团队处于规范期,要注意合理利用团队信息相关断裂带结构可以充分发挥团队中的认知资源,形成竞争优势。由于社会属性断裂带更易形成小群体,对于社会属性断裂带应当加以控制和防范,注意采用干预手段打破小群体的边界(陈帅,2016)。要注意团队心理安全氛围的营造,使得成员"敢"于指出问题,"敢"于提出创造性观点;要重视开展团建活动,通过团队反思使得成员有能力、有技巧去建言,保证成员"会"建言和建"好"言(陈慧,2018)。可以考虑采用团队导向型薪酬激励制度来激发团队成员的工作激情。

当团队处于执行期,项目团队运作如一个整体。工作顺利、高效完成,没有任何冲突,不需要外部监督。团队成员对于任务层面的工作职责有清晰的理解。没有监督,自治,即便在没有监督的情况下自己也能做出决策。随处可见"我能做"的积极工作态度,互助协作。此时团队可以采用制度化的轮岗来加快工作效率,保持团队的稳定性(谢小云,2011)。团队可能需要进行战略创新,经常需要以新成员的形式为其注入新鲜血液。然而,团队应该注意不要任命那些与现有成员组合在一起可能会产生严重分歧的团队成员,因为这可能会阻碍战略创新(Barkema et al.,2007)。同时,对于团队可能出现的信息断层线问题,形成团队亲社会激励氛围是管理信息断层线的有效方法,在高水平的团队亲社会动机下形成信息断层线有利于团队的整合能力和创造力(屈晓倩,2016)。

当团队处于休整期,暂时完成了一阶段的项目任务,团队成员应该彼此反思,注重于持续地改进完善。

第三节 研究展望

通过对团队断层现有研究的相关梳理,本书明确了团队断层的概念与测量、相关理论、实证研究以及管理实践等。本书在此基础上提出团队断层这一研究主题的未来研究方向。

(1)重新界定团队断层研究的分析单位。现有团队断层的研究已经强调了将团队划分为子群体进行分析而产生的效能及影响。因此,在未来的研究中,建议将团队断层的分析单位下降至子群体层面。首先,有助于根据子群体的类型划分团队断层的分类;其次,有助于依据团队断层的类型探索与之相匹配的激活情境;最后,有助于团队断层的研究更加契合真实的工作情境。

(2) 促进团队断层测量方式多样化。Lau 和 Murnighan(1998)阐述了被激活团队断层的重要性,当我们的研究重心从客观结构转向主观感知时,团队断层的测量方法也随之需要发生质的改变,采用构念测量方式以替代传统的数理模型测量方式为我们在真实工作场景中观察团队断层的动态演进轨迹提供支持。团队断层量表不仅需要考虑团队内是否存在断层,更要考虑团队内存在的是何种类型的团队断层,只有清楚被激活的团队断层类型,才能在后续研究中相对应地考虑不同调节变量来应对断层影响。另外,保持团队断层研究方法的多样性也能为团队断层研究提供更多可能性。除了经典的实验研究,采用田野实验可以增强断层研究的外部效度,采用仿真模拟方法可以帮助我们辨识团队断层在演进过程中涉及的复杂问题。团队断层研究将更多地融合多个学科,如心理学、管理学、社会学、神经科学等,以更全面地理解团队内部的动态和互动。这种跨学科的整合将为我们提供更深入的洞察力,有助于解决团队中不同成员之间的冲突、沟通问题,并优化团队绩效。

(3) 探索团队断层的积极作用。基于"多样性的价值"(value in diversity)研究视角,未来研究应该侧重于探索团队断层的积极效能。尽管现有研究已经证明了团队断层对提高创造力,促进团队学习,缓解不公平感,增强子群体归属性等方面都有积极的作用,未来的研究仍然需要鼓励在理论及实证研究上检验团队断层对团队、子群体及个体成员的潜在的积极效应。团队断层研究也将更加重视团队成员的心理健康和幸福感。了解团队氛围、领导风格、工作压力对团队成员的影响,将有助于建立更具支持性和积极向上的工作环境,提升团队的整体幸福感和工作满意度。

(4) 深入研究团队断层的激活与演进过程。未来的研究需要更进一步地探索团队断层的激活过程。将研究重点从潜在的团队断层中成员的"短暂感知过程",转移到在被激活的团队断层中探索个体对断层感知的延续性。此外,团队断层的研究可以借鉴团队进化(Palla et al.,2007)和网络进化(Doreian,Stokman,1997)的微观视角来探索团队断层在工作团队中的演进。通过子群体形成的顺序帮助我们更好地理解团队断层演进的过程,并且通过内部规范对子群体移动的限制来更好地解释团队断层在子群体间的作用。依托真实工作团队开展团队断层及团队演进的匹配性研究。团队断层的研究既要延续对潜在断层进行现场研究的优势,同时也要弥补在被激活的团队断层研究中由于实验操控而造成的方法上的缺陷。为了保证团队断层的研究成果更加有效地应用在真实的管理情境中，未来研究有必要进一步依托真实工作团队开展团队断层及团队演进的匹配性研究。

（5）探索虚拟团队的断层机制。随着远程工作和虚拟团队的兴起，未来团队断层研究将更加关注这些虚拟团队的运作机制。虚拟团队的团队断层是指在远程工作环境中可能存在的团队内部交流、合作和关系方面的障碍或问题。这些断层关系可能会影响团队凝聚力、工作效率和成员间的互动。在虚拟团队中，沟通可能受到限制，无法像面对面交流那样及时和充分。不同时区、语言和文化背景也可能导致沟通误解和不畅。缺乏即时的非语言沟通元素（如面部表情、肢体语言）也使得信息传递更具挑战性。缺乏面对面的互动和团队活动可能导致团队凝聚力的下降。团队成员可能感到孤立，难以建立紧密的关系和共同的团队文化。这可能影响团队的团结性和对共同目标的投入程度。因此，虚拟团队的团队断层现象也值得进一步讨论。

（6）丰富团队断层研究的情境因素。现有的团队断层研究已有大量情境因素的检验，未来研究仍然需要关注一些新的情境因素，特别是如果团队断层的分析单位设定为子群体，那么与子群体相关的情境因素有待于进一步深入研究，如子群体认同、子群体间感知的均衡性、子群体规模，子群体归属感和子群体成员的流动性等。与领导有关的一些情境变量也需要进一步关注，如领导风格、领导成员交换关系及差异等。还可以考虑一些宏观环境或行业情境的影响，如跨文化情境、家族企业情境、行业或企业联盟、企业政治、兼并与重组等。另外，随着人工智能、机器学习和大数据分析的不断进步，团队断层研究将更多地利用这些技术工具。通过分析海量数据和模式识别，我们可以更好地预测团队内部发生的变化、挑战和机会，从而提前采取必要的措施来优化团队运作。

参考文献

1. 英文文献

Aarts H, Verplanken B, van Knippenberg A. Predicting behavior from actions in the past: Repeated decision making or a matter of habit? [J]. Journal of Applied Social Psychology, 1998, 28(15): 1355 – 1374.

Acemoglu D, Restrepo P. The wrong kind of AI? Artificial intelligence and the future of labour demand[J]. Cambridge Journal of Regions, Economy and Society, 2020, 13(1): 25 – 35.

Adair W L, et al. The culturally intelligent team[J]. Journal of Cross-Cultural Psychology, 2013, 44(6): 941 – 962.

Agrawal A, Gans J, Goldfarb A. Prediction, judgment, and complexity: A theory of decision-making and artificial intelligence. In The Economics of Artificial Intelligence: An Agenda (pp. 89 – 110): University of Chicago Press, 2018.

Agrawal A, Gans J S, Goldfarb A. Exploring the impact of artificial intelligence: Prediction versus judgment[J]. Information Economics and Policy, 2019, 47: 1 – 6.

Agrawal V. Managing the diversified team: Challenges and strategies for improving performance[J]. Team Performance Management: An International Journal, 2012, 18 (7/8): 384 – 400.

Ai W, Chen Y, Mei Q, et al. Putting teams into the gig economy: A field experiment at a ride-sharing platform[J]. Management Science, 2023, 69(9): 5336 – 5353.

Ajzen I. Residual effects of past on later behavior: Habituation and reasoned action perspectives[J]. Personality and Social Psychology Review, 2002, 6(2): 107 – 122.

Alexander L, Van Knippenberg D. Teams in pursuit of radical innovation: A goal orientation perspective[J]. Academy of Management Review, 2014, 39(4): 423 – 438.

Alsheibani S, Cheung Y, Messom C. Artificial intelligence adoption: AI-readiness at firm-level[J]. PACIS, 2018, 4: 231 – 245.

Amabile T M, Barsade S G, Mueller J S, et al. Affect and creativity at work [J]. Administrative Science Quarterly, 2005, 50(3): 367 – 403.

Amabile T M, Barsade S G, Mueller J S, et al. Affect and creativity at work [J]. Administrative Science Quarterly, 2005, 50(3): 367 – 403.

Amabile T M, Conti R, Coon H. Assessing the work environment for creativity[J]. Academy of Management Journal, 1996, 39(5): 115 - 118.

Amabile T M. The social psychology of creativity: A componential conceptualization[J]. Journal of Personality and Social Psychology, 1983, 45(2): 357 - 376.

Angela A L, et al. Multicultural experience enhances creativity: The when and how.[J]. The American Psychologist, 2008, 63(3): 169 - 81.

Ang S, Dyne V L, Koh C, et al. Cultural intelligence: Its measurement and effects on cultural judgment and decision making, cultural adaptation and task performance [J]. Management and Organization Review, 2007, 3(3): 335 - 371.

Antino M, Rico R, Thatcher S M B. Structuring reality through the faultlines lens: The effects of structure, fairness, and status conflict on the activated faultlines-performance relationship[J]. Academy of Management, 2019, 62(5): 1444 - 1470.

Antino M, Rico R, Thatcher S M B. Structuring reality through the faultlines lens: The effects of structure, fairness, and status conflict on the activated faultlines-performance relationship[J]. Academy of Management Journal, 2019, 62(5): 1444 - 1470.

Argote L, McGrath J E. Group processes in organizations: Continuity and change[J]. International Review of Industrial and Organizational Psychology, 1993, 8: 333 - 389.

Arnold J A, Arad S, Rhoades J A, et al. The empowering leadership questionnaire: The construction and validation of a new scale for measuring leader behaviors[J]. Journal of Organizational Behavior, 2000, 21(3): 249 - 269.

Ashford S J, Tsui A S. Self-regulation for managerial effectiveness: The role of active feedback seeking[J]. Academy of Management Journal, 1991, 34(2): 251 - 280.

Ashforth B E, Mael F. Social identity theory and the organization [J]. Academy of Management Review, 1989, 14(1): 20 - 39.

Baker M, Kim S, Ma E. Discrimination or globalization: The effects of employee ethnicity, gender, and organizational citizenship behavior on service recovery experience [C]. Proceedings of the TTRA Conference, Melbourne, Australia, 2019.

Bakker A B, Albrecht S L, Leiter M P. Key questions regarding work engagement[J]. European Journal of Work and Organizational Psychology, 2011, 20(1): 4 - 28.

Bakker A B, Demerouti E. Towards a model of work engagement[J]. Career Development International, 2008, 13(3): 209 - 223.

Bakker A B, Hakanen J J, Demerouti E, et al. Job resources boost work engagement, particularly when job demands are high[J]. Journal of Educational Psychology, 2007, 99(2): 274.

Ballinger G A, Rockmann K W. Chutes versus ladders: Anchoring events and a punctuated-equilibrium perspective on social exchange relationships[J]. Academy of Management Review, 2010, 35(3), 373 - 391.

Barkema H G, Shvyrkov O. Does top management team diversity promote or hamper foreign expansion? [J]. Strategic Management Journal, 2007, 28(7): 663 - 680.

Baron R M, Kenny D A. The moderator-mediator variable distinction in social psychological research: Conceptual, strategic, and statistical considerations[J]. Journal of Personality and Social Psychology, 1986, 51(6): 1173 - 1182.

Bartel C A. Social comparisons in boundary-spanning work: Effects of community outreach on members' organizational identity and identification[J]. Administrative Science Quarterly, 2001, 46(3): 379 - 413.

Bateman T S, Crant J M. The proactive component of organizational behavior: A measure and correlates[J]. Journal of Organizational Behavior, 1993, 14(2): 103 - 118.

Bauer T N, Green S G. Development of leader-member exchange: A longitudinal test[J]. Academy of Management Journal, 1996, 39(6): 1538 - 1567.

Bezrukova K, Jehn K A, Zanutto E L, et al. Do workgroup faultlines help or hurt? A moderated model of faultlines, team identification, and group performance[J]. Organization Science, 2009, 20(1): 35 - 50.

Bezrukova K, Spell C S, Caldwell D, et al. A multilevel perspective on faultlines: Differentiating the effects between group-and organizational-level faultlines[J]. Journal of Applied Psychology, 2016, 101(1): 86.

Bezrukova K, Thatcher S, Jehn K A, et al. The effects of alignments: Examining group faultlines, organizational cultures, and performance[J]. Journal of Applied Psychology, 2012, 97(1): 77 - 92.

Bezrukova K, Uparna J. Group splits and culture shifts: A new map of the creativity terrain [J]. Research on Managing Groups and Teams, 2009, 12(2): 163 - 193.

Bliese P D. Within-group agreement, non-independence, and reliability: Implications for data aggregation and analysis[M]. San Francisco, CA: Jossey-Bass/Wiley, 2000.

Bodla A A, Tang N, Jiang W, et al. Diversity and creativity in cross-national teams: The role of team knowledge sharing and inclusive climate [J]. Journal of Management & Organization, 2018, 24(5): 711 - 729.

Boekhorst J A. The role of authentic leadership in fostering workplace inclusion: A social information processing perspective[J]. Human Resource Management, 2015, 54(2): 241 - 264.

Bourke J, Espedido A. Why inclusive leaders are good for organizations, and how to become one[J]. Harvard Business Review, 2019, 29(3): 2019.

Brewer M B. The social self: On being the same and different at the same time[J]. Personality and Social Psychology Bulletin, 1991, 17(5): 475 - 482.

Brislin R W. The wording and translation of research instruments[M]. Sage Publications, Inc, 1986.

Buchtel E E, Norenzayan A. Which should you use, intuition or logic? Cultural differences in injunctive norms about reasoning[J]. Asian Journal of Social Psychology, 2008, 11(4): 264 - 273.

Burke C S, Georganta E, Hernandez C. The importance of time in team leadership research [M]. //Team Dynamics Over Time. Emerald Publishing Limited, 2017, 18: 95 - 122.

Byrne E D. The Attraction Paradigm[M]. New York: Academic Press, 1971.

Cacioppo J T, Hawkley L C, Ernst J M, et al. Loneliness within a nomological net: An evolutionary perspective[J]. Journal of Research in Personality, 2006, 40(6): 1054 – 1085.

Caputo A, Ayoko B O, Amoo N. The moderating role of cultural intelligence in the relationship between cultural orientations and conflict management styles[J]. Journal of Business Research, 2018, 89: 10 – 20.

Carmeli A, Reiter-Palmon R, Ziv E. Inclusive leadership and employee involvement in creative tasks in the workplace: The mediating role of psychological safety[J]. Creativity Research Journal, 2010, 22(3): 250 – 260.

Carton A M, Cummings J N. A theory of subgroups in work teams[J]. Academy of Management Review, 2012, 37(3): 441 – 470.

Carton A M, Cummings J N. The impact of subgroup type and subgroup configurational properties on work team performance[J]. Journal of Applied Psychology, 2013, 98: 732 – 758.

Centers R, Bugental D E. Intrinsic and extrinsic job motivations among different segments of the working population[J]. Journal of Applied Psychology, 1966, 50(3): 193 – 197.

Chang S, Jia L, Takeuchi R, et al. Do high-commitment work systems affect creativity? A multilevel combinational approach to employee creativity[J]. Journal of Applied Psychology, 2014, 99(4): 665 – 680.

Chatman J A, Flynn F J. Full-cycle micro-organizational behavior research[J]. Organization Science, 2005, 16(4): 434 – 447.

Chen C, Lee S, Stevenson H W. Response style and cross-cultural comparisons of rating scales among East Asian and North American students[J]. Psychological Science, 1995, 6(3): 170 – 175.

Chen G, Farh J L, Campbell-Bush E M, et al. Teams as innovative systems: Multilevel motivational antecedents of innovation in R&D teams[J]. Journal of Applied Psychology, 2013, 98(6): 1018 – 1027.

Chen G, Kanfer R, DeShon R P, et al. The motivating potential of teams: Test and extension of cross-level model of motivation in teams[J]. Organizational Behavior and Human Decision Processes, 2009, 110(1): 45 – 55.

Chen G, Kirkman B L, Kanfer R, et al. A multilevel study of leadership, empowerment, and performance in teams[J]. Journal of Applied Psychology, 2007, 92(2): 331 – 346.

Chen G, Mathieu J E. Goal orientation dispositions and performance trajectories: The roles of supplementary and complementary situational inducements[J]. Organizational Behavior and Human Decision Processes, 2008, 106(1): 21 – 38.

Chen G, Tjosvold D. Conflict management and team effectiveness in China: The mediating role of justice[J]. Asia Pacific Journal of Management, 2002, 19: 557 – 572.

Chen S, Wang D, Zhou Y, et al. When too little or too much hurts: Evidence for a curvilinear relationship between team faultlines and performance[J]. Asia Pacific Journal of Management, 2017, 34: 931 – 950.

Chiu Y T, Staples D S. Reducing faultlines in geographically dispersed teams: Self-disclosure and task elaboration[J]. Small Group Research, 2013, 44(5): 498 - 531.

Choi J N, Sy T. Group-level organizational citizenship behavior: Effects of demographic faultlines and conflict in small work groups[J]. Journal of Organizational Behavior, 2010, 31(7): 1032 - 1054.

Christian M S, Garza A S, Slaughter J E. Work engagement: A quantitative review and test of its relations with task and contextual performance[J]. Personnel Psychology, 2011, 64(1): 89 - 136.

Christopher P E, Soon A. Cultural Intelligence: Individual Interactions Across Cultures[M]. Stanford University Press, 2003.

Chughtai A A. Servant leadership and follower outcomes: Mediating effects of organizational identification and psychological safety [J]. Journal of Psychology, 2016, 150 (7): 866 - 880.

Chung K H, Yu J E, Choi M G, et al. The effects of CSR on customer satisfaction and loyalty in China: The moderating role of corporate image[J]. Journal of Economics, Business and Management, 2015, 3(5): 542 - 547.

Chung Y, Liao H, Jackson S, et al. Cracking but not breaking: Joint effects of faultline strength and diversity climate on loyal behavior[J]. Academy of Management Journal, 2015, 58(5): 1495 - 1515.

Colbert A, Yee N, George G. The digital workforce and the workplace of the future[J]. Academy of management journal, 2016, 59(3): 731 - 739.

Connor-Smith J K, Flachsbart C. Relations between personality and coping: A meta-analysis [J]. Journal of Personality and Social Psychology, 2007, 93(6): 1080 - 1107.

Conway A M, Pleydell-Pearce W C, Whitecross E S, et al. Neurophysiological correlates of memory for experienced and imagined events[J]. Neuropsychologia, 2003, 41 (3): 334 - 340.

Cooper D, Patel P C, Thatcher S M B. It depends: Environmental context and the effects of faultlines on top management team performance[J]. Organization Science, 2014, 25(2): 633 - 652.

Cooper D, Thatcher S M B. Identification in organizations: The role of self-concept orientations and identification motives[J]. Academy of Management Review, 2010, 35 (4): 516 - 538.

Cosier R A, Schwenk C R. Agreement and thinking alike: Ingredients for poor decisions[J]. Academy of Management Perspectives, 1990, 4(1): 69 - 74.

Costa P T, McCrae R R. The five-factor model of personality and its relevance to personality disorders[J]. Journal of Personality Disorders,1992, 6(4): 343 - 359.

Coyle D. Precarious and Productive Work in the Digital Economy[J]. National Institute Economic Review, 2017, 240(1): R5 - R14.

Cramton C D, Hinds P J. Subgroup dynamics in internationally distributed teams: Ethnocentrism or cross-national learning? [J]. Research in Organizational Behavior,

2004, 26: 231 - 263.

Crant J M. Proactive behavior in organizations[J]. Journal of Management, 2000, 26: 435 - 462.

Cronin M A, Bezrukova K, Weingart L R, et al. Subgroups within a team: The role of cognitive and affective integration[J]. Journal of Organizational Behavior, 2011, 32(6): 831 - 849.

Crucke S, Knockaert M. When stakeholder representation leads to faultlines: A study of board service performance in social enterprises[J]. Journal of Management Studies, 2016, 53 (5): 768 - 793.

Dahlin K B, Weingart L R, Hinds P J. Team diversity and information use[J]. Academy of Management Journal, 2005, 48(6): 1107 - 1123.

Dau L A. Biculturalism, team performance, and cultural-faultline bridges[J]. Journal of International Management, 2016, 22(1): 48 - 62.

De Dreu C K W, West M A. Minority dissent and team innovation: The importance of participation in decision making[J]. Journal of Applied Psychology, 2001, 86(6): 1191 - 1201.

Demerouti E, Bakker A B, Gevers J M P. Job crafting and extra-role behavior: The role of work engagement and flourishing[J]. Journal of Vocational Behavior, 2015, 91: 87 - 96.

Deniz D, Ziya K. Effects of a multifaceted team goal-setting intervention for youth volleyball teams[J]. Journal of Applied Sport Psychology, 2023, 35(2): 224 - 243.

De Simone V, Di Pasquale V, Giubileo V, et al. Human-Robot Collaboration: An analysis of worker's performance[J]. Procedia Computer Science, 2022, 200: 1540 - 1549.

Doreian P, Stokman F. Evolution of Social Networks[M]. Routledge, 1997.

Dussault M, Thibodeau S. (1997). Professional isolation and performance at work of school principals[J]. Journal of School Leadership, 1997, 7(5): 521 - 536.

Dyer H J, Nobeoka K. Creating and managing a high-performance knowledge-sharing network: The Toyota case[J]. Strategic Management Journal, 2000, 21(3): 345 - 367.

Edmondson A C, Mogelof J P. Explaining psychological safety in innovation teams: Organizational culture, team dynamics, or personality[C]. In Creativity and Innovation in Organizational Teams(pp.129 - 156). Psychology Press, 2006.

Edmondson A. Psychological safety and learning behavior in work teams[J]. Administrative Science Quarterly, 1999, 44(2): 350 - 383.

Ekman P. Facial expression and emotion[J]. American Psychologist, 1993, 48(4): 384.

Ellis A P J, Mai K M, Christian J S. Examining the asymmetrical effects of goal faultlines in groups: A categorization elaboration approach[J]. Journal of Applied Psychology, 2013, 98: 948 - 961.

Erdil O, Ertosun Ö G. The relationship between social climate and loneliness in the workplace and effects on employee well-being[J]. Procedia-Social and Behavioral Sciences, 2011, 24: 505 - 525.

Erdogan B, Bauer T N. Leader-Member Exchange (LMX) Theory: The Relational Approach to Leadership[M]. Oxford University Press, 2014.

Erdogan B, Karaeminogullari A, Bauer T N, et al. Perceived overqualification at work: Implications for extra-role behaviors and advice network centrality [J]. Journal of Management, 2020, 46(4): 583 – 606.

Farmer S M, Tierney P, Kung- McIntyre K. Employee creativity in Taiwan: An application of role identity theory[J]. Academy of Management Journal, 2003, 46(5): 618 – 630.

Feniger-Schaal R, Noy L, Hart Y, et al. Would you like to play together? Adults' attachment and the mirror game[J]. Attachment & Human Development, 2016, 18(1): 33 – 45.

Fischer C S. Who is alone? Social characteristics of people with small networks[M]. Institute of Urban & Regional Development, University of California, 1979.

Fleishman E A, Mumford M D, Zaccaro S J, et al. Taxonomic efforts in the description of leader behavior: A synthesis and functional interpretation[J]. The Leadership Quarterly, 1991, 2(4): 245 – 287.

Fleming L, Sorenson O. Technology as a complex adaptive system: Evidence from patent data [J]. Research Policy, 2001, 30(7): 1019 – 1039.

Flynn F J, Chatman J A, Spataro S E. Getting to know you: The influence of personality on impressions and performance of demographically different people in organizations[J]. Administrative Science Quarterly, 2001, 46(3): 414 – 442.

Frazier M L, Fainshmidt S, Klinger R L, et al. Psychological safety: A meta – analytic review and extension[J]. Personnel Psychology, 2017, 70(1): 113 – 165.

Fredrickson B L, Branigan C. Positive emotions broaden the scope of attention and thought-action repertoires[J]. Cogn Emot, 2005, 19(3): 313 – 332.

Frese M, Fay D. Personal initiative: An active performance concept for work in the 21st century[J]. Research in Organizational Behavior, 2001, 23: 133 – 187.

Frese M, Kring W, Soose A, et al. Personal initiative at work: Differences between East and West Germany[J]. Academy of Management Journal, 1996, 39(1): 37 – 63.

Fridlund A J. Human Facial Expression[M]. San Diego, CA: Academic Press, 1994.

Gaertner S L, Dovidio J F. Understanding and addressing contemporary racism: From aversive racism to the common ingroup identity model[J]. Journal of Social Issues, 2005, 61(3): 615 – 639.

Georgakakis D, Greve P, Ruigrok W. Top management team faultlines and firm performance: Examining the CEO-TMT interface[J]. The Leadership Quarterly, 2017, 28(6): 741 – 758.

Georgakakis, Dimitrios, Ruigrok W. CEO succession origin and firm performance: A multilevel study[J]. Journal of Management Studies, 2017, 54(1): 58 – 87.

Graen G B. Role-making processes within complex organizations[J]. Handbook of Industrial & Organizational Psychology, 1976.

Grant A M, Ashford S J. The dynamics of proactivity at work[J]. Research in Organizational Behavior, 2008, 28: 3 – 34.

Grant A M, Berry J W. The necessity of others is the mother of invention: Intrinsic and prosocial motivations, perspective taking, and creativity[J]. Academy of Management Journal, 2011, 54(1): 73 - 96.

Gratton L, Voigt A, Erickson T J. Bridging faultlines in diverse teams[J]. MIT Sloan Management Review, 2007, 48(4): 22.

Griffin M A, Neal A, Parker S K. A new model of work role performance: Positive behavior in uncertain and interdependent contexts[J]. Academy of Management Journal, 2007, 50(2): 327 - 347.

Groves S K, Feyerherm A, Gu M. Examining cultural intelligence and cross-cultural negotiation effectiveness [J]. Journal of Management Education, 2015, 39 (2): 209 - 243.

Groves S K, Feyerherm E A. Leader cultural intelligence in context[J]. Group Organization Management, 2011, 36(5): 535 - 566.

Gruman J A, Saks A M, Zweig D I. Organizational socialization tactics and newcomer proactive behaviors: An integrative study[J]. Journal of Vocational Behavior, 2006, 69(1): 90 - 104.

Guda H, Subramanian U. Your uber is arriving: Managing on-demand workers through surge pricing, forecast communication, and worker incentives[J]. Management Science, 2019, 65(5): 1995 - 2014.

Haas M, Mortensen M. The secrets of great teamwork[J]. Harvard Business Review, 2016, 94(6): 70 - 76.

Hackman J R, Morris C G. Group tasks, group interaction process, and group performance effectiveness: A review and proposed integration[J]. Advances in Experimental Social Psychology, 1975, 8: 45 - 99.

Hambrick D C. Top management groups: A conceptual integration and reconsideration of the "team" label[J]. Research in Organizational Behavior, 1994, 16(2): 171 - 213.

Han L. Research on Team Faultlines Characteristics and Integration Mechanism Under the Background of M&A Reform[D]. Zhengjiang University. 2013.

Harris L C, Ogbonna E. Exploring service sabotage: The antecedents, types and consequences of frontline, deviant, antiservice behaviors [J]. Journal of Service Research, 2002, 4(3): 163 - 183.

Harris L C, Ogbonna E. Service sabotage: A study of antecedents and consequences[J]. Journal of the Academy of Marketing Science, 2006, 34: 543 - 558.

Harrison A D, Price H K, Bell P M. Beyond Relational Demography: Time and the Effects of Surface- and Deep-level Diversity on Work Group Cohesion[J]. Academy of Management Journal, 1998, 41(1): 96 - 107.

Hart C M, Van Vugt M. From fault line to group fission: Understanding membership changes in small groups[J]. Personality and Social Psychology Bulletin, 2006, 32(3): 392 - 404.

Harter J K, Schmidt F L, Hayes T L. Business-unit-level relationship between employee satisfaction, employee engagement, and business outcomes: A meta-analysis[J]. Journal of Applied Psychology, 2002, 87(2): 268 - 279.

Haslam S A, Ellemers N. Social identity in industrial and organizational psychology: Concepts, controversies and contributions[J]. International Review of Industrial and Organizational Psychology, 2005, 20: 39 - 118.

Heidl R A, Steensma H K, Phelps C. Divisive faultlines and the unplanned dissolutions of multipartner alliances[J]. Organization Science, 2014, 25(5): 1351 - 1371.

Heinrich L M, Gullone E. The clinical significance of loneliness: A literature review[J]. Clinical Psychology Review, 2006, 26(6): 695 - 718.

Hess U, Blairy S, Kleck R E. The influence of facial emotion displays, gender, and ethnicity on judgments of dominance and affiliation[J]. Journal of Nonverbal behavior, 2000, 24: 265 - 283.

Hirak R, Peng A C, Carmeli A, et al. Linking leader inclusiveness to work unit performance: The importance of psychological safety and learning from failures[J]. Leadership Quarterly, 2012, 23(1): 107 - 117.

Hirak R, Peng A C, Carmeli A, et al. Linking leader inclusiveness to work unit performance: The importance of psychological safety and learning from failures[J]. The Leadership Quarterly, 2012, 23(1): 107 - 117.

Hobfoll S E. Conservation of resources: A new attempt at conceptualizing stress[J]. American Psychologist, 1989, 44(3): 513.

Hobfoll S E. Social and psychological resources and adaptation[J]. Review of General Psychology, 2002, 6(4): 307 - 324.

Hoever I J, van Knippenberg D, van Ginkel, et al. Fostering team creativity: Perspective taking as key to unlocking diversity's potential[J]. Journal of Applied Psychology, 2012, 97(5): 982 - 996.

Hofmann D A. An overview of the logic and rationale of hierarchical linear models[J]. Journal of Management, 1997, 23(6): 723 - 744.

Holmes P V, Gordashko B J. Evidence of prostaglandin involvement in blastocyst implantation[J]. Development, 1980, 55(1): 109 - 122.

Homan A C, Hollenbeck J R, Humphrey S E, et al. Facing differences with an open mind: Openness to experience, salience of intragroup differences, and performance of diverse work groups[J]. Academy of Management Journal, 2008, 51(6): 1204 - 1222.

Homan A C, van Knippenberg D, van Kleef G A, et al. Bridging faultlines by valuing diversity: Diversity beliefs, information elaboration, and performance in diverse work groups[J]. Journal of Applied Psychology, 2007, 92(5): 1189 - 1199.

Homan C A, Knippenberg V, et al. Interacting Dimensions of Diversity: Cross-Categorization and the Functioning of Diverse Work Groups[J]. Group Dynamics: Theory, Research, and Practice, 2007, 11(2): 79 - 94.

Hong Y Y, Morris W M, Chiu Y C, et al. Multicultural Minds[J]. American Psychologist, 2000, 55(7): 709 - 720.

Hopp C, Greene J F. In Pursuit of Time: Business Plan Sequencing, Duration and Intra entrainment Effects on New Venture Viability[J]. Journal of Management Studies, 2018, 55(2): 320 - 351.

Hornsey M J, Hogg M A. Assimilation and diversity: An integrative model of subgroup relations[J]. Personality and Social Psychology Review, 2000, 4(2): 143 - 156.

Hornsey M J, Jetten J. The individual within the group: Balancing the need to belong with the need to be different[J]. Personality and Social Psychology Review, 2004, 8 (3): 248 - 264.

Hsiao A, Ma E, Auld C. Organizational ethnic diversity and employees'satisfaction with hygiene and motivation factors: A comparative IPA approach[J]. Journal of Hospitality Marketing & Management, 2017, 26(2): 144 - 163.

Hu, L-T, Bentler P M. Evaluating model fit. In R. H. Hoyle (Ed.), Structural equation modeling: Concepts, issues, and applications (pp. 76 - 99). Sage Publications, Inc., 1995.

Hutzschenreuter T, Horstkotte J. Performance effects of top management graphic faultlines in the process of product diversification[J]. Strategic Management Journal, 2013, 34(6): 704 - 726.

Hutzschenreuter T, Horstkotte J. Performance effects of top management team demographic faultlines in the process of product diversification[J]. Strategic Management Journal, 2013, 34(6): 704 - 726.

Hyatt C G, Andrijiw A M. How people raised and living in Ontario became fans of non-local National Hockey League teams[J]. International Journal of Sport Management and Marketing, 2008, 4(4): 338 - 355.

Ilgen D R, Hollenbeck J R, Johnson M, et al. Teams in organizations: From input-process-output models to IMOI models[J]. Annu. Rev. Psychol., 2005, 56: 517 - 543.

Jackson S. E, Joshi A.. Diversity in social context: a multi-attribute, multilevel analysis of team diversity and sales performance [J]. Journal of Organizational Behavior: The International Journal of Industrial, Occupational and Organizational Psychology and Behavior, 2004, 25(6): 675 - 702.

James L R, Demaree R G, Wolf G. RWG: An assessment of within-group interrater agreement[J]. Journal of Applied Psychology, 1993, 78(2): 306 - 309.

Javed B, Raza Naqvi S M M, Khan A K, et al. Impact of inclusive leadership on innovative work behavior: The role of psychological safety-corrigendum[J]. Journal of Management & Organization, 2017, 23(03): 472 - 472.

Jehn K A. A qualitative analysis of conflict types and dimensions in organizational groups[J]. Administrative Science Quarterly, 1997: 530 - 557.

Jehn K A, Bezrukova K. The faultline activation process and the effects of activated faultlines on coalition formation, conflict, and group outcomes[J]. Organizational Behavior and Human Decision Processes, 2010, 112(1): 24 - 42.

Jehn K A, Bezrukova K. The faultline activation process and the effects of activated faultlines on coalition formation, conflict, and group outcomes[J]. Organizational Behavior and

Human Decision Processes, 2010, 112(1): 24 - 42.

Jehn K A, Mannix E A. The dynamic nature of conflict: A longitudinal study of intragroup conflict and group performance[J]. Academy of management journal, 2001, 44(2): 238 - 251.

Jehn K A, Northcraft G B, Neale M A. Why differences make a difference: A field study of diversity, conflict and performance in workgroups[J]. Administrative Science Quarterly, 1999, 44(4): 741 - 763.

Jiao J L, Feng L Y, Chen C, et al. Are algorithmically controlled gig workers deeply burned out? An empirical study on employee work engagement[J]. BMC Psychology, 2023, 11(1): 354 - 354.

Jones W H, Hebb L. The experience of loneliness: Objective and subjective factors[J]. The International Scope Rewiew, 2003, 5(9): 41 - 62.

Joshi A, Roh H. Context Matters: A Multilevel Framework for Work Team Diversity Research[J]. Research in Personnel and Human Resources Management, 2007, 26: 1 - 48.

Jung H S, Yoon H H. Improving frontline service employees' innovative behavior using conflict management in the hospitality industry: The mediating role of engagement[J]. Tourism Management, 2018, 69: 498 - 507.

Kahn W A. Psychological conditions of personal engagement and disengagement at work[J]. The Academy of Management Journal, 1990, 33(4): 692 - 724.

Kanfer R, Wanberg C R, Kantrowitz T M. Job search and employment: A personality motivational analysis and meta-analytic review[J]. Journal of Applied psychology, 2001, 86(5): 837.

Karatepe O M. High-performance work practices and hotel employee performance: The mediation of work engagement[J]. International Journal of Hospitality Management, 2013, 32(1): 132 - 40.

Karatepe O M, Keshavarz S, Nejati S. Do core self-evaluations mediate the effect of coworker support on work engagement? A study of hotel employees in Iran[J]. Journal of Hospitality and Tourism Management, 2010, 17(1): 62 - 71.

Kark R, Carmeli A. Alive and creating: The mediating role of vitality and aliveness in the relationship between psychological safety and creative work involvement[J]. Journal of Organizational Behavior: The International Journal of Industrial, Occupational and Organizational Psychology and Behavior, 2009, 30(6): 785 - 804.

Katerina B, et al. A multilevel perspective on faultlines: Differentiating the effects between group- and organizational-level faultlines[J]. The Journal of Applied Psychology, 2016, 101(1): 86 - 107.

Kearney E, Gebert D, Voelpel S C. When and how diversity benefits teams: The importance of team members' need for cognition[J]. Academy of Management Journal, 2009, 52(3): 581 - 598.

Kearney E, Razinskas S, Weiss M, et al. Gender diversity and team performance under time pressure: The role of team withdrawal and information elaboration[J]. Journal of Organizational Behavior, 2022, 43(7): 1224 - 1239.

Khan N, Dyaram L, Dayaram K. Team faultlines and upward voice in India: The effects of communication and psychological safety[J]. Journal of Business Research, 2022, 142: 540 - 550.

Kickul J, Gundry L. Prospecting for strategic advantage: The proactive entrepreneurial personality and small firm innovation[J]. Journal of Small Business Management, 2002, 40(2): 85 - 97.

Kim J Y, Dyne V L. Cultural intelligence and international leadership potential: The importance of contact for members of the majority[J]. Applied Psychology, 2012, 61(2): 272 - 294.

Kim J Y, Steensma H K, Heidl R A. Clustering and connectedness: How inventor network configurations within incumbent firms influence their assimilation and absorption of new venture technologies[J]. Academy of Management Journal, 2021, 64(5): 1527 - 1552.

Knight D, Pearce C L, Smith K G, et al. Top management team diversity, group process, and strategic consensus[J]. Strategic Management Journal, 1999, 20(5): 445 - 465.

Knutson B. Facial expressions of emotion influence interpersonal trait inferences[J]. Journal of Nonverbal Behavior, 1996, 20: 165 - 182.

Koss-Feder L. How hoteliers diversify their employee search process[EB/OL]. Hotel News Now. [2019 - 10 - 24]. http://www.hotelnewsnow.com/Articles/298719/How-hoteliers-diversify-their-employee-search-process.

Kozlowski S W J, Ilgen D R. Enhancing the effectiveness of work groups and teams[J]. Psychological Science in the Public Interest, 2006, 7(3): 77 - 124.

Kulkarni M. Language-based diversity and faultlines in organizations[J]. Journal of Organizational Behavior, 2015, 36(1): 128 - 146.

Kunze F, Bruch H. Age-based faultlines and perceived productive energy: The moderation of transformational leadership[J]. Small Group Research, 2010, 41(5): 593 - 620.

Lau D C, Murnighan J K. Demographic diversity and faultlines: The compositional dynamics of organizational groups[J]. Academy of Management Review, 1998, 23(2): 325 - 340.

Lau D C, Murnighan J K. Interactions within groups and subgroups: The effects of demographic faultlines[J]. Academy of Management Journal, 2005, 48(4): 645 - 659.

Lau D C, Murnighan J K. Interactions within groups and subgroups: The effects of demographic faultlines[J]. Academy of Management Journal, 2005, 48(4): 645 - 659.

Lauring J, Selmer J. Diversity attitudes and group knowledge processing in multicultural organizations[J]. European Management Journal, 2013, 31(2): 124 - 136.

Law C. When diversity training isn't enough: The case for inclusive leadership[J]. Technical Report No. 16 - 12 DEOMI Directorate of Research Development and Strategic Initatives, 2012.

Lee A, Thomas G, Martin R, et al. Leader-member exchange (LMX) ambivalence and task performance: The cross-domain buffering role of social support [J]. Journal of

Management，2019，45(5)：1927－1957.

Lee L T S, Sukoco B M. Reflexivity, stress, and unlearning in the new product development team: The moderating effect of procedural justice[J]. R&D Management, 2011, 41(4): 410－423.

Leenders R T A, Contractor N S, DeChurch L A. Once upon a time: Understanding team processes as relational event networks[J]. Organizational psychology review, 2016, 6(1): 92－115.

Leonardelli G J, Pickett C L, Brewer M B. Optimal distinctiveness theory: A framework for social identity, social cognition, and intergroup relations[M]. Academic Press, 2010.

LePine J A, Hollenbeck J R, Ilgen D R, et al. Gender composition, situational strength, and team decision-making accuracy: A criterion decomposition approach[J]. Organizational Behavior and Human Decision Processes, 2002, 88(1): 445－475.

Leung A K, Chiu C. Multicultural experience, idea receptiveness, and creativity[J]. Journal of Cross－Cultural Psychology, 2010, 41(5－6): 723－741.

Levashina J, Hartwell C J, Morgeson F P, et al. The structured employment interview: Narrative and quantitative review of the research literature[J]. Personnel Psychology, 2014, 67(1): 241－293.

Lewis M W. Exploring Paradox: Toward A More Comprehensive Guide[J]. Academy of Management Review, 2000, 25(25): 760－776.

Li J, Hambrick D C. Factional groups: A new vantage on demographic faultlines, conflict, and disintegration in work teams[J]. Academy of Management Journal, 2005, 48(5): 794－813.

Li J, Hambrick D C. Factional groups: A new vantage on demographic faultlines, conflict, and disintegration in work teams[J]. Academy of Management Journal, 2005, 48(5): 794－813.

Li M, Hsu C H C. Linking customer-employee exchange and employee innovative behavior [J]. International Journal of Hospitality Management, 2016, 56: 87－97.

Lin S H J, Johnson R E. A suggestion to improve a day keeps your depletion away: Examining promotive and prohibitive voice behaviors within a regulatory focus and ego depletion framework[J]. Journal of Applied Psychology, 2015, 100(5): 1381.

Liu X, Zhang X, Zhang X. Faultlines and team creativity: The moderating role of leaders' cognitive reappraisal[J]. Small Group Research, 2021, 52(4): 481－503.

Li W, Lau D C. Asymmetric factional groups in family firms: When group faultline is a good thing[C]. Academy of Management Proceedings. 2014, 2014 (1): 16101.

Li Y, Ma Y, Huo X, et al. Remote object navigation for service robots using hierarchical knowledge graph in human-centered environments [J]. Intelligent Service Robotics, 2022, 15(4): 459－473.

Li Y, Shao Y, Wang M, et al. From inclusive climate to organizational innovation: Examining internal and external enablers for knowledge management capacity[J]. The Journal of Applied Psychology, 2022, 107(12): 2285－2305.

Lord G R, Dinh, et al. A quantum approach to time and organizational change[J]. The Academy of Management Review, 2015, 40(2): 263-290.

Lu Y, K. (Ram) Ramamurthy. Understanding the link between information technology capability and organizational agility: An empirical examination[J]. MIS Quarterly, 2011, 35(4): 931-954.

Macey W H, Schneider B. The meaning of employee engagement[J]. Industrial and Organizational Psychology, 2008, 1(1): 3-30.

Maddux W W, Galinsky A D. Cultural borders and mental barriers: The relationship between living abroad and creativity[J]. Journal of Personality and Social Psychology, 2009, 96 (5): 1047.

Ma E, Qu H. Social exchanges as motivators of hotel employees' organizational citizenship behavior: The proposition and application of a new three-dimensional framework[J]. International Journal of Hospitality Management, 2011, 30(3): 680-688.

Masi C, Chen H, Hawkley L, et al. A Meta-Analysis of Interventions to Reduce Loneliness [J]. Personality and Social Psychology Review: An Official Journal of the Society for Personality and Social Psychology, Inc, 2011, 15: 219-266.

McCrae R R, Costa Jr P T, Terracciano A, et al. Personality trait development from age 12 to age 18: Longitudinal, cross-sectional and cross-cultural analyses[J]. Journal of Personality and Social Psychology, 2002, 83(6): 1456.

McCrae R R, Yang J, Costa, Jr P T, et al. Personality profiles and the prediction of categorical personality disorders[J]. Journal of Personality, 2001, 69(2): 155-174.

Meister A, Thatcher S M B, Park J, et al. Toward a temporal theory of faultlines and subgroup entrenchment[J]. Journal of Management Studies, 2020, 57(8): 1473-1501.

Messick D M, Mackie D M. Intergroup relations[J]. A Psychology, 1989, 40(1): 45-81.

Methot J R, Melwani S, Rothman N B. The space between us: A social-functional emotions view of ambivalent and indifferent workplace relationships[J]. Journal of Management, 2017, 43(6): 1789-1819.

Meyer B, Glenz A, Antino M, et al. Faultlines and Subgroups: A Meta-review and Measurement Guide[J]. Small Croup Research, 2014, 45(6): 633-670.

Meyer B, Shemla M, Li J, et al. On the same side of the faultline: Inclusion in the leader's subgroup and employee performance[J]. Journal of Management Studies, 2015, 52(3): 354-380.

Meyer B, Shemla M, Schermuly C C. Social category salience moderates the effect of diversity faultlines on information elaboration[J]. Small Group Research, 2011, 42 (3): 257-282.

Miller L, Kraus J, Babel F, et al. More than a feeling: Interrelation of trust layers in human-robot interaction and the role of user dispositions and state anxiety[J]. Frontiers in Psychology, 2021, 12: 592711.

Miron-Spektor E, Gino F, Argote L. Paradoxical frames and creative sparks: Enhancing individual creativity through conflict and integration[J]. Organizational Behavior and

Human Decision Processes, 2011, 116(2): 229 - 240.

Molleman E. Diversity in demographic characteristics, abilities and personality traits: Do faultlines affect team functioning[J]. Group Decision and Negotiation, 2005, 14(3): 173 - 193.

Morgeson F P, Mitchell T R, Liu D. Event system theory: An event-oriented approach to the organizational sciences [J]. The Academy of Management Review, 2015, 40 (4): 515 - 537.

Morris M G, Venkatesh V, Ackerman P L. Gender and age differences in employee decisions about new technology: An extension to the theory of planned behavior[J]. IEEE Transactions on Engineering Management, 2005, 52(1): 69 - 84.

Mäs M, Flache A. Differentiation without distancing: Explaining bi-polarization of opinions without negative influence[J]. PloS one, 2013, 8(11): e74516.

Murnighan J K, Brass D J. Intraorganizational coalitions[M]//The Handbook of Negotiation Research. JAI Press, 1991: 283 - 306.

Murnighan K, Lau D. Faultlines [M]. Oxford Research Encyclopedia of Business and Management, 2017.

Ndofor H A, Sirmon D G, He X. Utilizing the firm's resources: How TMT heterogeneity and resulting faultlines affect TMT tasks[J]. Strategic Management Journal, 2015, 36(11), 1656 - 1674.

O'leary B M, Mortensen M, Woolley W A. Multiple team membership: A theoretical model of its effects on productivity and learning for individuals and teams[J]. The Academy of Management Review, 2011, 36(3): 461 - 478.

O'Reilly III C A, Williams K Y, Barsade S. Group demography and innovation: Does diversity help? [M]. Elsevier Science/JAI Press, 1998.

Ou Z, Chen T, Li F, et al. Constructive controversy and creative process engagement: The roles of positive conflict value, cognitive flexibility, and psychological safety[J]. Journal of Applied Social Psychology, 2018, 48(2): 101 - 113.

Palla G, Barabási A L, Vicsek T. Quantifying social group evolution[J]. Nature, 2007, 446 (7136): 664 - 667.

Parker S K, Williams H M, Turner N. Modeling the antecedents of proactive behavior at work[J]. Journal of Applied Psychology, 2006, 91(3): 636.

Patel P C, Cooper D. Structural power equality between family and non-family TMT members and the performance of family firms [J]. Academy of Management Journal, 2014, 57(6): 1624 - 1649.

Pearsall M J, Ellis A P J, Evans J M. Unlocking the effects of gender faultlines on team creativity: Is activation the key? [J]. Journal of Applied Psychology, 2008, 93(1): 225 - 234.

Pearsall M J, Ellis A P J, Stein J H. Coping with challenge and hindrance stressors in teams: Behavioral, cognitive, and affective outcomes[J]. Organizational Behavior and Human Decision Processes, 2009, 109(1): 18 - 28.

Pelled L H. Demographic diversity, conflict, and work group outcomes: An intervening process theory[J]. Organization science, 1996, 7(6): 615 - 631.

Pentland T B. Building Process Theory with Narrative: From Description to Explanation[J]. Academy of Management Review, 1999, 24(4): 711 - 724.

Petersen T, Koput W K. Time-aggregation bias in hazard-rate models with covariates[J]. Sociological Methods and Research, 1992, 21(1): 25 - 51.

Podsakoff N P, LePine J A, LePine M A. Differential challenge stressor-hindrance stressor relationships with job attitudes, turnover intentions, turnover, and withdrawal behavior: A meta-analysis[J]. Journal of Applied Psychology, 2007, 92(2): 438.

Podsakoff P M, MacKenzie S B, Lee J-Y., et al. Common method biases in behavioral research: A critical review of the literature and recommended remedies[J]. Journal of Applied Psychology, 2003, 88(5): 879 - 903.

Preacher K J, Rucker D D, Hayes A F. Addressing moderated mediation hypotheses: Theory, methods, and prescriptions [J]. Multivariate Behavioral Research, 2007, 42(1): 185 - 227.

Qi M, Liu Z, Kong Y, et al. The Influence of Identity Faultlines on Employees' Team Commitment: The Moderating Role of Inclusive Leadership and Team Identification[J]. Journal of Business and Psychology, 2022, 37(6): 1299 - 1311.

Ren H, Gray B, Harrison D A. Triggering faultline effects in teams: The importance of bridging friendship ties and breaching animosity ties[J]. Organization Science, 2015, 26 (2): 390 - 404.

Ren H, Gray B, Harrison D A. Triggering faultline effects in teams: The importance of bridging friendship ties and breaching animosity ties[J]. Organization Science, 2015, 26(2): 390 - 404.

Richards D, Griffiths I, Yeung K, et al. Designing for Human-Machine Teams: A Methodological Enquiry [C]//2022 IEEE 3rd International Conference on Human-Machine Systems (ICHMS). IEEE, 2022: 1 - 4.

Rico R, Molleman E, Sánchez-Manzanares M, et al. The effects of diversity faultlines and team task autonomy on decision quality and social integration [J]. Journal of Management, 2007, 33(1): 111 - 132.

Rico R, Sanchez-Manzanares M, Antino M, Lau D. Bridging team faultlines by combining task role assignment and goal structure strategies[J]. Journal of Applied Psychology, 2012, 97(2): 407 - 420.

Ritter S M, Van Baaren R B, Dijksterhuis A. Creativity: The role of unconscious processes in idea generation and idea selection[J]. Thinking Skills and Creativity, 2012, 7(1): 21 - 27.

Rupert J, Blomme R J, Dragt M J, et al. Being different, but close: How and when faultlines enhance team learning[J]. European Management Review, 2016, 13(4): 275 - 290.

Rupert J, Jehn K A. Diversity and team learning: The effect of faultlines and psychological safety[J]. Gedrag & Organisatie, 2008, 21(2): 184 - 206.

Rusch E A. Leadership in evolving democratic school communities[J]. Journal of School Leadership, 1998, 8(3): 214 - 250.

Ryan J. Inclusive Leadership for Ethnically Diverse Schools: Initiating and Sustaining Dialogue [C]. Annual Meeting of the American Educational Research Association, 1999.

Saks A M. Antecedents and consequences of employee engagement[J]. Journal of Managerial Psychology, 2006, 21(7): 600 - 619.

Šapić S, Erić J, Stojanović-Aleksić V. The influence of organizational and national culture on the acceptance of organizational change: Empirical study in Serbian enterprises[J]. Sociologija, 2009, 51(4): 399 - 422.

Sawyer J E, Houlette M A, Yeagley E L. Decision performance and diversity structure: Comparing faultlines in convergent, crosscut, and racially homogeneous groups[J]. Organizational Behavior and Human Decision Processes, 2006, 99(1): 1 - 15.

Schaubroeck J M, Shen Y, Chong S. A dual-stage moderated mediation model linking authoritarian leadership to follower outcomes[J]. Journal of Applied Psychology, 2017, 102(2): 203.

Schaufeli W B, Bakker A B, Salanova M. The measurement of work engagement with a short questionnaire: A cross-national study[J]. Educational and Psychological Measurement, 2006, 66(4): 701 - 716.

Schaufeli W B, Salanova M, González-Romá V, et al. The measurement of engagement and burnout: A two sample confirmatory factor analytic approach[J]. Journal of Happiness Studies, 2002, 3: 71 - 92.

Schwarz G, Newman A, Cooper B, et al. Servant leadership and follower job performance: The mediating effect of public service motivation[J]. Public Administration, 2016, 94(4): 1025 - 1041.

Schwarz N. Feelings-as-information theory[J]. Handbook of Theories of Social Psychology, 2012, 1: 289 - 308.

Seers A. Team-member exchange quality: A new construct for role-making research[J]. Organizational Behavior and Human Decision Processes, 1989, 43(1): 118 - 135.

Seo M G, Barrett L F, Bartunek J M. The role of affective experience in work motivation[J]. Academy of Management Review, 2004, 29(3): 423 - 439.

Shaffera M A, Harrison D A, Gilley K M, et al. Struggling for balance amid turbulence on international assignments: Work-family conflict, support and commitment[J]. Journal of Management, 2001, 27(1): 99 - 121.

Shalley C E, Zhou J, Oldham G R. The effects of personal and contextual characteristics on creativity: Where should we go from here? [J]. Journal of Management, 2004, 30(6): 933 - 958.

Shaw J B. The development and analysis of a measure of group faultlines[J]. Organizational Research Methods, 2004, 7(1): 66 - 100.

Sherif M, Harvey J O, White J B, et al. Intergroup Cooperation and Competition: The Robbers Cave Experiment[M]. Norman: University Book Exchange, 1961.

Shin S J, Kim T Y, Lee J Y, et al. Cognitive team diversity and individual team member creativity: A cross-level interaction[J]. Academy of Management Journal, 2012, 55(1): 197 - 212.

Shin S J, Zhou J. When is educational specialization heterogeneity related to creativity in research and development teams? Transformational leadership as a moderator [J]. Journal of Applied Psychology, 2007, 92(6): 1709 - 1721.

Shipp J A, Cole S M. Time in individual-level organizational studies: What is it, How is it used, and Why isn't it exploited more often? [J]. Annual Review of Organizational Psychology and Organizational Behavior, 2015, 2(1): 237 - 260.

Shore L M, Cleveland J N, Sanchez D. Inclusive workplaces: A review and model[J]. Human Resource Management Review, 2018, 28(2): 176 - 189.

Simard M, Marchand A. A multilevel analysis of organisational factors related to the taking of safety initiatives by work groups[J]. Safety Science, 1995, 21(2): 113 - 129.

Simpson M R. Engagement at work: A review of the literature[J]. International Journal of Nursing Studies, 2009, 46(7): 1012 - 1024.

Simsek Z, Veiga J F, Lubatkin M H, et al. Modeling the multilevel determinants of top management team behavioral integration[J]. Academy of Management Journal, 2005, 48(1): 69 - 84.

Sophie V, Sara C, Jellen T J, et al. The role of 'peace of mind' and 'meaningfulness' as psychological concepts in explaining subjective well-being [J]. Journal of Happiness Studies, 2022, 23(7): 3331 - 3346.

Spell C S, Bezrukova K, Haar J, et al. Faultlines, fairness, and fighting: A justice perspective on conflict in diverse groups[J]. Small Group Research, 2011, 42(3): 309 - 340.

Spoelma T M, Ellis A P J. Fuse or fracture? Threat as a moderator of the effects of diversity faultlines in teams[J]. Journal of Applied Psychology, 2017, 102(9): 1344.

Swietlik E. The reacting or proactive personality? [J]. Studia Socjologiczne, 1968.

Tadmor C T, Tetlock P E, Peng K. Acculturation strategies and integrative complexity: The cognitive implications of biculturalism[J]. Journal of Cross-Cultural Psychology, 2009, 40(1): 105 - 139.

Taggar S. Individual creativity and group ability to utilize individual creative resources: A multilevel model[J]. Academy of Management Journal, 2002, 45(2): 315 - 330.

Tajfel H, Billig M G, Bundy R P, et al. Social categorization and intergroup behaviour[J]. European Journal of Social Psychology, 1971, 1(2): 149 - 178.

Tajfel H, Turner, J. C. The social identity theory of intergroup behavior[J]. Psychology of Intergroup Relations, 1986, 13(3):7 - 24.

Tekleab A G, Karaca A, Quigley N R, et al. Re-examining the functional diversity-performance relationship: The roles of behavioral integration, team cohesion, and team learning[J]. Journal of Business Research, 2016, 69(9): 3500 - 3507.

Teng Y, Wei A, Yan C, et al. Virtual teams in a gig economy. [J]. Proceedings of the

National Academy of Sciences of the United States of America，2022，119（51）：
e2206580119 - e2206580119.

Thatcher S M B，Jehn K A，Zanutto E. Cracks in diversity research：The effects of diversity
faultlines on conflict and performance[J]. Group Decision and Negotiation，2003，12：
217 - 241.

Thatcher S，Patel P C. Group faultlines：A review，integration，and guide to future research
[J]. Journal of Management，2012，38(4)，969 - 1009.

Tian Y，Tuttle B M，Xu Y. Using incentives to overcome the negative effects of faultline
conflict on individual effort[J]. Behavioral Research in Accounting，2016，28（1）：
67 - 81.

Tjosvold D. Cooperative and competitive goal approach to conflict：Accomplishments and
challenges[J]. Applied Psychology，1998，47(3)：285 - 313.

Tjosvold D，Yu Z，Hui C. Team learning from mistakes：the contribution of cooperative goals
and problem-solving[J]. Journal of Management Studies，2004，41(7)：1223 - 1245.

Tong X，Ren Z. Coalition Structure Generation Constrained by Trust and Utility Relationship
[J]. Journal of Electronics & Information Technology，2021，43(7)：2055 - 2062.

Trezzini B. Probing the group faultline concept：An evaluation of measures of patterned multi-
dimensional group diversity[J]. Quality & Quantity，2008，42(3)：339 - 368.

Tuckman B W，Jensen M A C. Stages of small-group development revisited[J]. Group &
Organization Studies，1977，2(4)：419 - 427.

Turner C J. Social Categorization and the Self-concept：A Social Cognitive Theory of Group
Behavior[M]. Greenwich，CT：JAI Press，1985.

Tu Y，Lu X，Wang S，et al. When and why conscientious employees are proactive：A three-
wave investigation on employees' conscientiousness and organizational proactive behavior
[J]. Personality and Individual Differences，2020，159：109865.

Unsworth K L，Parker S K. Proactivity and innovation：Promoting a new workforce for the
new workplace[C]. The New Workplace：A Guide to the Human Impact of Modern
Working Practices，Chichester：UK：John Wiley & Sons，Ltd.，2002：175 - 196.

van Knippenberg D，Dawson J F，West M A，et al. Diversity faultlines，shared objectives，
and top management team performance[J]. Human Relations，2011，64(3)：307 - 336.

van Knippenberg D，De Dreu C K W，Homan A C. Work group diversity and group
performance：An integrative model and research agenda [J]. Journal of Applied
Psychology，2004，89(6)：1008.

van Knippenberg D，Kooij-de Bode H J M，van Ginkel W P. The interactive effects of mood
and trait negative affect in group decision making[J]. Organization Science，2010，
21(3)：731 - 744.

van Knippenberg D，Mell J N. Past，present，and potential future of team diversity research：
From compositional diversity to emergent diversity[J]. Organizational Behavior and
Human Decision Processes，2016，136：135 - 145.

Vekiri I，Chronaki A. Gender issues in technology use：Perceived social support，computer self-efficacy and value beliefs, and computer use beyond school[J]. Computers & Education, 2008, 51(3): 1392 - 1404.

Vollmer A, Seyr S. Constructive controversy research in the business organizational context: A literature review[J]. International Journal of Conflict Management, 2013, 24(4): 399 - 420.

Wang S. Emotional intelligence, information elaboration, and performance: The moderating role of informational diversity[J]. Small Group Research, 2015, 46(3): 324 - 351.

Warr P, Fay D. Age and personal initiative at work[J]. European Journal of Work and Organizational Psychology, 2001, 10(3): 343 - 353.

Weick K E, Roberts K H. Collective mind in organizations: Heedful interrelating on flight decks[J]. Administrative Science Quarterly, 1993, 38(3): 357 - 381.

Weisel O, Zultan R. Perceived level of threat and cooperation[J]. Frontiers in Psychology, 2021, 12: 704338.

Wei W, Wang X, Han S, et al. Does job gamification perception promote the job involvement of gig workers? The role of cognitive assessment and overwork—evidence from Chinese delivery platforms[J]. Personnel Review, 2024.

White L A, Young M C, Hunter A E, et al. Lessons learned in transitioning personality measures from research to operational settings [J]. Industrial and Organizational Psychology, 2008, 1(3): 291 - 295.

Williams K Y, O'Reilly III C A. Demography and diversity in organizations: A review of 40 years of research. Research in Organizational Behavior, 1998, 20: 77 - 140.

Woodman R W, Sawyer J E, Griffin R W. Toward a theory of organizational creativity[J]. Academy of Management Review, 1993, 18(2): 293 - 321.

Woolum A, Foulk T, Lanaj K, et al. Rude color glasses: The contaminating effects of witnessed morning rudeness on perceptions and behaviors throughout the workday[J]. Journal of Applied Psychology, 2017, 102(12): 1658.

Wright S L, Burt C D B, Strongman K T. Loneliness in the workplace: Construct definition and scale development[J]. 2006.

Xi W, Zhang X, Ayalon L. When less intergenerational closeness helps: The influence of intergenerational physical proximity and technology attributes on technophobia among older adults[J]. Computers in Human Behavior, 2022, 131: 107234.

Xu F Z, Ma E, Zhang Y. A two-path mechanism customer-driven hotel employee service innovations: The role of organization openness[C]. 2020 Global Marketing Conference at Seoul. 2020: 710 - 714.

Yang C, Chen Y, Zhao X, et al. Transformational leadership, proactive personality and service performance: The mediating role of organizational embeddedness[J]. International Journal of Contemporary Hospitality Management, 2020, 32(1): 267 - 287.

Yong K, Sauer S J, Mannix E A. Conflict and creativity in interdisciplinary teams[J]. Small Group Research, 2014, 45(3): 266 - 289.

Zanutto E L, Bezrukova K, Jehn K A. Revisiting faultline conceptualization: Measuring faultline strength and distance[J]. Quality & Quantity, 2011, 45: 701 - 714.

Zeithaml V A, Bitner M J, Gremler D D. Services Marketing: Integrating Customer Focus Across the Firm[M]. McGraw-Hill, 2018.

Zeng F, Huang L, Dou W. Social factors in user perceptions and responses to advertising in online social networking communities[J]. Journal of Interactive Advertising, 2009, 10(1): 1 - 13.

Zhang J, Liang Q, Zhang Y, et al. Team faultline: Types, configuration and influence-evidence from China[J]. International Journal of Conflict Management, 2017, 28(3): 346 - 367.

Zhang Y, Waldman D A, Han Y L, et al. Paradoxical leader behaviors in people management: Antecedents and consequences[J]. Academy of Management Journal, 2015, 58(2): 538 - 566.

2. 中文文献

曹科岩,窦志铭.组织创新氛围、知识分享与员工创新行为的跨层次研究[J].科研管理,2015,36(12): 83 - 91.

曹曼,席猛,赵曙明.高绩效工作系统对员工主动性行为的影响机制研究——基于社会情境理论视角的跨层次模型[J].管理评论,2020,32(6): 244 - 254.

陈国权,宁南.团队建设性争论、从经验中学习与绩效关系的研究[J].管理科学学报,2010,13(08): 65 - 77.

陈慧,梁巧转,张悦.团队断裂影响团队建言行为的双元作用机制[J].工业工程与管理,2018,23(06): 188 - 194.

陈帅,王端旭.道不同不相为谋? 信息相关断裂带对团队学习的影响[J].心理学报,2016,48(07): 867 - 879.

陈帅.知识视角下团队断裂带与团队绩效的关系研究[D].浙江大学,2012.

陈伟,杨早立,朗益夫.团队断裂带对团队效能影响的实证研究——关系型领导行为的调节与交互记忆系统的中介[J].管理评论,2015,27(04): 99 - 110+121.

陈文晶,康彩璐,杨玥等.人工智能潜在替代风险与员工职业能力发展: 基于员工不安全感视角[J].中国人力资源开发,2022,39(01): 84 - 97.

陈晓萍,徐淑英,樊景立. 组织与管理研究的实证方法[M]. 北京: 北京大学出版社, 2008.

仇勇,李宝元,王文周.团队断层何以影响团队决策质量? ——一个被调节的中介效应模型[J].财经问题研究,2019,(07): 104 - 112.

仇勇,王文周,苏宏宇.团队断层会阻碍员工创新吗? [J].科学学研究,2019,37(05): 950 - 960.

段万春,李美,许成磊.异质型创业领导、嵌入授权对团队簇个体绩效的跨层次影响研究[J].科技进步与对策,2019,36(14): 141 - 150.

冯建军,傅淳华.多元文化时代道德教育的困境与抉择[J].西北师大学报(社会科学版),2008,(01): 35 - 40.

付正茂.悖论式领导对双元创新能力的影响: 知识共享的中介作用[J].兰州财经大学学报,2017,33(1): 11 - 20.

高鹏,张凌,汤超颖等.信任与建设性争辩对科研团队创造力影响的实证研究[J].中国管理科学,2008,16(S1):561-565.

郭凯明.人工智能发展、产业结构转型升级与劳动收入份额变动[J].管理世界,2019,35(07):60-77+202-203.

郭衍宏,魏旭.老龄员工技术焦虑对人工智能技术持续采纳的影响——组织信任与ICT自我效能的遮掩效应[J].软科学,2024,38(06):7-12.

韩立丰.并购变革背景下团队断层特征与整合机制研究[D].浙江大学,2013.

何勤,董晓雨,朱晓妹.人工智能引发劳动关系变革:系统重构与治理框架[J].中国人力资源开发,2022,39(01):134-148.

何勤,董晓雨,朱晓妹.人工智能引发劳动关系变革:系统重构与治理框架[J].中国人力资源开发,2022,39(1):134-148.

洪泉湖.台湾的多元文化[J].2005.

胡青,王胜男,张兴伟,等.工作中的主动性行为的回顾与展望[J].心理科学进展,2011,19(10):1534-1543.

季忠洋,李北伟.团队断裂带对团队绩效的影响——以交互记忆系统为中介[J].工业技术经济,2019,38(03):12-18.

金辉,钱焱,邵俊.团队生命周期理论及其研究进展[J].科技进步与对策,2006,23(7):194-196.

金涛.团队悖论式领导与创造力关系研究[D].南京大学,2017.

景保峰,周霞.包容研究前沿述评与展望[J].外国经济与管理,2017,39(12):3-22.

李小青,周建.董事会群体断裂带对企业战略绩效的影响研究——董事长职能背景和董事会持股比例的调节作用[J].外国经济与管理,2015,37(11):3-14.

李燚,张满,李娜,等.参与多多益善?参与式领导与员工创造力的曲线关系研究[J].管理评论,2022,34(04):204-214.

刘冰,许骁,徐璐.威权领导与员工主动性行为:一个跨层次研究[J].预测,2017,36(3):8-13.

刘小禹,刘军,许浚,等.职场排斥对员工主动性行为的影响机制——基于自我验证理论的视角[J].心理学报,2015,47(6):826-836.

刘新梅,李智勇,陈玮奕等.信息型团队断裂、共享领导与团队创造力的关系研究[J].科学学与科学技术管理,2023,44(05):130-146.

刘燕君,徐世勇,张慧,等.爱恨交织:上下级关系矛盾体验对员工主动性行为的影响[J].外国经济与管理,2021,43(05):123-136.

吕鸿江,张秋萍,彭丽娟.领导被下属"逆向指导"的权变机制——信息深加工和信任地位的作用[J].中国工业经济,2020,(11):174-192.

罗瑾琏,胡文安,钟竞.悖论式领导、团队活力对团队创新的影响机制研究[J].管理评论,2017,29(7):122-134.

罗文豪,霍伟伟,赵宜萱等.人工智能驱动的组织与人力资源管理变革:实践洞察与研究方向[J].中国人力资源开发,2022,39(01):4-16.

倪旭东,项小霞,姚春序.团队异质性的平衡性对团队创造力的影响[J].心理学报,2016,48(05):556-565.

秦伟平,陈欣,李晋,等.组织无边界化中团队知识整合与团队权力配置的协同演化研究[J].管理学报,2017,14(11)：1616－1623.

屈晓倩,刘新梅.信息型团队断裂影响团队创造力的作用机理研究[J].管理科学,2016,
　　29(2)：18－28.

屈晓倩,刘新梅.信息型团队断裂与员工创造力——情绪调节跨层边界作用研究[J].软科学,
　　2015,29(12)：82－86.

盛晓娟,郭辉,何勤.人工智能技术运用何以提高员工任务绩效?[J].北京联合大学学报(人文
　　社会科学版),2022,20(04)：85－94.

盛晓娟,郭辉,何勤.人工智能技术运用何以提高员工任务绩效?[J].北京联合大学学报(人文
　　社会科学版),2022,20(04)：85－94.

王黎萤,陈劲.研发团队创造力的影响机制研究——以团队共享心智模型为中介[J].科学学研
　　究,2010,28(03)：420－428.

王曰芬,杨雪,余厚强,等.人工智能科研团队的合作模式及其对比研究[J].图书情报工作,
　　2020,64(20)：14－22.

卫旭华.领导权力何时转化为地位?德性管理行为的调节作用[J].商业经济与管理,2018,
　　(12)：32－42.

温忠麟,侯杰泰,张雷.调节效应与中介效应的比较和应用[J].心理学报,2005(02)：268－274.

伍林.悖论式领导对知识型员工创新行为的作用机制研究[D].武汉大学,2017.

谢小云,张倩.国外团队断裂带研究现状评介与未来展望[J].外国经济与管理,2011,33(01)：
　　34－42.

张秀娥,周荣鑫,王于佳.创业团队成员信任对社会网络与企业创新能力关系的影响[J].经济
　　与管理研究,2012,(03)：105－111.

张莹瑞,佐斌.社会认同理论及其发展[J].心理科学进展,2006,14(3)：475－480.

张章,陈仕华.董事会群体断裂带与企业风险承担——基于社会认同理论的实证研究[J].财经
　　问题研究,2017,(01)：101－107.

赵丙艳,葛玉辉,刘凯.科技型企业TMT垂直对差异,行为整合对创新绩效的影响[J].当代经
　　济管理,2016,38(5)：62－67.

郑金洲.多元文化激荡中的教育变革[J].学术月刊,2005,10：36－41.

钟竞,罗瑾琏,韩杨.知识分享中介作用下的经验开放性与团队内聚力对员工创造力的影响
　　[J].管理学报,2015,12(05)：679－686.

索　引